W0287774

Seifert

Die 5-Elemente-Küche
für Einsteiger

Die Autorin

Christiane Seifert studierte Biologie und Chemie und arbeitet als Heilpraktikerin und Ernährungsberaterin für die Ernährung nach den Fünf Elementen. Seit vielen Jahren gibt sie Kochkurse zur Fünf-Elemente-Ernährung und ist Dozentin und Ausbildungsleiterin für die Lehrgänge »Ausbildung in Ernährungsberatung«, die ursprünglich von Barbara Temelie ins Leben gerufen wurden. Am wichtigsten aber ist: Sie ist Köchin aus Leidenschaft. Unabhängig davon, ob sie Häppchen für die Doktorfeier einer Freundin kreiert, herzhaftes Essen kocht, um Bauarbeiter bei Laune zu halten, oder eine Meditationsgruppe verpflegt, deren Geist klar bleiben soll – sie zaubert mit ihrer Fünf-Elemente-Küche immer genau das, was die Menschen brauchen, was ihnen guttut und ihre Sinne erfreut.

Christiane Seifert

Die 5-Elemente-Küche für Einsteiger

Gesund essen nach der chinesischen Ernährungslehre

TRIAS

13 Die Basics der TCM
14 Die Fünf-Elemente-Ernährung und ihre Grundlagen in der TCM
15 Das Konzept des Drei-Erwärmers
15 Der dreifache Erwärmer
17 Was schadet dem Verdauungsfeuer?
19 Wie stärkt man die Mitte?
21 Kochen mit Feuer – Kochen mit Wasser
24 Die Nahrungsmittelpyramide
26 Das Konzept von Yin und Yang
28 Saft und Kraft haben
29 Die thermische Wirkung der Nahrungsmittel
33 Der Tag-Nacht-Rhythmus
33 Die Konstitution des Menschen
37 Die Fünf Geschmäcker
38 Die Wirkungen von süß, sauer, salzig, scharf und bitter
42 Die Nahrungsmitteltabelle
43 Das Kochen mit den Fünf Elementen
44 Beweisen Sie guten Geschmack: Essen Sie gesund
46 So macht das Kochen Spaß
46 Praktische Helfer in der Küche
46 Das Vorbereiten der Zutaten
47 Töpfe und Pfannen
48 Weitere flotte Helfer
49 So wird es richtig lecker
49 Die Grundausstattung an Kräutern und Gewürzen
51 Gewürzmühlen, Mörser und Reiben
53 Unraffiniertes Meersalz
55 Essig und Öl – nicht nur für leckere Salate
57 Für die süßen Leidenschaften
58 Soja, Miso, Meeresalgen und andere Exoten
60 Einkauf und Vorratshaltung
61 Haltbares, das Sie immer im Haus haben sollten
62 Frische Zutaten
64 Selbst gemachte Vorräte
68 Das Kochen im Zyklus
71 Und nun ran an den Kochlöffel!
73 Rezepte
74 Erläuterungen zu den Rezepten
78 Frühstücksrezepte
85 Frühlingsrezepte
107 Sommerrezepte
131 Herbstrezepte
149 Winterrezepte
172 Nahrungsmitteltabellen
172 Alphabetische Nahrungsmittelliste
179 Nahrungsmitteltabellen
190 Anhang
190 Literatur
191 Kontaktadressen
191 Dank
193 Rezeptverzeichnis
196 Stichwortverzeichnis

Vorwort

Die Ernährung nach den Fünf Elementen ist keiner bestimmten Küche zugeordnet. »Auch nicht der chinesischen?«, werden sich viele von Ihnen wundern. Nein – sie basiert jedoch auf den Grundprinzipien der chinesischen Ernährungslehre. Aber wenn man diese genauer studiert, stellt man fest: Sie finden sich auch in jeder anderen traditionellen Esskultur. Denn verständlicherweise haben Rezepte und Zubereitungsmethoden nur dann überlebt, wenn sie für den Menschen gut verträglich waren. Noch bis vor wenigen Jahrzehnten hat vor allem die Bekömmlichkeit einer Speise darüber entschieden, ob sich ein neues Rezept als Fehlversuch herausstellte oder ob es wert war, weitergegeben und überliefert zu werden.

Würden die Menschen auch heute noch auf ihren Bauch hören, dann wären viele der neuen, in den letzten Jahrzehnten entstandenen Ernährungsgewohnheiten, bei denen es in erster Linie um schnelle Küche mit Fertiggerichten und um Fast Food geht, schon längst wieder verschwunden. Frühstücksmüsli aus rohen Flocken und häufig nicht ausgereiftem, saurem Obst, Bananenquark für Kleinkinder, Salat und Joghurt zu Mittag sowie das »schnelle Essen« aus der Mikrowelle könnten den Bekömmlichkeitstest bei den meisten Menschen nicht bestehen. Meilenweit entfernt von einem spürbar wohltuenden, kräftigenden Essen, werden diese Gerichte als gesund propagiert und immer wieder verzehrt. Das muss damit zu tun haben, dass wir die Sprache unseres Bauches – in China würde man sagen, **unserer Mitte** – nicht mehr verstehen und die Anzeichen einer schlechten Nahrungsverwertung nicht zu deuten wissen.

Dabei ist es eigentlich ganz einfach. Kurz und sehr gut verständlich beschreibt Christiane Seifert die wunderbare Umwandlung von guter Nahrung in Lebenskraft und gibt klare Richtlinien, wie man die Qualität der eigenen Ernährung selbst beurteilen und steigern kann.

Beispielsweise ist es ein Unterschied, ob eine Tomate im August an Sonne und frischer Luft gereift ist, ob sie aus dem Treibhaus stammt oder ob sie von weither angereist ist und zuvor im Dezember unreif geerntet wurde. Wie viel Gaumenfreude und Abwechslung gehen verloren, wenn wir die Schätze der Jahreszeiten verpassen! Der Verlust an Genuss von hoch aromatischen, voll ausgereiften Früchten ist aber noch das Wenigste. Denn der facettenreiche Geschmack ist lediglich der oberflächliche Ausdruck der Lebenskraft und der Vitalstoffe, die in einer an der Sonne langsam gereiften Frucht stecken. Vor allem auf sie haben die Menschen es seit Jahrtausenden bei der Suche nach lebenspendender Nahrung abgesehen.

Mit künstlichen Aromastoffen, Süßstoff und Geschmacksverstärkern wie Glutamat kann die Lebensmittelindustrie, offensichtlich erfolgreich, unseren Geschmackssinn austricksen. Aber keinesfalls unseren Stoffwechsel, der bleibt dabei auf der Strecke. Er hat schließlich die beiden wichtigen Aufgaben, das kostbarste Gut des Menschen – unseren komplexen Organismus mit all seinen körperlichen und geistigen Komponenten – fortwährend zu nähren und zu entgiften. Einerseits sind unsere Verdauungs- und Stoffwechselfunktionen auf die dynamisierende Kraft in Kräutern, Gewürzen, Gemüse und Früchten angewiesen. Andererseits werden sie von Stoffen überfordert, die auf unnatürliche Art biochemisch oder genetisch verändert wurden.

Wir wissen heute, dass der menschliche Stoffwechsel sich nur im Verlauf von vielen Generationen an tief greifende Ernährungsveränderungen gewöhnen kann. Ob er sich jemals an das heutige, »ganz normale« industriell gefertigte Lebensmittelangebot anpassen kann, ist fraglich, und die durch die aktuelle Fehlernährung verursachten immensen Gesundheitsschäden und Krankenkosten sind seit vielen Jahren in der Bevölkerung bestens bekannt. Daran wird auch die zunehmend forcierte Weiterentwicklung der Lebensmitteltechnologie nichts ändern. Nach über zwei Jahrzehnten Praxis in der Ernährungsberatung bin ich der festen Überzeugung, dass ein hausgemachtes Essen mit guten, natürlichen Zutaten durch nichts zu ersetzen ist.

Deshalb freue ich mich – seit Erscheinen meines Grundlagenbuches über die Ernährung nach den Fünf Elementen (Joy Verlag 1992) – über jedes neue Fünf-Elemente-Kochbuch. Denn die beste Theorie taugt nur so viel, wie sie sich in der Praxis bewährt.

Dieses Buch von meiner Kollegin Christiane Seifert, mit der ich über 10 Jahre lang eng zusammengearbeitet habe, hat für mich einen ganz besonderen Wert. Sie hat nicht nur westliche Medizin in ihrer Heilpraktikerausbildung, chinesische Heilkräuter und Akupunktur in ihrer TCM-Ausbildung gelernt, sondern auch Chemie und Biologie studiert. Dieser Hintergrund befähigt sie, die östlichen und westlichen Sichtweisen auf fruchtbare Weise zusammenzuführen. Mit viel Geschick stellt sie diese komplexen Zusammenhänge leicht verständlich dar. Der theoretische Teil des Buches bringt die Erfahrungen mit der Ernährung nach den Fünf Elementen auf den neuesten Stand und berücksichtigt wichtige neue Erkenntnisse aus der westlichen Ernährungslehre.

Die umfangreiche und kreative Zusammenstellung der Rezepte beruht auf langjähriger praktischer Erfahrung. Aus der Ferne habe ich miterlebt, wie Christiane voller Begeisterung an Kochkursen in Thailand und an Lehrgängen über therapeutisches Kochen in China teilgenommen hat. Wie sie mit der gleichen Begeisterung täglich für sich und ihren Mann kocht, für unser Team bei einer Arbeitssitzung oder bei Feierlichkeiten und für unzählige Teilnehmer und Teilnehmerinnen bei ihren Kochkursen.

Obwohl wir uns seit Jahren intensiv mit den theoretischen Inhalten unserer Ausbildungslehrgänge in Ernährungsberatung beschäftigen, die wir in Deutschland und der Schweiz mit viel Freude durchführen, weiß ich, dass Christianes Herz für das praktische Kochen schlägt. Aus diesen Gründen war es geradezu unvermeidbar, dass dieses Kochbuch zustande kam, auf das viele unserer Kollegen und Kolleginnen schon gewartet haben.

Ich bin sehr froh, dass dieses nützliche »Werkzeug« einer guten Küche nun vielen interessierten Menschen zur Verfügung steht. Aber auch uns Ernährungsberatern und Ernährungsberaterinnen wird es die Arbeit sehr erleichtern: Nun können wir einfach denen, die bei uns Rat suchen und alles ganz genau wissen wollen, »Die Fünf-Elemente-Küche für Einsteiger« in die Hand drücken.

Barbara Temelie
am Zuger See (Schweiz) 2005

PS:
Seit der ersten Auflage des Buches im Jahr 2005 – vor dieser überarbeiteten, sehr schön und übersichtlich gestalteten Neufassung – freue ich mich immer wieder über das begeisterte Feedback meiner Ausbildungsteilnehmerinnen und Seminarteilnehmer zu diesem Praxis- und Rezeptbuch, das zugleich alle nötigen Hintergrundinformationen über die Nahrungsverwertung, die Qualität der Zutaten und die 5-Elemente-Ernährung bereit hält. Selbst Anfänger/Neueinsteiger/Menschen, die erstmals mit der 5-Elemente-Küche zugange sind, finden hier einen leichten Einstieg, um mithilfe von genussvollen, ausgewogenen und bekömmlichen Speisen tagtäglich ihre Vitalität zu stärken und ihre Regenerationsfähigkeit in Bezug auf den guten Schlaf und eine bessere Entspannung zu fördern.

Barbara Temelie, Hamburg 2013

Einleitung

Oft komme ich mir vor wie die Hüterin eines wertvollen Schatzes, der für die Nachwelt bewahrt werden muss. Wenn ich zum Beispiel im Winter ein Glas eingekochte Kirschen als Nachtisch präsentiere und als Kommentar zu hören bekomme: »Das kenne ich von meiner Oma.« Oder wenn ich eine Hühnersuppe stundenlang köcheln lasse, um ihren Geschmack zu intensivieren, statt wie meine Freundin eine Tüte zu verwenden. Dann kommt mir dieses einfache, für mich selbstverständliche Tun vor wie eine vertraute Pflanze, die selten geworden und nun vom Aussterben bedroht ist; und ich habe das Gefühl, dass ich das wertvolle Wissen weitergeben muss an alle, die die Botschaft von selbst gekochtem, genussreichem Essen heute gerne wieder hören und umsetzen möchten.

Es gibt aber natürlich auch noch weitere Gründe, die mich bewegt haben, dieses Buch zu schreiben. Ich nenne Ihnen an dieser Stelle die zwei wichtigsten:

Häufig geht es mir wie Don Quichotte, der gegen Windmühlen kämpft, weil ich in Ernährungsberatungen und Kursen immer wieder erklären muss, warum Rohkost nicht günstig ist, wenn man sowieso schon friert, und dass nicht alle Vitamine beim Kochen spurlos verschwinden oder warum Fleisch für viele Frauen durchaus sinnvoll sein kann. Diese und andere wichtige Tatsachen aufzuschreiben, zu erklären und die Zusammenhänge zu erläutern, ist mir schon lange ein Bedürfnis. Aufgrund dieses Wissens können Sie als interessierte Leserinnen und Leser selbst entscheiden, was und wie Sie essen sollten, um Ihr Wohlbefinden zu steigern.

Nicht zuletzt haben die vielen Teilnehmerinnen und Teilnehmer meiner Kochkurse in den letzten zehn Jahren mit ihren positiven Reaktionen auf meine Rezepte wesentlich dazu beigetragen, dass dieses Buch entstanden ist. Bei ihnen allen bedanke ich mich recht herzlich. Ich möchte Sie mit meinen Hinweisen und Rezepten vor allem inspirieren, mehr auf das saisonale und regionale Angebot an Gemüse, Obst und Salat zu achten, um sich den Reichtum des jahreszeitlichen Wechsels auch beim Essen zu erschließen. Damit versorgen Sie Ihren Körper optimal mit dem, was er in den unterschiedlichen Phasen des Jahres wirklich braucht, um sich wohlzufühlen.

Der therapeutische Ansatz aller Rezepte ist die **Stärkung der sogenannten Mitte**. Dies ist unabhängig von Alter, Geschlecht, Beruf, Konstitution usw. für alle Menschen gleichermaßen wichtig, um innere Ausgeglichenheit und Gesundheit zu erlangen. Sie können diesen Ansatz gerne **Wellness für den Bauch** nennen. Wenn Sie dabei den Begriff »Bauch« sehr weit fassen, sodass Darm, Herz, Gefühl und Verstand miteingeschlossen sind, sind Sie auf der richtigen Spur, um die ganzheitliche Sichtweise der **Ernährung nach den Fünf Elementen** zu verstehen.

Ich wünsche Ihnen viel Spaß und wohltuende Erkenntnisse beim Lesen, und insbesondere viel Erfolg beim Nachkochen meiner Rezepte. Meine Mission ist erfüllt, wenn Sie Ihre Lieblingsrezepte finden und so oft kochen, dass Sie das Buch gar nicht mehr brauchen. Wenn Sie kreativ einzelne Zutaten austauschen und die Rezepte nach Ihrem Geschmack, dem Inhalt Ihres Kühlschranks oder den Wünschen Ihrer Gäste mühelos anpassen können, dann bin ich froh.

Christiane Seifert
Harxheim
Valentinstag 2013

火
木
土
金
水

BASICS

Die Fünf-Elemente-Ernährung und ihre Grundlagen in der TCM

Die Ernährung nach den Fünf Elementen hat ihre Wurzeln in der chinesischen Ernährungslehre, die zusammen mit Akupunktur, Arzneimitteltherapie, Massagen und Bewegungstraining das Schatzhaus der Traditionellen Chinesischen Medizin (TCM) bildet. Auch wenn die Ursprünge der Fünf-Elemente-Ernährung in China liegen, geht es bei uns nicht darum, exotische Nahrungsmittel oder fremdartige Zutaten zu verwenden. Vielmehr wird das Konzept der chinesischen Medizin dazu genutzt, unsere heimischen Nahrungsmittel und Produkte nach diesem – seit Jahrhunderten bewährten – System zu klassifizieren. Der Einteilung der Nahrungsmittel liegt eine energetische Sicht zugrunde, die zuverlässige Aussagen über die gesundheitliche Wirkung unserer Speisen ermöglicht – jenseits von Kalorienangaben, Vitamin- und Nährstoffgehalten.

Um zu verstehen, warum und wie Nahrungsmittel aufgrund ihres Geschmacks, ihrer thermischen Wirkung und ihres Qi-Gehalts beurteilt werden, muss man sich ein wenig mit den Inhalten der chinesischen Medizin beschäftigen. Dazu werde ich auf den folgenden Seiten einige Grundkonzepte wie zum Beispiel den Drei-Erwärmer und die Vorstellung von Yin und Yang erläutern.

Doch zunächst beschreibe ich kurz, was man unter Qi (oder Chi) versteht. Diesen Begriff haben Sie vermutlich schon häufiger gelesen oder gehört; er bezeichnet ganz allgemein die »universelle Lebensenergie«. Qi ist ein wichtiger und zentraler Aspekt der chinesischen Medizin, ja des fernöstlichen Denkens ganz allgemein. Der Begriff Qi wird oft mit »Energie« übersetzt, was der Komplexität der dahinterstehenden Bedeutungen – wie sie im chinesischen Denken verankert sind – nur zum Teil gerecht wird. Denn Qi hat sowohl energetische als auch materielle Aspekte. Es gibt allein im menschlichen Organismus schon viele verschiedene Arten von Qi, die unterschiedlichste Funktionen haben. Dabei überwiegt mal der eine, mal der andere Aspekt. So steht der energetische, dynamische Aspekt von Qi im Vordergrund, wenn es seine Aufgaben des Bewegens, Wärmens und Schützens wahrnimmt. Dagegen stellen die Funktionen der Umwandlung, des Nährens und des Bewahrens einen stärker materiellen, substanziellen Aspekt dar.

Um Qi für all die oben genannten Funktionen zur Verfügung zu haben, muss unser Organismus es »produzieren«. Die »Maschine« für die Qi-Produktion ist der Drei-Erwärmer. Den »Brennstoff« für diesen Prozess liefern uns Atmung und Nahrung.

Das Konzept des Drei-Erwärmers

Der Drei-Erwärmer hat nicht nur die überaus wichtige Aufgabe der Qi-Produktion, er spielt auch eine entscheidende Rolle bei der Verdauung und Verstoffwechselung der Nahrung. Und das, obwohl es dieses sogenannte »Organ« in der westlichen Anatomie gar nicht gibt. Auch in der chinesischen Medizin ist es »ein Organ ohne Form, aber mit Funktion«. Damit soll ausgedrückt werden, dass der Drei-Erwärmer kein anatomisches Gebilde ist, sondern vielmehr eine funktionale Einheit, die sich aus verschiedenen Komponenten mit speziellen Aufgaben zusammensetzt, die wir im Westen bestimmten anatomischen Organen zuordnen, wie zum Beispiel dem Magen, der Bauchspeicheldrüse usw.

Wie der Name schon sagt, gibt es drei Erwärmer: einen oberen Erwärmer, zu dem die Herz- und Lungenfunktionen gehören; einen mittleren Erwärmer, zu dem Milz/Bauchspeicheldrüse und Magen gehören; und einen unteren Erwärmer, zu dem die Nieren gehören.

Der dreifache Erwärmer

Der Energiehaushalt des Menschen bzw. aller lebenden Wesen setzt sich prinzipiell aus zwei Komponenten zusammen: Da ist zum einen die »nachgeburtliche Energie«, die wir in Form von Nahrung und über die Atmung tagtäglich aufnehmen – vom ersten Schrei bis zum letzten Atemzug. Und zum anderen die »vorgeburtliche Energie«, die wir von unseren Eltern vererbt bekommen haben.

Der wichtigste Unterschied zwischen beiden Energiequellen ist folgender: Die nachgeburtliche Energie wird über Nahrung und Atmung immer wieder aufgefüllt, während die vorgeburtliche Energie ein begrenztes Reservoir darstellt, von dem wir ein Leben lang zehren. Dieser Energievorrat wird zum Zeitpunkt der Zeugung aus dem Ei der Mutter und dem Samen des Vaters angelegt und in der Zeit

▼ Dreifacher Erwärmer

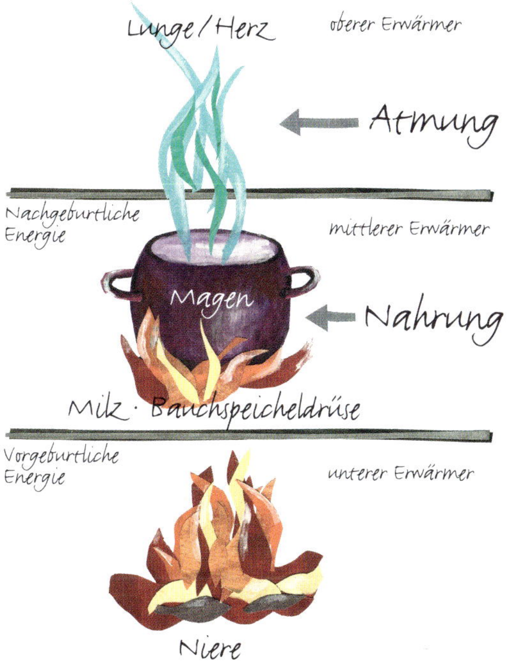

der Schwangerschaft über das Blut der Mutter genährt. Nach der Geburt haben wir keine Möglichkeit mehr auf eine Vermehrung dieser Energie. Wir können nur sorgsam mit ihr umgehen, auffüllbar ist sie nicht.

Sie wird im Laufe unseres Lebens unweigerlich aufgebraucht, denn sie ist wie ein »Zündfunke«, der für alle Transformationsprozesse im Körper benötigt wird. Wir können aber sehr wohl entscheiden, ob wir diese kostbare Energie durch einen exzessiven, selbstzerstörerischen Lebenswandel und schlechtes Essen schnell verpulvern oder ob wir durch genussvolle Lebensgestaltung, regelmäßiges, gesundes Essen und ausreichende Ruhephasen lange etwas von dieser vorgeburtlichen Energie haben, sodass uns ein hohes Alter in Gesundheit beschert sein kann.

Das ist wie mit den Finanzen in einer Firma. Wird nicht genügend Geld erwirtschaftet, um alle laufenden Kosten zu decken, muss immer wieder das Kapital angegriffen werden. Ist dieses schließlich aufgebraucht, ohne dass wieder Gewinne erzielt wurden, macht die Firma Konkurs. Genauso ist es im menschlichen Organismus: Nehmen wir über Nahrung und Atmung weniger Energie auf, als wir für unsere Aktivitäten und Stoffwechselvorgänge benötigen, wird die vorgeburtliche Energie angezapft, um das Defizit zu decken. Das Problem beim Menschen ist jedoch – im Gegensatz zu einer Firma –, dass diese Anleihe nicht mehr zurückgegeben werden kann: Was weg ist, ist weg.

Wenn man diese Denkweise verinnerlicht hat, wird klar, warum zum Beispiel das Fasten nicht zum Gesundheitsprogramm der Traditionellen Chinesischen Medizin passt. Sobald wir nichts mehr essen, muss unser Energiebedarf aus den Reserven bedient werden. Und das sind – nach chinesischer Vorstellung – nicht nur Fettpolster, die so manche Menschen loswerden wollen, sondern immer auch ein großer Teil der kostbaren vorgeburtlichen Energie.

Ein an der eigenen Gesundheit interessierter Mensch, der von der chinesischen Medizin überzeugt ist, wird vielmehr darauf bedacht sein, tagtäglich durch das Essen so viel Qi wie möglich aufzunehmen. Welche Nahrungsmittel aber enthalten viel Qi?

Entscheidend bei der Einschätzung des Qi-Gehalts der Nahrung ist die Funktionsweise des Drei-Erwärmers. Nur solche Nahrung, die das »Verdauungsfeuer« im mittleren Erwärmer nährt und erhält, ist im Sinne der chinesischen Medizin gesund. Um dieses Verdauungsfeuer zu stärken, muss eine Speise die Funktionen von Milz/Bauchspeicheldrüse und Magen ausreichend unterstützen, damit möglichst wenig aus dem unteren Erwärmer »zugefeuert« werden muss. Gerichte, die aus frischen und wenig verarbeiteten Nahrungsmitteln – wie Gemüse, Getreide und etwas Fleisch, Fisch oder Tofu – leicht bekömmlich zubereitet sind, entsprechen diesen Vorstellungen am ehesten. Das soll im Folgenden genauer erläutert werden.

Was schadet dem Verdauungsfeuer?

Dem Verdauungsfeuer schaden

1. ständiges Essen und Naschen
2. große Mengen Rohkost und rohes Obst
3. eiskalte Speisen und Getränke
4. große Mengen Sauermilchprodukte
5. künstliche Nahrungsbestandteile
6. Tiefkühlkost und Mikrowelle

Wie auf der Abbildung des Drei-Erwärmers zu sehen ist, befindet sich im mittleren Erwärmer der »Magentopf« mit einem Feuer darunter, das die Funktion von Milz und Bauchspeicheldrüse symbolisiert. Alles, was wir essen und trinken, landet zuerst im Magentopf. Das Feuer unter dem Topf sorgt dafür, dass aus diesem mehr oder weniger suppigen, trüben Gemisch die reine Nahrungsessenz, die die Chinesen als »Gu-Qi« bezeichnen, herausdestilliert wird. Das Gu-Qi ist die Grundlage unseres gesamten Energiehaushalts und Ausgangsbasis für körpereigene Substanzen, Blut, Qi, Wärme und Dynamik. Man kann sich das wie eine richtige Destille vorstellen, bei der als Endprodukt eine klare, feine Essenz herauskommt. Diese Nahrungsessenz wird durch die hebende Kraft der Milz in den oberen Erwärmer gebracht, wo sich in Verbindung mit dem Sauerstoff aus der Atmung körpereigenes Qi, Substanz und Blut bilden, die dann von Lunge und Herz im ganzen Organismus verteilt werden.

1. Alles, was zum Beispiel beim fachmännischen Schnapsbrennen zu beachten ist, spielt auch für unsere Verdauung eine wichtige Rolle: Ist der Topf gefüllt und hat der Destillationsvorgang begonnen, darf er nicht unterbrochen werden. Deshalb sollte nach einer ausreichenden Mahlzeit 3 bis 4 Stunden lang nichts gegessen werden. Nur so kann die Nahrungsessenz vollständig herausdestilliert, in den oberen Erwärmer gebracht und – was mindestens genauso wichtig ist – der unverwertbare Rest sauber ausgeschieden werden.
2. Das Feuer unter dem Topf muss die richtige Hitze haben. Ist das Feuer zu groß, kocht der Topf über, und die feine Essenz wird durch Trübes verunreinigt. Ist das Feuer zu klein, findet keine richtige Destillation statt, und es kommt keine Essenz heraus. Die Stärke des Verdauungsfeuers ist entscheidend abhängig von der Art der Nahrung und Getränke, die wir in den Topf füllen. Das können Sie sich ganz leicht folgendermaßen vorstellen: Sie haben zwei gleich große Töpfe. In den einen geben Sie eiskaltes Wasser und tiefgefrorenes Gemüse, in den anderen warmes Wasser und frisches Gemüse. Dann schalten Sie die Herdplatten ein. Es ist klar, welche Suppe schneller kocht, oder?
3. Den Magentopf mit eiskalten Speisen und Getränken, rohem Gemüse und rohem Obst zu füllen bedeutet, dass das Verdauungsfeuer viel Arbeit leisten muss, um diese »Suppe« zu erwärmen, damit die Destillation überhaupt in Gang kommt. Wird ihm über längere Zeit diese Mehrarbeit zugemutet, erschöpft es sich. Die chinesische Medizin nennt diesen Zustand »Milz-Qi-Mangel«. Er ist gekennzeichnet durch Völlegefühl und Müdigkeit nach dem

Essen, Energiemangel, Verdauungsprobleme, schwaches Bindegewebe und vielleicht sogar leichtes Übergewicht. Die genannten Symptome lassen sich einfach erklären: Das erschöpfte Verdauungsfeuer kann nur noch eine unvollständige Destillation ermöglichen, wodurch zu wenig Gu-Qi entsteht, aus dem unsere Energie und Dynamik gespeist werden: Wir fühlen uns müde und energielos. Nach der Mahlzeit dauert es viel zu lange, bis die »Suppe« kocht: Völlegefühl und Müdigkeit nach dem Essen. Auch die Ausscheidung der nicht verwertbaren Nahrungsbestandteile benötigt Energie. Ist diese nicht ausreichend vorhanden, bilden sich Schlacken und Ablagerungen insbesondere im Bindegewebe: Wir bekommen Verdauungsprobleme, Cellulite und Übergewicht. Die chinesische Medizin verwendet für diesen krankhaften Prozess der Schlackenbildung durch ein unzureichendes Verdauungsfeuer den Begriff »Feuchtigkeit aufgrund von Milz-Qi-Mangel« und nimmt dieses Problem sehr ernst, weil das Zurückbleiben und Ansammeln von »Feuchtigkeit« ernsthafte Gesundheitsprobleme hervorrufen können.

4. Neben den rohen, eiskalten und tiefgekühlten Nahrungsmitteln gibt es noch eine weitere Kategorie, die das Verdauungsfeuer schwächt. Es handelt sich um die Milchprodukte, vor allem die gesüßten Sauermilchprodukte wie Früchtejoghurt, Quark mit Obst, Sahnecreme, Buttermilchdrink, Speiseeis usw. Folgendes Bild kann die Wirkung der Milchprodukte auf das Verdauungsfeuer erklären: Stellen Sie sich einen Holzkohlengrill vor – die Kohlen glühen, jetzt wäre genau der richtige Zeitpunkt, um die Würstchen auf den Rost zu legen. Nun gießen Sie eine große Portion Joghurt über die glühenden Kohlen. Es zischt, stinkt und qualmt, das Feuer erlischt oder wird zumindest stark beeinträchtigt. Sie können es sich sparen, die Würstchen noch aufzulegen. Sie würden nicht mehr gar werden. Aber auch die Milchprodukte selbst werden natürlich nur langsam und schlecht verarbeitet, was die Bildung von Feuchtigkeit stark fördert.
5. Da das Verdauungsfeuer selbst seine Energie – wie alle anderen Körperfunktionen auch – aus dem Gu-Qi bezieht, das aus der Nahrung herausdestilliert wird, sind alle Nahrungsmittel ungünstig, die wenig Gu-Qi liefern. Hierbei handelt es sich vor allem um Nahrungsmittel, die industriell so verändert wurden, dass Substanzen entstehen, die in dieser Form in der Natur nicht vorkommen. Bei dem hier zur Veranschaulichung als Destillation beschriebenen Vorgang handelt es sich in Wirklichkeit um eine Vielzahl enzymgesteuerter Prozesse. Enzyme sind Biokatalysatoren, die nach dem Schlüssel-Schloss-Prinzip arbeiten und auf ganz bestimmte Substrate fixiert sind. Weicht die Bauform des Substrats auch nur geringfügig ab, kann das Enzym keine Stelle zum Andocken finden und das Nahrungsmittel nicht oder nur sehr schwer verdaut werden. Künstliche Aromen, modifizierte Stärke, gehärtete Fette, Farbstoffe und

genveränderte Nahrungsmittel sind Beispiele dafür, dass unserem Körper Stoffe zugemutet werden, die es in der Natur so nicht gibt und aus denen nur wenig Gu-Qi gewonnen werden kann. Kurz gesagt: Fertigprodukte aus Tüten, Dosen und Päckchen machen zwar den Bauch voll, liefern aber nur wenig von der feinen Nahrungsessenz, die wir benötigen, um auch langfristig fit, vital und gesund zu bleiben.

6. Auch die Mikrowelle und das Tiefgefrieren wirken sich ungünstig auf unsere Nahrungsmittel aus. Die räumliche Anordnung der komplexen Eiweißmoleküle zum Beispiel wird durch sogenannte Wasserstoffbrücken gewährleistet. Diese nicht sehr stabilen Bindungen werden durch die schnelle Schwingung, die das Erhitzen in der Mikrowelle herbeiführt, oder durch die Ausdehnung der Wassermoleküle beim Einfrieren gelöst, und an anderen, zufälligen Stellen bilden sie sich wieder. Die räumliche Struktur der komplexen Eiweißmoleküle wird auf diese Weise leicht verändert, was die Arbeit der Verdauungsenzyme erschwert und zu einer verminderten Ausbeute an Gu-Qi führt.

Schaut man sich unsere moderne westliche Ernährung an, die zu einem großen Teil aus Rohkost, Tiefkühlgerichten und eiskalten Getränken besteht, ist es kein Wunder, dass die TCM-Therapeuten bei fast all ihren Patienten eine Milz-Qi-Schwäche diagnostizieren können und sich so viele Menschen müde, erschöpft und kraftlos fühlen.

Wie stärkt man die Mitte?

Hilfreich für das Verdauungsfeuer sind

1. knackig gekochtes Gemüse statt Rohkost
2. Kompott aus einheimischen Früchten statt Südfrüchte und rohes Obst
3. gekochtes, warmes Essen statt Brotmahlzeiten
4. Getreide in gekochter Form statt Flocken, Frischkornbrei und Vollkornbrot
5. lang gekochte Kraftsuppen
6. täglich kleine Mengen Fleisch oder Hülsenfrüchte bzw. Sojaprodukte

1. In der chinesischen Küche gibt es keine Rohkostsalate, denn kein Chinese würde sein Qi verschwenden, um rohes Gemüse erst im Magentopf zu erhitzen und in eine verdaubare Form zu bringen. Diese energiezehrende Aufgabe können besser Herd und Wok erledigen. Das immer wieder angeführte Argument, dass beim Kochen Vitamine verloren gehen, zieht hier nicht. Denn nur die Vitamine kommen dem Körper zugute, die er auch aufnehmen kann. Rohes Gemüse, das sich am nächsten Tag unverdaut in der Toilette findet, wurde nicht aufgenommen und verwertet. Unsere westlichen Ernährungswissenschaftler haben mittlerweile ebenfalls herausgefunden und veröffentlicht, dass zum Beispiel das Vitamin A vom menschlichen Körper viel besser aus gekochten Karotten aufgenommen werden kann als aus Rohkost. Außerdem lösen sich beim kurzen, schonenden Garen von Gemüse nicht alle Vitamine in Luft auf. Der Vitamin-

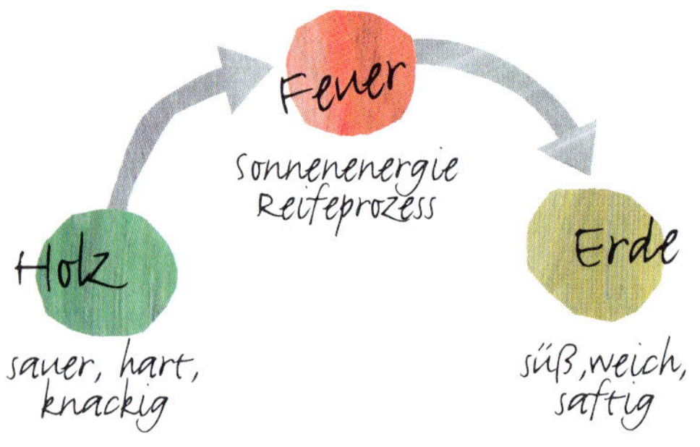

▲ Die Mitte stärken

gehalt reduziert sich zwar etwas, dafür wird der verbleibende Rest aber viel besser absorbiert. Und das ist der entscheidende Vorteil: Das Verdauungsfeuer wird nicht unnötig geschwächt.

2. Ähnliches gilt für Obst. Nur sehr reifes, weiches, süßes einheimisches Obst sollte in kleinen Mengen roh gegessen werden. Leider gibt es im Handel kaum wirklich reifes Obst zu kaufen, denn die Ernte erfolgt in unreifem Zustand, damit die Ware lange Transportzeiten und Lagerung übersteht. Deshalb sind zum Beispiel Pfirsiche, Nektarinen und Aprikosen in der Regel sauer, hart und knackig statt süß, weich und saftig. Wie ich im Kapitel über die Fünf Geschmäcker noch ausführlich beschreiben werde, gehören die Eigenschaften sauer, hart und knackig zum Holz-Element. Durch die Sonnenkraft, die dem Feuer-Element entspricht, werden die Früchte ins Erde-Element überführt, wo sie sich süß, weich und saftig präsentieren. Durch das Kochen von Obst zu Kompott wird der natürliche Reifeprozess nachgeahmt: Wir fügen Feuer hinzu, was die Früchte »erdiger« macht und damit leichter verdaulich. Ob und wie viel rohes Obst Ihr Verdauungsfeuer verträgt, können Sie ganz leicht selbst feststellen. Haben Sie Blähungen, wenn Sie rohes Obst gegessen haben? Wenn ja, ist Ihr Verdauungsfeuer zu schwach. Probieren Sie es einmal aus und essen Sie Ihr Obst eine Woche lang als Kompott. Ich bin ganz sicher, dass sich die Blähungen verabschieden.
3. Gekochtes Essen ist wohltuender und bekömmlicher für unsere Verdauungsorgane als Brotmahlzeiten. Auch das Sättigungsgefühl zum Beispiel nach einem Teller Kartoffelsuppe ist größer als nach einem Sandwich. Die Suppe ist schon deshalb befriedigender, weil sie einen deutlicheren Erdcharakter hat. Dies werde ich im nachfolgenden Kapitel über die Fünf Geschmäcker noch näher ausführen.
4. In großen Teilen Chinas wird als Getreide fast ausschließlich gekochter Reis gegessen, ergänzt durch etwas Weizen für Nudeln, Teigtaschen und gedämpfte Klöße. Und die Chinesen essen – wie fast alle Asiaten – weißen, geschälten Reis. Vollkornbrot, rohe Getreideflocken oder gar Frischkornbrei halten sie für unverdaulich. Wenn ich an die vielen Patienten in der Ernährungsberatung denke, die über Blähungen und Völlegefühl klagen, weil sie »gesundes«, vollwertiges Getreide essen, kann ich dem nur zustimmen. Auch die so oft gepriesene Mittelmeerküche kennt fast keine Vollkornprodukte außer gekochten Couscous und Bulgur. Rund ums Mittelmeer wird Weißbrot zum Gemüse gegessen und

ins Olivenöl getunkt. Im ganzen Korn sind lediglich Hirse, Quinoa, Perlgerste und Reis wirklich bekömmlich. Bulgur und Couscous sind sehr leicht verdauliche Vollkornweizenprodukte, aus denen man in Kombination mit Gemüse leckere Gerichte zaubern kann. Alle anderen Getreidesorten empfehle ich nur in Form von Grieß oder Mehl für gebundene Suppen, Breie oder Klößchen – nicht als Brot.

5. Im Wort Kraftsuppe stecken die Begriffe »Kraft« und »Suppe« – es geht also um eine Suppe, die uns Kraft verleiht. Kraft im Sinne von Körperkraft und Power, aber auch in dem Sinn, dass Verdauungskraft gefördert wird. Eine Suppe darf sich dann Kraftsuppe nennen, wenn sie lange gekocht hat – 4, 6 oder gar 10 Stunden. Während dieser langen Kochzeit wird praktisch permanent Energie in Form von Hitze zugeführt, die sich in der Suppe »ansammelt« und sich nach dem Essen auf die Verdauungsorgane und den ganzen Menschen überträgt. Lang gekochte Kraftsuppen gelten daher in der chinesischen Ernährungslehre als Mittel, um Energieschwäche, Müdigkeit und Erschöpfung auszugleichen. Auch bei uns wird lang gekochte Hühnersuppe schon seit Generationen verwendet, um Kranke und Schwache aufzupäppeln – lange bevor Maggi, Knorr und Co. die Suppe in Tüten gepackt haben.
6. Fleisch wird in der chinesischen Ernährungslehre Yang zugeordnet. Dies bedeutet, dass es ein starkes Potenzial hat, Kraft zu liefern – auch Verdauungskraft. Kleine Mengen Fleisch regelmäßig – das heißt etwa 100 g täglich – genossen, kräftigen den Organismus, verhindern Blut- und Eiweißmangel und stärken das Verdauungsfeuer. All diese Eigenschaften haben Käse und Milchprodukte, die von Vegetariern gerne als Ersatz für Fleisch verzehrt werden, nicht. Hülsenfrüchte und Sojaprodukte dagegen können Fleisch recht gut ersetzen, aber auch nur, wenn sie regelmäßig, also täglich, gegessen werden.

Kochen mit Feuer – Kochen mit Wasser

Würde man einen Chinesen vor die Wahl stellen, Gekochtes oder Rohes zu essen, würde er auf jeden Fall das Gekochte bevorzugen und vielleicht auch noch erklären, dass man überhaupt nur Gekochtes essen soll. Wir wissen aber, dass Menschen, die nur gekochte Speisen zu sich nehmen, krank werden. Wie kommt es also, dass so viele Millionen Chinesen, die sich an diese Richtlinie halten, nur Gekochtes zu essen, gesund und munter sind?

Das Geheimnis liegt in dem chinesischen Schriftzeichen für »kochen«. Es hat die Bedeutung, dass Speisen bearbeitet werden müssen, um sie für den Menschen verdaulich und bekömmlich zu machen. Dieses Bearbeiten kann zum einen durch Erhitzen geschehen – was dem »Kochen mit Feuer« entspricht. Oder es kann auch das »Kochen mit Wasser« gemeint sein, wobei die Nahrungsmittel bekömmlich gemacht werden, ohne sie zu erhitzen.

Kochen mit Feuer – Kochen mit Wasser

Mit Feuer	Mit Wasser
kochen	keimen
braten	milchsauer vergären (Sauerkraut, Pickles)
dämpfen	Essiggärung
backen	alkoholische Gärung
grillen, rösten	fermentieren (Sojasoße, Miso)
schmoren	
blanchieren	

Bei der milchsauren Vergärung wird aus rohem Gemüse, welches das Verdauungsfeuer schwächen würde, ein bekömmliches Produkt mit mehreren Vorteilen:

- Es hat einen angenehmen, leicht säuerlichen Geschmack, der sehr erfrischend und belebend wirkt.
- Das vergorene Gemüse ist lange haltbar, aber trotzdem noch »lebendig«.
- Es enthält neben Vitaminen außerordentlich viele lebendige Enzyme.

Der hohe Enzymgehalt der »mit Wasser gekochten« Speisen stellt ihren eigentlichen Wert dar. Alle Stoffwechselprozesse und Verdauungsvorgänge werden von Enzymen gesteuert. Sie sind absolut lebensnotwendig, auch wenn sie nur in kleinen Mengen gebraucht werden, denn sie wirken als sogenannte Biokatalysatoren.

Enzyme bestehen aus komplexen Eiweißkörpern, die beim Erhitzen über 40 °C zerstört werden und damit ihre Funktion verlieren. Auch beim Pasteurisieren von Milch, Fruchtsäften, Sauerkonserven usw. werden Temperaturen von deutlich über 40 °C erreicht und damit die Enzyme zerstört.

Lebendige Enzyme sind also nur in rohen, nicht erhitzten Nahrungsmitteln vorhanden. Rohes wirkt sich allerdings schwächend auf das Verdauungsfeuer aus, wie wir weiter oben gesehen haben. Nahrungsmittel, die »mit Wasser gekocht« wurden, sind die Lösung für dieses Problem. In vielen Ländern Asiens finden wir dafür Beispiele im traditionellen Essverhalten. Die Japaner zum Beispiel lieben Rettichsprossen – sie gehören zu jeder Mahlzeit – genauso wie Miso, das als Würzmittel und in Form von Suppe zum festen Bestandteil der japanischen Küche gehört. Dabei wird das Miso erst ganz am Schluss zum Abschmecken verwendet und nicht wirklich mitgekocht, damit es seine Enzymwirkung nicht verliert. Koreanisches Essen ist ohne Kimchi – milchsauer vergorener, mit Chili und Knoblauch geschärfter Chinakohl – nicht vollständig.

Milchsauer vergorenes Gemüse (Pickles)

Man kann jedes Gemüse verwenden, um es milchsauer zu vergären, außer grünen Bohnen (sind ungekocht giftig), Grünkohl und Wirsing (bleiben sehr zäh) und Spinat (wird zu weich). Besonders geeignet und lecker sind Rote Bete, Karotten, Sellerie, Chinakohl, Rettich und Radieschen. Abgesehen von dem Gemüse brauchen Sie noch Salz, Gewürze nach Belieben und – um ganz sicherzugehen – einen Starter. Ich verwende dafür gerne Umeboshi-Pflaumen. Als milchsauer vergorene Früchte funktionieren sie nicht nur als Starter, sondern sie sorgen durch ihre keimhemmende Wirkung auch dafür, dass sich im Gemüse außer den Milchsäurebakterien nichts anderes Unerwünschtes breitmachen kann.

Zubereitung

1. Alle Zutaten waschen, putzen und in feine Streifen, Scheiben oder Würfel schneiden.
2. 15 g Meersalz in 1 Liter Wasser aufkochen und abkühlen lassen.
3. Das zerkleinerte Gemüse in saubere Schraubgläser füllen und mit einem Holzstiel etwas stoßen und verdichten.
4. Mit dem abgekochten Salzwasser auffüllen, bis das Gemüse bedeckt ist; es sollten aber noch 1–2 cm bis zum Rand des Glases frei sein.
5. Umeboshi-Pflaume darauflegen.
6. Glas mit dem Schraubdeckel fest verschließen.
7. 10 Tage bei Raumtemperatur stehen lassen, danach im kühlen Keller oder Kühlschrank sechs Wochen lang reifen lassen.

Hinweise

- Stellen Sie die Gläser für die ersten 10 Tage auf ein Tablett, weil es passieren kann, dass etwas Flüssigkeit austritt. Die Gläser dürfen auf keinen Fall geöffnet werden – auch wenn sich der Deckel wölbt. Die Milchsäurebakterien können ihre Arbeit nur unter anaeroben Bedingungen – unter Ausschluss von Sauerstoff – erledigen, wobei Kohlendioxid entsteht, das man als Bläschen im Glas aufsteigen sieht.
- Verwenden Sie Biogemüse – hier kommt die Gärung besser und schneller in Gang. Bei konventioneller Ware werden die Bakterien von den Pflanzenschutzmitteln gehemmt.
- Nach der Reifezeit sind die Gläser kühl gelagert etwa ein Jahr haltbar. Wenn ein Glas geöffnet wurde, sollte es im Kühlschrank aufbewahrt und innerhalb von 1–2 Wochen aufgebraucht werden.

Vorschläge zum Würzen

- Rote Bete mit Zwiebel, Lorbeerblatt, reichlich Koriandersamen
- Chinakohl mit roten und grünen Peperoni
- Karotten mit Senfkörnern

Die Chinesen verwenden fermentierte, scharfe Bohnenpasten zum Würzen der Speisen bei Tisch. Auch fehlt ein Tellerchen mit milchsauer vergorenem Kohl bei keiner Mahlzeit.

In Europa haben wir andere Traditionen, um unseren Enzymbedarf zu decken. Der Blattsalat mit Essig-Öl-Dressing als Beilage zu gekochten Speisen, reichlich Petersilie auf den Kartoffeln, der Löffel rohes Sauerkraut und auch die Zitronenscheibe auf dem Wiener Schnitzel zeigen, dass dieses Wissen auch bei uns vorhanden ist. Es ist lediglich nötig zu beachten, dass der Essig unpasteurisiert ist, das Sauerkraut nicht aus der Dose kommt und frische Kräuter verwendet werden. Nutzen Sie sinnvoll das jahreszeitliche Angebot, um Ihren Enzymbedarf abwechslungsreich zu decken. Im Sommer gibt es reichlich Blattsalate, im Herbst Endivien, im Winter eingelagerten Chicorée, in den frostfreien Perioden Feldsalat und im Frühling junge Kräuter und Sprossen. Im Winter und Frühling kann man die Blattsalate mit rohem Sauerkraut oder selbst gemachten Pickles ergänzen. Im Sommer bieten sich kleine Mengen reife Früchte an. Auch das Ziehen von Sprossen lohnt sich ganz besonders. Verwenden Sie aber zum Keimen keine Hülsenfrüchte, da diese Sprossen roh nicht zum Verzehr geeignet sind und beim Blanchieren die wertvollen Enzyme verloren gehen. Besser sind zum Beispiel Kresse, Alfalfa, Senfsamen, Rettichsamen, Radieschensamen, Rucolasamen und Bockshornkleesamen. So wird ein Salat aus in Dampf gegartem Gemüse mit unpasteurisiertem Essig, gutem Olivenöl, etwas frischer Petersilie und reichlich Kresse nicht nur zu einer Vitamin-, sondern auch zu einer Enzymbombe. Wenn Sie Ihre Speisen bei Tisch dann noch mit unpasteurisierter Sojasoße nachwürzen statt mit Salz, können Sie Ihren Enzymbedarf mühelos decken – ohne Ihrem Verdauungsfeuer zu schaden.

Die Nahrungsmittelpyramide

Sie haben sicherlich schon einmal von der Nahrungsmittelpyramide gehört, die angibt, wovon wie viel gegessen werden sollte. Wenn sich jeder an die gängigen Nahrungsmittelpyramiden halten würde, müssten alle Supermärkte umgebaut werden, weil man die Gemüseabteilungen stark vergrößern müsste und die Süßwarenabteilungen auflösen könnte. Leider sieht die Realität ganz anders aus.

Meine Empfehlung für die Verteilung der Nahrung auf die unterschiedlichen Nahrungsmittelgruppen gründet sich auf die jahrelange Erfahrung in den Ernährungsberatungen. Es gibt viele Autoren, die den Getreideanteil in der Nahrung viel höher ansetzen. Das wäre bei starker körperlicher Arbeit auch richtig. Da aber die meisten von uns sehr wenig Bewegung haben, halte ich es für sinnvoller, die Hälfte unseres Energiebedarfs über Gemüse und Obst zu decken, und zwar weitgehend in gekochter Form. Dieser Rat hat einfach damit zu tun, dass die meisten Menschen Verdauungsprobleme und Blähungen haben, die in der Regel durch zu viel Rohkost und Getreide in Form von Vollkornbrot

rohes Obst
und Gemüse
Brot, Süßigkeiten, Nüsse,
Fette, Milchprodukte
Fleisch, Fisch,
Eier, Hülsenfrüchte,
Sojaprodukte
gekochtes Getreide
und Nudeln
gekochtes Gemüse, Obst und Kartoffeln,
Blattsalate, Sprossen

hervorgerufen werden. In der Nahrungsmittelpyramide ist ein hoher Anteil an Gemüse und Obst dargestellt, der problemlos eine ausreichende Versorgung mit Mineralien, Vitaminen, sekundären Pflanzenstoffen und Ballaststoffen gewährleistet. Selbst die von der Deutschen Gesellschaft für Ernährung (DGE) geforderten 5 Portionen Obst/Gemüse pro Tag sind locker zu schaffen, wie folgendes Beispiel zeigt:

Rezeptvorschläge für einen Tag

Frühstück	Hirse mit Avocadomus
Mittagessen	Gemüsebulgur mit Paprika, Zucchini, Gemüsezwiebel und Blattsalat
Nachmittags-Snack	1 Portion Apfelkompott oder 3 reife Aprikosen
Abendessen	Kartoffelsuppe mit Kräutern, gebratene Champignons auf Rucola

Das sind ungefähr 7 Portionen Obst und Gemüse an einem Tag.

Das Konzept von Yin und Yang

Dieses traditionelle daoistische Yin-Yang-Symbol hat wahrscheinlich jeder schon einmal gesehen. Der Kreis, der die Ganzheit symbolisiert, wird durch eine geschwungene Linie in eine helle Hälfte (= Yang) und eine dunkle Hälfte (= Yin) geteilt.

Diese Zuordnung lässt sich durch die chinesischen Schriftzeichen für Yin und Yang erklären. Das Zeichen Yin bedeutet die Schattenseite eines Berges, wo es kalt, dunkel, feucht und eher ruhig ist. Das Zeichen Yang steht für die Sonnenseite eines Berges, wo es warm, hell, trocken ist und lebendig zugeht.

Diese ursprünglichen Bedeutungen der Begriffe gingen mit der Zeit verloren, und sie wurden immer mehr dazu benutzt, Polaritäten allgemein auf abstrakte Weise darzustellen.

Wir finden das Konzept von Yin und Yang überall in der Natur und in unserem Alltag: Winter – Sommer, Nacht – Tag, Mond – Sonne, Ruhe – Aktivität, Wasser – Feuer, langsam – schnell sind nur einige Beispiele für diese Gegensätze, die man mit den Begriffen Yin und Yang in eine Beziehung zueinander setzen kann. Dabei schließen sich die beiden Pole allerdings nicht gegenseitig als unvereinbar aus, sondern stellen jeweils die zwei Seiten einer Ganzheit dar. In der chinesischen Anschauung ist es nicht entweder Tag oder Nacht, sondern sowohl Tag als auch Nacht. Beide gehören zum Rhythmus des Lebens auf diesem Planeten. Es ist daher auch keine Frage, ob es besser ist, zu schlafen oder aktiv zu sein, denn ohne ausreichenden Schlaf in der Nacht lassen sich keine kraftvollen Aktivitäten am Tag entfalten. Das Yin-Yang-Symbol verdeutlicht mit seiner hellen und dunklen Seite die grundsätzliche Polarität aller Dinge und Erscheinungen, zeigt aber gleichzeitig durch die geschwungene Linie, die die beiden Hälften trennt bzw. verbindet, dass diese Gegensätzlichkeit nur relativ ist und keinen statischen Zustand beschreibt. Vielmehr macht es die Veränderlichkeit aller Dinge und deren gegenseitige Abhängigkeit voneinander klar.

Für uns im Westen ist die wichtigste Erkenntnis bei dieser Anschauung der Dinge, zu begreifen, was Yin-Yang nicht beinhaltet: Es geht auf keinen Fall um eine Bewertung oder Einteilung in Gut und Böse, richtig und falsch oder wertvoll und minderwertig. Yin und Yang bezeichnen die beiden Seiten einer Medaille – ohne die eine könnte es die andere Seite nicht geben. Da in unseren westlichen Gesellschaften die Yang-Qualitäten wie Kraft, Dynamik, Engagement, Aktivität usw. gerne höher bewertet werden als Yin-Qualitäten wie Ruhe, Entspannung, Schlaf, Erholung usw., ist es überaus wichtig klarzumachen, dass das eine ohne das andere nicht – oder zumindest nicht lange – existieren kann.

Man könnte noch viele weitere Beispiele nennen. Wenn Sie selbst versuchen, Phänomene, Gefühle, Farben, Speisen usw. in dieses Schema einzuordnen, denken Sie daran, dass es ein relatives Denkschema ist: Der Schatten unter einem Baum ist Yin im Vergleich zum grellen Licht in der Sonne (Yang), aber hell (Yang) im Vergleich zu einer mondlosen, finsteren Nacht (Yin).

Für die chinesische Medizin und die Ernährung nach den Fünf Elementen sind folgende Zuordnungen von besonderer Bedeutung:

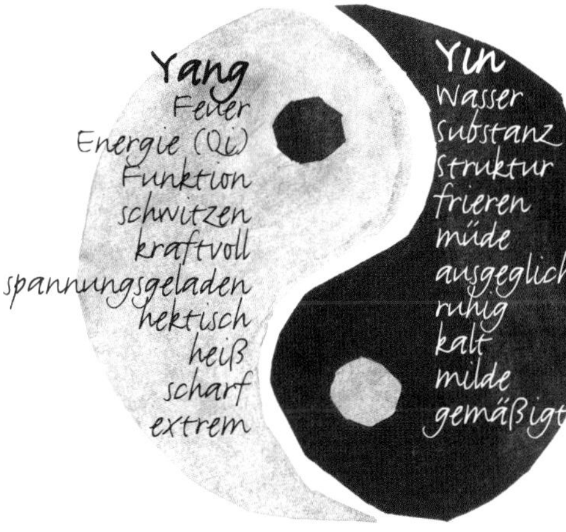

Was diese etwas theoretischen Vorstellungen von Yin und Yang mit unserer Gesundheit und unserem Essen zu tun haben, werde ich in den nächsten Abschnitten erklären.

Saft und Kraft haben

Im chinesischen Denken sind Yin und Yang so fest verankert, dass nicht nur alltägliche Phänomene oder philosophische Themen unter diesem Gesichtspunkt betrachtet werden – auch in der Medizin, Gesundheits- und Ernährungslehre spielt diese Betrachtungsweise eine entscheidende Rolle. Gesundheit und Wohlbefinden werden daher als ein dynamisches Gleichgewicht von Yin und Yang beschrieben, das den freien Fluss von Blut und Qi im ganzen Körper gewährleistet. Sehr vereinfacht kann man sich dieses Gleichgewicht als eine Balance von Wasser und Feuer vorstellen.

Aus westlicher Sicht kann man anstelle von Yin und Yang gut auch Begriffe wie Körpersaft und Körperkraft verwenden. Ein gesundes Gleichgewicht zeigt sich dann darin, dass man »Saft und Kraft hat«. Saft zu haben bedeutet, dass wir genügend Blut und gesunde Körpersäfte besitzen und unsere Muskeln, Knochen, Sehnen usw. eine solide Substanz aufweisen, dass unsere Nerven stark genug sind, um gelassen zu bleiben, und dass wir nachts gut schlafen können. Kraft zu haben dagegen bedeutet, dass wir uns leicht und flüssig bewegen können, dass unser Körper und die Gliedmaßen warm und gut durchblutet sind, dass wir voller Tatendrang unsere Aufgaben meistern, um unsere Wünsche und Träume zu realisieren, dass wir einen gesunden Appetit entwickeln und gut verdauen können.

Entsprechend wird Krankheit als eine Entgleisung dieses Gleichgewichts angesehen, was bedeutet, dass man vom einen zu viel und vom anderen zu wenig hat. Begriffe wie Yang-Fülle, Yin-Leere, Yang-Schwäche oder Qi-Mangel sind nur einige Beispiele dafür, wie Krankheiten in der TCM bezeichnet und verstanden werden.

Aber auch beim gesunden Menschen wird das Gleichgewicht von Yin und Yang im täglichen Leben durch vielfältige Faktoren beeinflusst, sodass die Waage mal auf der einen, mal auf der anderen Seite »leichter wird«. Wenn wir zum Beispiel etwas sehr Scharfes essen und dabei ins Schwitzen geraten oder hektisch durch einen Supermarkt eilen, um kurz vor Ladenschluss unsere Einkäufe zu erledigen, dann überwiegt in diesen Momenten das Yang. Sitzen wir dagegen an einem Sommertag

unter einem Baum, schauen auf einen gemächlich dahinfließenden Fluss und werden dabei schläfrig, dann überwiegt das Yin. Diese kurzfristigen Ausschläge der Yin-Yang-Balance werden umso schneller und zuverlässiger immer wieder ausgeglichen, je stärker und stabiler unsere »Mitte« ist. »Mitte« steht hier für die Funktion des mittleren Erwärmers mit Magentopf und Verdauungsfeuer.

Die thermische Wirkung der Nahrungsmittel

Die chinesische Diätetik und natürlich die aus ihr bei uns im Westen hervorgegangene Ernährung nach den Fünf Elementen ist eine der ganz wenigen Ernährungslehren, die das Phänomen der thermischen Wirkung kennt und nutzt. Wie die Heilkräuter werden dabei auch die Nahrungsmittel in derselben Art klassifiziert, also nach den Kategorien heiß, warm, neutral, erfrischend und kalt. Die thermische Wirkung eines Nahrungsmittels beschreibt sein Temperaturverhalten im Körper, wenn wir es zu uns nehmen. Wenn Sie in einem griechischen Bauernsalat eine richtig scharfe Peperoni erwischen und Ihnen der Gaumen brennt, kein Getränk das Feuer löschen kann und Sie anfangen zu schwitzen, dann wissen Sie, warum die Chinesen sagen, dass Peperoni und Chili thermisch heiß sind. Auf der anderen Seite gibt es kaum etwas so Erfrischendes und Durststillendes wie eine reife Wassermelone, die an heißen Sommertagen eine echte Wohltat sein kann, weil sie den Körper kühlt – sie ist thermisch kalt. Eine genaue Klassifizierung der Nahrungsmittel finden Sie in den Listen und Tabellen ab Seite 172). Die »thermische Wirkung« gibt aber nicht nur Auskunft über das reine Temperaturverhalten, sondern auch Hinweise auf mehr allgemeine Wirkungen der Nahrungsmittel im Stoffwechsel (siehe Tabelle unten).

Thermische Wirkung der Nahrungsmittel

Thermische Wirkung	Wirkung im Stoffwechsel	Yin-Yang-Gleichgewicht	
Heiß	vertreibt Kälte, erhitzt den Körper	stärkt die Yang-Wurzel ▶	liefert **Körperkraft**
Warm	wärmt den Körper, dynamisiert		
Neutral	baut Qi auf, harmonisiert	liefert Energie ▶	stärkt die **Mitte**
Erfrischend	baut Säfte und Substanz auf, erfrischt den Körper	stärkt die Yin-Wurzel ▶	liefert **Körpersaft**
Kalt	vertreibt Hitze, kühlt den Körper		

Vor diesem Hintergrund wird klar, warum zum Beispiel Tomaten, Gurken, Melonen, Spinat, Sellerie und Meeresalgen – alles kalte Nahrungsmittel – für Menschen, die leicht frieren und zu kalten Füßen neigen, nicht geeignet sind. Dagegen sind warme und heiße Nahrungsmittel, wie beispielsweise Lamm- und Wildfleisch, Lauch, Knoblauch, Chili, getrockneter Ingwer und Yogitee, sehr gut geeignet, diese Kälte auszugleichen.

Ebenso wie die Eigenschaften der Nahrungsmittel selbst ist auch die Zubereitungsart entscheidend dafür, wie eine Speise auf den Körper wirkt. Scharfes Anbraten, Grillen, Rösten, Räuchern, Backen und langes Schmoren sind Yang-verstärkende Kochmethoden, die den Körper erwärmen und das Feuer schüren. Im Gegensatz dazu sind das Blanchieren, das Kochen mit viel Wasser, das Dünsten und das Garen im Dampf Yin-verstärkende Zubereitungsformen, die den Körper eher kühlen und helfen, Säfte aufzubauen.

Um Saft und Kraft gleichermaßen zu stärken und das Yin-Yang-Gleichgewicht in Balance zu halten, gibt es für den gesunden Menschen eine einfache Regel: 30 % warme, 30 % neutrale, 30 % erfrischende Nahrungsmittel und jeweils 5 % heiße und kalte bilden die ideale Mischung.

Im Winter und bei Menschen, die oft frieren, verschiebt man diese Aufteilung etwas zugunsten der warmen Nahrungsmittel – dafür werden die erfrischenden weniger: 40 % warm, 30 % neutral, 20 % erfrischend und je 5 % heiß und kalt.

Im Sommer und bei Menschen, denen es eher schnell zu heiß wird, ändert man die Zusammensetzung der Nahrung in die andere Richtung. Sie sollten weniger warme, dafür aber mehr erfrischende Zutaten essen.

Die jahreszeitliche Verschiebung in Bezug auf die thermische Wirkung ergibt sich automatisch, wenn wir auf das saisonale Gemüse und Obstangebot aus heimischem Anbau achten. Im Sommer werden stärker wasserhaltige und damit kühlere Gemüse angeboten, wie Paprika, Tomaten, Gurken, Blattsalate, Spargel und Zucchini. Dagegen sind Kürbis, Fenchel, Rosenkohl und Lauch typische Wintergemüse, die thermisch eher warm sind. Die neutralen Gemüse sind fast das ganze Jahr über erhältlich: Karotten, Kartoffeln, Weißkohl, Rotkohl, Kohlrabi usw.

Im Rezeptteil sind die Gerichte den Jahreszeiten entsprechend aufgeführt, wobei das saisonale Angebot der Gemüse und Salate das Hauptkriterium für die Einteilung darstellt. Dadurch wird die thermische Wirkung automatisch im Laufe des Jahres physiologisch angepasst.

Der Saisonkalender auf der nächsten Seite verrät Ihnen, in welchen Monaten welches Gemüse aus unseren Breiten angeboten wird. Darauf zu achten hat den Vorteil, dass Sie relativ preiswert einkaufen können und dass die Ware aromatisch und frisch ist.

Wenn wir uns bei der Auswahl unseres Essens von unserem gesunden Menschenverstand und unverdorbenen Geschmackssinn leiten lassen, beachten die meisten von uns die thermische Wirkung im Verlauf des Jahres automatisch. Wann schmecken Erdbeeren besser, wann sind sie süßer und saftiger – im Juni oder im Dezember? Haben Sie im Hochsommer Lust auf Rotkohl mit Nelke und Ingwer oder auf Blattsalate mit Tomaten und Mozzarella? Sie sehen, es ist ganz einfach. Was uns leider allzu oft in die Irre führt, sind die Supermarktregale, die das ganze Jahr über ein gleichförmiges Angebot präsentieren, das sich auf weltweiten Handel, Gewächshäuser und Kunstdünger stützt. Überliefertes Wissen, eigene Intuition und der Reichtum der Natur – zu dem auch der Jahreszeitenwechsel und das damit verbundene unterschiedliche Nahrungsangebot gehören –, bleiben gegen diese bequeme und allgegenwärtige Konkurrenz schnell auf der Strecke. Eine gute Orientierung liefern dagegen Bauern- und Erzeugermärkte, die ihre eigenen Produkte saisongerecht anbieten.

Saisonkalender für Gemüse

■ = Nebensaison mit geringem Angebot ■ = Hauptsaison mit starkem Angebot

	Jan.	Feb.	Mrz.	Apr.	Mai	Juni	Juli	Aug.	Sept.	Okt.	Nov.	Dez.
Aubergine						Nebensaison	Hauptsaison	Hauptsaison	Hauptsaison	Hauptsaison		
Bärlauch			Nebensaison	Hauptsaison								
Blattsalat				Nebensaison	Hauptsaison	Hauptsaison	Hauptsaison	Nebensaison	Nebensaison			
Bleichsellerie					Nebensaison	Hauptsaison	Hauptsaison	Hauptsaison	Hauptsaison	Hauptsaison	Nebensaison	
Blumenkohl					Nebensaison	Hauptsaison	Hauptsaison	Nebensaison	Nebensaison	Hauptsaison	Nebensaison	
Bohne, grün						Nebensaison	Hauptsaison	Hauptsaison	Nebensaison	Nebensaison		
Brokkoli					Nebensaison	Hauptsaison	Hauptsaison	Hauptsaison	Hauptsaison	Hauptsaison		
Chicoree	Hauptsaison	Hauptsaison	Hauptsaison								Nebensaison	Hauptsaison
Chinakohl	Hauptsaison	Hauptsaison						Hauptsaison	Nebensaison	Nebensaison	Hauptsaison	Hauptsaison
Endiviensalat	Nebensaison	Nebensaison				Nebensaison		Nebensaison	Hauptsaison	Hauptsaison	Nebensaison	Nebensaison
Erbse						Nebensaison	Hauptsaison	Hauptsaison				
Feldsalat	Hauptsaison	Hauptsaison	Hauptsaison	Nebensaison						Nebensaison	Nebensaison	Hauptsaison
Fenchel					Nebensaison	Nebensaison	Nebensaison			Hauptsaison	Hauptsaison	Nebensaison
Grünkohl	Hauptsaison	Hauptsaison									Nebensaison	Hauptsaison
Karotte	Nebensaison	Nebensaison	Nebensaison			Nebensaison	Hauptsaison	Nebensaison	Hauptsaison	Hauptsaison	Nebensaison	Nebensaison
Kohlrabi				Nebensaison	Hauptsaison	Hauptsaison	Hauptsaison	Hauptsaison	Hauptsaison	Nebensaison	Nebensaison	

	Jan.	Feb.	Mrz.	Apr.	Mai	Juni	Juli	Aug.	Sept.	Okt.	Nov.	Dez.
Kürbis	blau	blau						orange	orange	orange	blau	blau
Lauch	orange	orange	orange	orange	orange	orange		orange	orange	blau	blau	blau
Mais								orange	blau	orange		
Mangold					orange	blau	blau	orange	orange	orange		
Meerrettich	orange	orange	orange						orange	blau	blau	orange
Paprika								blau	orange	orange		
Pastinake	orange	orange	orange								orange	blau
Radieschen		orange	orange	orange	blau	orange	orange	blau	blau	blau	orange	
Rhabarber				orange	blau	blau						
Rettich	orange	orange	orange	orange	blau			orange	blau	blau	blau	orange
Rosenkohl	blau	blau							orange	orange	blau	blau
Rote Bete	orange	orange	orange	orange					orange	blau	blau	blau
Rotkohl	orange	orange						orange	blau	blau	blau	orange
Salatgurke					orange	blau	blau	blau	blau	orange		
Schwarzwurzel										orange	blau	orange
Sellerie	orange	orange	orange	orange				orange	orange	blau	blau	blau
Spargel				orange	blau	blau						
Spinat			orange	orange	blau	orange	blau	blau	orange	orange	orange	
Spitzkohl					blau	blau						
Steckrübe	blau	blau								orange	blau	blau
Tomate								orange	blau	blau	orange	
Weißkohl	blau	blau	blau		orange			blau	orange	blau	blau	blau
Wirsing								blau	orange	blau	blau	orange
Zucchini						blau	blau	orange	orange	orange	orange	
Zwiebel	orange	orange	orange			orange		orange	blau	blau	blau	orange

Der Tag-Nacht-Rhythmus

Die »Organuhr« zeigt uns, wie sich das Yin-Yang-Gleichgewicht auch im Verlauf jedes Tages verändert. Interessant ist, dass schon ab 12 Uhr mittags die Yin-Kräfte allmählich anfangen stärker zu werden und dass nachts um 24 Uhr ihr Höhepunkt überschritten wird. Danach beginnt das Yang wieder an Kraft zu gewinnen.

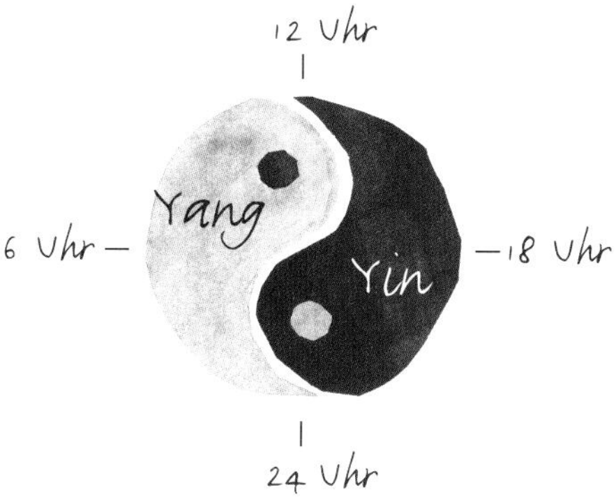

Diese Darstellung verdeutlicht, dass es sinnvoll ist, morgens und beim Mittagessen eher das Yang zu stärken und mit der Nachmittagsmahlzeit und am Abend eher die Yin-Kräfte zu nähren. Das Beachten dieses einfachen Konzepts führt zu mehr Kraft und Dynamik am Tag und besserem und erholsamerem Schlaf in der Nacht. Auch alte Weisheiten wie »Der Schlaf vor Mitternacht ist der beste« lassen sich mithilfe dieses Schemas leicht verstehen: Wenn nach 24 Uhr das Yang schon wieder beginnt, aktiver zu werden, ist der Schlaf nicht mehr so tief und erholsam, denn das Yin wächst durch Passivität und nicht durch Aktivität.

Auch die alte Regel »Frühstücke wie ein Kaiser, iss mittags wie ein Bürger und abends wie ein Bettelmann« wird durch den Yin-Yang-Tagesablauf bestätigt. Wenn Sie sich den Ausschnitt von 18 bis 24 Uhr anschauen, sehen Sie fast nur schwarz. In dieser Zeit überwiegen die Yin-Kräfte, der Körper und all seine Funktionen kommen also zur Ruhe – auch die Verdauung. Magen und Milz haben sich sozusagen schlafen gelegt. Ihnen dann noch schwere Mahlzeiten aufzubürden, wenn sie eigentlich schon lange Feierabend haben, ist unklug. Eine leichte, möglichst vegetarische Abendmahlzeit vor 18 Uhr wäre ideal. Dann zur Ruhe kommen, früh schlafen gehen, um den nächsten Morgen um 5 Uhr mit Frühsport zu beginnen und anschließend ein ausführliches, herzhaftes Frühstück einzunehmen, mit dem man sich die Energie für den Start in den Tag holt – so ähnlich stellten sich die alten chinesischen Meister wohl ein Leben im Einklang mit dem Dao vor.

Einen Speiseplan, der den Tag-Nacht-Rhythmus berücksichtigt, finden Sie auf Seite 34.

Die Konstitution des Menschen

Wie schon beschrieben wird Gesundheit in der Traditionellen Chinesischen Medizin (TCM) als ein Gleichgewicht von Yin und Yang definiert. Wie sich dieses Gleichgewicht bei jedem Menschen individuell darstellt, hängt von seiner Konstitution ab. Die Konstitution wird zum Teil von den Eltern vererbt und zum Teil durch

WISSEN

Ein Speiseplan, der den Tag-Nacht-Rhythmus von Yin und Yang berücksichtigt, könnte folgendermaßen aussehen:

Vom Morgen bis zum frühen Nachmittag ist das Yang aktiv und sollte gestärkt werden, damit der Mensch Kraft für den Tag und seine Aufgaben hat.

Frühstück:
herzhaft, deftig, kräftig, mit einem Ei, Hülsenfrüchten, Fisch oder Speck (als Eiweißanteil) und gekochtem Getreide

Mittagessen:
warmes, gekochtes Essen oder zum Mitnehmen: Salat aus gekochtem Gemüse, Reis oder Nudeln, mit etwas Schinken, Tofu oder Fisch

Am Nachmittag und Abend überwiegt das Yin. Es kann in dieser Zeit besonders wirkungsvoll genährt werden, was dazu führt, dass der Mensch besser schläft und sich nachts effektiver regeneriert.

Nachmittag:
Obstkompott aus einheimischen Früchten, im Sommer auch kleine Mengen reifes Obst

Abendessen:
Gemüse-Kartoffel-Eintopf, Nudeln mit Tomaten-Gemüse-Soße, Grießbrei mit Birnenkompott oder Hirse-Apfel-Auflauf

Lebensumstände und Bedingungen wie Krankheiten und Alter bestimmt. Wir haben also in gewisser Weise die Möglichkeit, unsere Konstitution zu beeinflussen. Und zwar durch das, was wir tagtäglich essen und trinken, und natürlich auch durch unseren Lebensstil.

Hitzköpfe oder Heißblüter: Als Hitzköpfe oder Heißblüter kann man Menschen bezeichnen, die eine Yang-Fülle haben. Das heißt: Ihr Feuer ist größer als normal. Solche Menschen frieren selten, sie brauchen auch im Winter keine warme Jacke, Handschuhe und Mütze besitzen sie gar nicht, und sie schwitzen schnell. Es sind dynamische, kraftvolle Menschen, die andere begeistern und mitreißen können und in der Regel fähig sind, Großes zu leisten. Die Energiefülle kann aber auch zu Zornausbrüchen führen oder sich auf körperlicher Ebene als Bluthochdruck zeigen. Bei einer solchen Konstitution ist es sinnvoll, hei-

ße und warme Nahrungsmittel und sehr scharfe Gewürze zu meiden und stattdessen mit viel erfrischendem Gemüse und erfrischenden Früchten das Feuer unter Kontrolle zu bringen.

Kaltfüßler oder Frierkatze: Beim Kaltfüßler oder der Frierkatze ist genau das Gegenteil der Fall. Diese Menschen haben einen Yang-Mangel, ihr Feuer ist also viel zu klein. Sie frieren oft, brauchen sehr warme Kleidung, um sich wohlzufühlen, und sie werden schnell müde. Es fällt ihnen schwer, körperlich aktiv und geistig rege zu bleiben. Hier sind warme Speisen mit scharfen Gewürzen, aromatische Schmorgerichte, Kraftsuppen und Yogitee das Richtige, um den Motor auf Touren zu bringen. Regelmäßig kleine Mengen Fleisch, Fisch oder Hülsenfrüchte sind der geeignete Brennstoff, um Kraft und Wärme zu liefern. Auf Rohkost, kalte Speisen und Getränke sowie Brotmahlzeiten sollte ganz verzichtet werden.

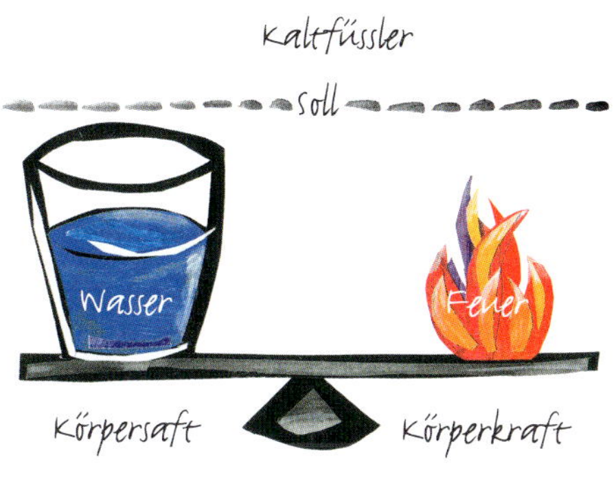

Zerbrechlich, schwach und dünnhäutig: Menschen wirken zerbrechlich, schwach und dünnhäutig, wenn sowohl die Yin-Wurzel als auch die Yang-Wurzel zu klein geraten ist. Die TCM nennt dies »Qi- und Blutmangel« aufgrund einer schwachen Mitte. Der Qi-Mangel bringt Müdigkeit, Konzentrationsschwäche, Erkältungsanfälligkeit, Gelüste nach Süßem und Verdauungsstörungen mit sich. Das alles sind Zeichen für eine schwache Mitte. Wie im Kapitel über den Drei-Erwärmer (S. 15) erwähnt, soll die Milz/Bauchspeicheldrüse wie ein Feuer unter dem Magentopf die Nahrungsessenz aus dem, was wir essen, herausdestillieren und nach oben in den oberen Erwärmer schicken. Dort wird die Nahrungsessenz in Blut und körpereigenes Qi umgewandelt.

Ist die Mitte schwach, dann kommt nicht ausreichend Nahrungsessenz im oberen Erwärmer an, und es können nicht genügend Qi und Blut gebildet werden. Der Blutmangel zeigt sich in lichtempfindlichen Augen, trockener Haut, Einschlafstörungen, Ängstlichkeit und emotionaler Empfindlichkeit. Hier helfen keine Vitaminbomben in Form von Obstsalaten und Südfrüchten, sondern Hühnerbrühe (S. 87), Gemüsesuppe (S. 109), Linseneintopf (S. 168), Apfelkompott mit Zimt und Vanille oder Birnen in rotem Traubensaft gekocht mit Nelke und Kardamom. Also herzhafte Gerichte, die Kraft geben, und saftige, suppige Speisen mit aromatischen Gewürzen, die Säfte aufbauen. Die Hühnerbrühe habe ich bewusst an erster Stelle genannt, weil sie das optimale Mittel ist, Saft und Kraft zu erzeugen. Qi- und Blutmangel bedeutet, dass ein massives energetisches Loch sowohl in der Yin-Wurzel als auch in der Yang-Wurzel entstanden ist. Dieses Loch zu schließen ist ohne tierisches Eiweiß sehr schwierig. Die günstigste Form sind lang gekochte Suppen. Ich möchte damit nicht zum Ausdruck bringen, dass eine gesunde vegetarische Ernährung nicht möglich wäre, aber aus Erfahrung weiß ich, dass sie sehr viel mehr Konsequenz und Einfallsreichtum erfordert. Nur das Fleisch wegzulassen und dafür mehr Süßes, Obst, Salat und Käse zu essen, macht noch keine gesunde Ernährung aus.

Nervös und unruhig wird der Mensch, wenn sich ein Yin-Mangel entwickelt. Der Wassereimer ist zu klein, um das Feuer unter Kontrolle zu halten. Man wird hektisch, fahrig, nervös, schläft schlecht, hat Mühe, zur Ruhe zu kommen, zu entspannen, und man fühlt sich schnell völlig überfordert. Hier ist es besonders wichtig, mit erfrischendem Gemüse in Form von Suppen und »soßigen« Speisen, saftigen Kompotten und viel frischen Kräutern und Blattsalaten die Körpersäfte aufzubauen. Um das Feuer unter Kontrolle zu halten, ist es sinnvoll, auf allzu scharfe Gewürze und austrocknende Getränke wie Kaffee, Schwarztee, Grüntee und Rotwein zu verzichten.

Träge und langsam: Mit einer Yin-Fülle wird der Mensch träge und langsam, denn die Energie des Feuers reicht einfach nicht aus, um die Menge an Substanz in Bewegung zu bringen, sie zu dynamisieren und zu wärmen. Die Traditionelle Chinesische Medizin (TCM) geht davon aus, dass feuchte, kühle und saure Nahrungsmittel das Verdauungsfeuer schwächen und zu »Feuchtigkeit« führen, die man auch als Yin-Fülle bezeichnen kann. Zu dieser Kategorie gehören hauptsächlich Milchprodukte wie Joghurt, Dickmilch, Quark usw., Speiseeis, Fruchtsaftgetränke, Süßigkeiten und Südfrüchte. Auf all das sollte man verzichten, wenn man aktiver, leichter und fitter werden möchte.

Falls Sie jetzt das Gefühl haben, von allen Beschwerden, die bei den unterschiedlichen Konstitutionstypen genannt sind, ein wenig bei sich wiederzufinden, und völlig ratlos sind, was Sie denn nun essen sollen, dann befolgen Sie den einfachen Rat: Stärken Sie Ihre Mitte. Unterstützen Sie Ihr Verdauungsfeuer, indem Sie weniger Rohkost, Brotmahlzeiten, Süßigkeiten und kalte Getränke zu sich nehmen und stattdessen mehr gekochtes Gemüse, Suppen und Eintöpfe genießen. In der TCM-Fachsprache heißt das: Sie bauen Ihr Milz-Qi auf. Genauso sind auch meine Rezepte in diesem Buch zu verstehen. Sie sind von den Zutaten und der Zubereitung her so gestaltet, dass sie die Mitte stärken und auf diese Weise gleichermaßen Saft und Kraft aufbauen – im Winter etwas mehr wärmen und im Sommer eher Säfte aufbauen. Daher sind die Gerichte auch für Familien und Gruppen gut geeignet, in denen unterschiedliche Konstitutionstypen vertreten sein können.

Die Rezepte sind für weitgehend gesunde Menschen gedacht, die ihr Wohlbefinden steigern und Krankheiten vorbeugen wollen. Die geschilderten Prinzipien können natürlich auch gezielt therapeutisch eingesetzt werden, um Beschwerden zu mildern und die Heilung von Krankheiten zu unterstützen, insbesondere dann, wenn diese durch Ernährungsfehler hervorgerufen wurden.

Dazu ist allerdings eine genaue Befunderstellung im Sinne der chinesischen Medizin durch entsprechend ausgebildete Ärzte, Heilpraktiker oder Ernährungsberater notwendig, aus der sich dann individuelle Ernährungsvorschriften ableiten lassen. Die hier dargestellten Inhalte sollen lediglich ein generelles Verständnis für krankheitsverursachende Prozesse und die Entstehung von Beschwerden erzeugen. Sie reichen nicht aus, um sich selbst zu diagnostizieren und Krankheiten im Do-it-yourself-Verfahren zu kurieren.

Die Fünf Geschmäcker

In einem Klassiker der chinesischen Medizin, dem »Ling Shu«, heißt es in Kapitel 63, dass nur eine Diät, die alle Fünf Geschmäcker – sauer, bitter, süß, scharf und salzig – beinhaltet, die Knochen fest, die Sehnen geschmeidig, Qi und Blut im Fluss, die Poren geschlossen hält und das harmonische Funktionieren der fünf Hauptorgane in ausgewogener Weise gewährleistet. Mit anderen Worten: Nur wenn alle Fünf Geschmäcker im Essen vorkommen, bleibt der Mensch gesund und fühlt sich rundum wohl.

Eine Erklärung für diese Behauptung liefert die Fünf-Elemente-Theorie, die einen Teil des Gedankengebäudes der Traditionellen Chinesischen Medizin (TCM) darstellt. Holz, Feuer, Erde, Metall und Wasser sind die Elemente, die in diesem System dazu dienen, die Welt zu beschreiben und ihre Wirkmechanismen zu verstehen. Die Tabelle unten gibt einen Überblick, welche Eigenschaften und Kriterien jedem dieser Elemente zugeordnet werden.

Wie Sie in der Tabelle sehen, werden auch die Organe aufgrund ihrer Eigenschaften und Aufgaben den Elementen zugeteilt. Da jedem Element auch ein Geschmack entspricht, kann man daraus ableiten, dass der jeweilige Geschmack speziell diese Organe beeinflusst. Wenn man alle Organe optimal versorgen und nähren will, müssen also alle Fünf Geschmäcker gleichermaßen in unserem Essen enthalten sein.

Die Wirkungen von süß, sauer, salzig, scharf und bitter

Im Folgenden werden die fünf Geschmäcker im Detail beschrieben. Dabei geht es nicht nur rein um den Geschmack, sondern auch um Konsistenz, Wirkrichtung, physiologische Aufgaben und vieles mehr, denn der Geschmack ist im Sinne der TCM auch ein energetisches Konzept.

Der süße Geschmack

Der süße Geschmack gehört zum Erde-Element und beeinflusst speziell Milz und Magen.

Er baut Energie auf, nährt, sättigt, harmonisiert, verteilt, entspannt, befeuchtet; ist sämig, mehlig, weich und breiförmig.

Mild-süße Nahrungsmittel, wie gekochte Karotten, stärken Milz und Magen – zuckersüße Nahrungsmittel, wie Marmelade, Schokolade, Kuchen usw., schaden dagegen der Milz, weil sie Feuchtigkeit erzeugen. Die Milz braucht also Süßes, aber zu viel schadet ihr.

Außerdem hat das, was die chinesische Medizin unter »süß« versteht, nichts mit

Die Fünf-Elemente-Theorie

	Holz	Feuer	Erde	Metall	Wasser
Farbe	grün	rot	gelb	weiß	blau/schwarz
Jahreszeit	Frühling	Sommer	Spätsommer	Herbst	Winter
Geschmack	sauer	bitter	süß	scharf	salzig
Wirkrichtung	nach unten und innen	nach unten	keine bestimmte	nach oben und außen	nach innen
Sinnesorgan	Augen	Zunge	Mund	Nase	Ohren
Gewebe	Sehnen	Blutgefäße	Muskeln	Haut	Knochen
Organe	Leber, Gallenblase	Herz, Dünndarm	Milz, Magen	Lunge, Dickdarm	Niere, Blase

Zucker zu tun. Als süß werden hier all die Nahrungsmittel bezeichnet, die reich an Kohlehydraten, Eiweiß und Fett sind – also unsere Grundnahrungsmittel.

Die chinesische Ernährungslehre besagt, dass der süße Geschmack Qi aufbaut und harmonisiert. Westlich gesehen kann man sagen, dass die Nahrungsmittel, die zum Erde-Element gehören, nähren, sättigen und zufrieden machen.

Die erdigen, süßen Nahrungsmittel haben allerdings auch einen Nachteil: Sie sind relativ schwer verdaulich, weil sie keine spezielle Wirkrichtung und damit keine Eigendynamik besitzen. Denken Sie zum Beispiel an Kartoffelbrei. Er besteht aus drei süßen Nahrungsmitteln: Kartoffeln, Butter und Milch – und er liegt, wenn man eine ordentliche Portion davon vertilgt hat, schwer im Magen. Gut gewürzt mit reichlich Muskat, Salz, vielleicht noch abgeriebener Zitronenschale, Thymian und kombiniert mit knackigem Chicorée, lässt er sich viel besser verdauen – und schmeckt auch viel besser. Das, was die erdigen, nährenden Nahrungsmittel lecker und gut verdaulich macht, sind die Gewürze und Zutaten aus den anderen vier Elementen. Denn die anderen Geschmacksrichtungen haben jeweils eine Wirkrichtung nach unten, innen, oben oder außen und bringen damit Schwung und Dynamik in die Speisen. Das fördert den Verdauungsprozess ganz wesentlich. Außerdem sind unsere Gewürze und Kräuter reich an ätherischen Ölen und aromatischen Inhaltsstoffen, die ihr Übriges tun, um unsere Verdauung in Gang und den Stoffwechsel auf Trab zu bringen. Lesen Sie dazu auch bitte das Kapitel »Das Kochen im Zyklus« (S. 68). Wenn wir unserem Körper nicht genügend geeigneten Brennstoff als Ausgangsmaterial für die Qi-Produktion zuführen, machen sich als Erstes Milz und Magen, die Organe des mittleren Erwärmers, »unangenehm« bemerkbar. Da die Milz als Erd-Organ mit dem süßen Geschmack verbunden ist und sie sich im Sinnesorgan Mund (= Geschmackssinn) offenbaren kann, meldet sie bei Energiemangel »Heißhunger auf Süßes«. Dieses weit verbreitete Problem tritt immer dann auf, wenn unsere Nahrung nicht genügend Qi enthält, wenn wir nicht genügend essen oder unserer Milz – dem Verdauungsfeuer – auf andere Weise schaden. Bitte füttern Sie Ihre Milz dann nicht mit Schokolade, Kuchen oder Eis. Das würde sie noch mehr schwächen und die ganze Sache nur verschlimmern. Richtig sind zum Beispiel ein Hirse-Apfel-Auflauf, gekochte Karotten, Kartoffel-Lauch-Suppe usw., also Speisen mit einem hohen Anteil an mild-süßen, gekochten, erdigen Zutaten.

Der saure Geschmack

Der saure Geschmack gehört zum Holz-Element und beeinflusst speziell Leber und Gallenblase.

Er zieht zusammen, leitet nach unten und innen, bewahrt die Körpersäfte, sammelt an; ist saftig, knackig und holzig.

Mild säuerliche Nahrungsmittel, wie zum Beispiel Stachelbeerkompott, Hagebuttentee oder Dickmilch, sind günstig für die Leber, weil die nach unten und innen zusammenziehende Wirkrichtung des sauren Geschmacks die expansive Kraft der Leber unter Kontrolle hält. Sehr saure Nahrungsmittel wie zum Beispiel Essig oder Orangensaft ziehen so stark zusammen, dass sich die Leber-Energie nicht mehr entfalten kann. Dies kann zu Stagnationen führen. Es kommt also wie so oft auf die Dosis an.

Viele Nahrungsmittel, die westlich gesehen kalorienarm und daher diätgeeignet erscheinen, gehören zum sauren Geschmack, wie Kiwis, Orangen, saure Äpfel, Tomaten, Quark und Joghurt. Da der saure Geschmack aber bewahrend und ansammelnd wirkt, ist von Seiten der Traditionellen Chinesischen Medizin (TCM) her klar, warum solche Diäten zumindest langfristig wenig Erfolg bringen. Dazu kommt, dass die genannten Nahrungsmittel keinerlei Erdcharakter besitzen, der uns nähren und zufrieden stellen könnte, was über kurz oder lang zu Heißhunger auf Süßes führt.

Der salzige Geschmack

Der salzige Geschmack gehört zum Wasser-Element und beeinflusst besonders Niere und Blase.

Er weicht auf (in kleinen Mengen), leitet nach innen und zu den Knochen, verhärtet und trocknet aus (in großen Mengen); ist reich an Mineralien.

Mit »salzigem Geschmack« ist nicht nur Kochsalz gemeint, sondern in erster Linie Nahrungsmittel, die sehr reich an Mineralien sind und/oder aus dem Meer stammen. Alles, was salzig riecht – das sind hauptsächlich Fische und Meeresalgen –, weicht auf und macht geschmeidig. Große Mengen Salz – dann schmeckt es salzig – verhärten und trocknen aus. Diese Tatsache macht sich der Mensch beim Einsalzen und Trocknen von Nahrungsmitteln schon sehr lange zunutze.

Viel Salz – meist minderwertiges Kochsalz – findet sich versteckt und geschmacklich getarnt in Fertigprodukten, Wurst und Käse.

Wer diese Speisen weitgehend meidet, kann beim Kochen ruhig mit Meersalz, Sojasoße oder Miso würzen. Viel entscheidender für unsere Gesundheit – auch bis ins hohe Alter – ist die ausreichende Versorgung mit anderen Mineralien, wie Calcium, Magnesium, Kalium, Eisen, Chrom, Kupfer, Zink usw., die sich außer in den Meeresalgen auch in Gemüse und Obst reichlich finden.

Der scharfe Geschmack

Der scharfe Geschmack gehört zum Metall-Element und beeinflusst Lunge und Dickdarm.

Er bewegt nach oben und außen, löst Stagnation, dynamisiert, bringt Qi nach oben, zerstreut Energie; ist trocken, bröselig, konzentriert.

Sehr viele unserer Gewürze sind scharf und gehören daher zum Metall-Element. Eine Prise Pfeffer oder Muskat geben einer einfachen Kartoffelsuppe Pfiff. Lorbeerblätter, Nelke und Zwiebel sind ein aromatisches Trio, das als sogenannte Spickzwiebel in jede gute Fleischbrühe gehört. Reichlich Kümmel macht Weißkohl bekömmlich. Die hier genannten Gewürze besitzen aufgrund ihrer Schärfe eine hohe Dynamik, die das Qi im Körper bewegt und auch die Verdauung fördert.

Der scharfe Geschmack löst Stagnation, heißt es. Kennen Sie das befreiende Gefühl in Kopf und Nase, wenn Ihnen ein Löffel Meerrettich gerade die Schleimhäute durchgepustet hat? Auch wenn es einem fast die Tränen in die Augen treibt, hinterher fühlt sich der Kopf freier an, weil die Blockaden gelöst wurden.

Eine andere Eigenschaft des scharfen Geschmacks ist es, das Qi nach oben zu bringen. Das ist zum einen wichtig, damit das Nahrungs-Qi aus dem mittleren in den oberen Erwärmer gebracht wird – als Unterstützung der Milz. Zum anderen ist auch unsere Stimmung vom Aufsteigen der klaren Yang-Energie nach oben abhängig. Geschieht dies nicht, fühlen wir uns niedergeschlagen, heruntergezogen und haben zu nichts Lust. Wer ein solches Stimmungstief mit Süßigkeiten zu beheben versucht, wird kaum Erfolg haben, sondern langfristig eine noch trübere Stimmung erzeugen. Die richtige »Medizin« wäre in diesem Fall zum Beispiel eine scharfe Hühnersuppe wie beim Thailänder, richtig scharfes Chili con Carne oder Spaghetti arrabiata. Solche Gerichte reißen die Energie förmlich nach oben und ziehen damit die Stimmung aus dem Sumpf. Probieren Sie es einfach einmal aus. Aber Vorsicht: Man sollte nicht ständig sehr scharf essen, weil der scharfe Geschmack auch zerstreuend wirkt. Wenn wir wegen der Schärfe beim Essen richtig ins Schwitzen geraten, verlieren wir durch die geöffneten Poren auch Qi. Das wäre auf Dauer kontraproduktiv.

Der bittere Geschmack

Der bittere Geschmack gehört zum Feuer-Element und beeinflusst Herz und Dünndarm.

Er leitet nach unten, fördert die Ausscheidung, trocknet Feuchtigkeit; ist knusprig, geröstet, groß; künstliche Bitterstoffe trocknen die Körpersäfte und das Blut aus.

Auf den bitteren Geschmack würden viele wohl am liebsten verzichten und lieber mehr Süßes naschen. Bitterstoffe sind aber überaus wichtig, da sie mit ihrer Wirkrichtung nach unten helfen, all das loszuwerden, was wir ausscheiden wollen. Außerdem hat der bittere Geschmack einen reinigenden und klärenden Charakter, der Feuchtigkeit ausleitet bzw. verhindert. Dies führt dazu, dass unser Verdauungsfeuer im mittleren Erwärmer es schön trocken hat.

Wichtig ist, dass man die natürlichen Bitterstoffe, wie sie in Pflanzen vorkommen, von den künstlichen Bitterstoffen unterscheidet, die durch Rösten, Fermentieren, Gären usw. entstehen. Diese künstlichen Bitterstoffe wirken stark austrocknend und säfteschädigend. Sie sind vor allem in Kaffee, Schwarztee, Kakao, Getreidekaffee und Rotwein enthalten.

Die Nahrungsmitteltabelle

Wirkung und Einsatzmöglichkeiten der einzelnen Nahrungsmittel werden in der chinesischen Ernährungslehre bestimmt durch Geschmack, Temperaturverhalten, Farbe, Aussehen, spezielle Wirkweise oder Wirkrichtung usw. Um diese sehr komplexen Eigenschaften für das tägliche Kochen etwas handlicher darzustellen, finden Sie am Ende des Buches ab Seite 179 »zweidimensionale« Nahrungsmitteltabellen. Für jedes der Elemente Holz – Feuer – Erde – Metall – Wasser finden Sie eine Tabelle mit fünf senkrechten Spalten, die die Einteilung nach der thermischen Wirkung: heiß – warm – neutral – erfrischend – kalt darstellt.

Die Zuordnung eines Nahrungsmittels zu einem bestimmten Element erfolgt in erster Linie aufgrund seines Geschmacks: Holz = sauer, Feuer = bitter usw. Wenn Sie die Liste genau anschauen, werden Sie sich allerdings fragen, warum zum Beispiel Huhn, Petersilie und Weizen im Holz-Element zu finden sind, obwohl sie doch ganz und gar nicht sauer schmecken. Die Erklärung hierfür ist der sogenannte Organbezug, der besagt, dass ein Nahrungsmittel eine ganz bestimmte Wirkung auf ein Organ hat, wie zum Beispiel der Weizen, der die Leber entgiftet, oder das Huhn, das Leberblut aufbaut, oder die Petersilie, die aufgrund ihrer aromatischen Eigenschaften das Leber-Qi bewegt. Da die Haupteigenschaften dieser drei Nahrungsmittel mit der Leber zu tun haben, werden sie dem Holz-Element zugeordnet – obwohl sie nicht sauer schmecken.

Auch die Farbe und die Form können zur Einteilung herangezogen werden. So werden zum Beispiel alle Hülsenfrüchte zum Wasser-Element gerechnet, obwohl sie in gekochtem Zustand eher mild oder süß schmecken und einen mehligen Charakter haben. Sie werden dem Wasser-Element zugeordnet, weil man Hülsenfrüchte durch Einweichen in Wasser und Kochen in Wasser erst einmal »zum Leben erwecken« muss und weil viele Bohnen die typische Nierenform besitzen, die eine klare Zuordnung zur Niere und damit zum Wasser-Element erlaubt.

Außerdem gibt es in klassischen Texten der chinesischen Medizin Aussagen über Nahrungsmittel, die wir nicht unbedingt erklären oder nachvollziehen können. Da sich dieses Wissen aber bewährt hat, wird es weiterhin so gehandhabt. Deshalb stehen zum Beispiel Lamm, Ziege und Schaf im Feuer-Element, obwohl sie nicht bitter schmecken.

Die hier dargestellten Nahrungsmitteltabellen entsprechen weitgehend der Darstellung in Büchern zur chinesischen Arzneimittelkunde, denn viele Nahrungsmittel, Gewürze und Kräuter werden auch als Zutaten in Heilmitteln verwendet.

Das Kochen mit den Fünf Elementen

Vieles von dem, was ich als Kind bei meiner Großmutter in der Küche und am Herd gelernt habe, als sie die ganze damals siebenköpfige Familie versorgte, mache ich heute wieder ganz genauso, und es stimmt mit den Prinzipien der chinesischen Ernährungslehre absolut überein: Das Essen wird gekocht, statt dass es als Rohkost verzehrt würde. Es werden frische Zutaten verwendet – was Hof und Garten bzw. Bauernmarkt gerade hergeben. Häufig stehen Suppen auf dem Speiseplan. Das Essen ist einfach, aber lecker.

Das Besondere an der Fünf-Elemente-Küche ist, dass ich heute erklären kann, warum die Prise Salz am Pudding nicht fehlen darf oder im Winter der Salat aus gekochten Karotten und Sellerie so gut tut. Sie gibt mir die Begründungen zu den Fragen, warum eine heiße Suppe mit Ingwer und Lauch dafür sorgen wird, dass ich warme Füße bekomme, oder eine Wassermelone hilft, die Hitze eines Hochsommertages besser zu überstehen.

Das Kochen mit den Fünf Elementen bedeutet auch, dass man die Zutaten so wählt, dass möglichst jedes Element und damit jeder Geschmack in den Speisen vorkommt. Man kann Gemüsepfannen oder Suppen zum Beispiel farblich schön zusammenstellen: grüne Zucchini, roter Paprika, gelber Mais, weißer Kohlrabi und schwarze Mu-Erh-Pilze. Das sieht wunderschön aus, liefert eine Vielzahl von Mineralien, sekundären Pflanzenstoffen und Vitaminen und wird herrlich schmecken – vor allem, wenn man es noch »im Kreis herum« abschmeckt mit einem Spritzer Zitrone, Curcuma, Vollrohrzucker, Pfeffer und Sojasoße. Eine Kursteilnehmerin sagte einmal beim Anblick einer solchen bunten Gemüsepfanne: »Da geht einem ja das Herz auf!« Mit leckerem Essen sprechen wir also nicht nur die Sinne an – Augen, Nase und Geschmack –, sondern auch das Herz – unsere Emotionen. Wie abhängig die Stimmung vom Essen sein kann, weiß jeder, der schon einmal im Bereich von Gruppenverpflegung gearbeitet hat. Etwas überspitzt ausgedrückt kann man sagen, dass der Erfolg einer Hauptversammlung genauso wie das Gelingen eines Wochenend-Workshops, eines Gruppenausflugs oder einer Familienfeier letztendlich von der guten Verpflegung abhängt. Für die chinesische Medizin ist dieser enge Zusammenhang von Essen und Emotionen ganz selbstverständlich. Sie kennt sogar einen Sondermeridian – Xu Li –, der Magen und Herz direkt miteinander verbindet. Wenn wir »nach Herzenslust essen«, entspricht das genau dieser Vorstellung, die ausdrückt, dass unser Appetit gleichermaßen vom Zustand unseres Herzens wie auch unseres Magens beeinflusst wird. Je tiefer man über diese Verbindungen nachdenkt, desto klarer wird, dass das Kochen nach den Fünf Elementen einen ganzheitlichen Ansatz bietet, der Erklärungen über die Wirkung von Essen liefert und der weit über das übliche Kalorienzählen und Vitamineabwiegen hinausgeht.

Die Fünf-Elemente-Küche ist außerdem eine sehr kreative Küche, denn wenn Sie sich angewöhnen, aus jedem Element eine Zutat zu verwenden, werden Sie häufiger eingefahrene Wege verlassen und ungewöhnliche Zusammenstellungen erfinden, die dann oft überraschend gut schmecken. Bei vielen Rezepten finden Sie daher

Tipps zur Abwandlung der Zutaten, die Sie dazu inspirieren sollen, auch selbst neue Kreationen auszuprobieren.

Beweisen Sie guten Geschmack: Essen Sie gesund

Gesundes Essen und Genuss schließen einander keineswegs aus. Im Gegenteil: Essen ist dann besonders lecker und zufriedenstellend, wenn es uns auch noch gut bekommt.

Dafür kann man zunächst auf einfache Weise sorgen: Man achtet auf eine Balance von Yin und Yang, indem man die thermische Wirkung der Speisen berücksichtigt. Das gelingt am einfachsten mit saisonalen Produkten. Man kann zum Beispiel auch Lammfleisch (heiß) mit Tomaten (kalt) schmoren oder Gurkensalat (kalt) mit viel rosa Pfeffer (heiß) würzen. Dazu serviert man gebratene Polentascheiben, die die neutrale Mitte bilden.

Beim Kochen mit den Fünf Elementen werden automatisch alle Fünf Geschmäcker in den Speisen vereint. Das verbessert ihren Geschmack deutlich und trägt zur Gesunderhaltung aller Organe bei. Das Essen befriedigt und sättigt auf angenehme Weise, ohne Völlegefühl und Müdigkeit zu erzeugen. Durch die Ausgewogenheit der Geschmäcker werden Gelüste reduziert und der Heißhunger auf Süßes ausgebremst.

Von asiatischen Köchen können wir uns inspirieren lassen, was die optische Gestaltung der Speisen angeht. Sie verstehen es meisterhaft, zum Beispiel Gemüse nach Farben und Formen so zusammenzustellen, dass Gerichte entstehen, die nicht nur das Auge erfreuen, sondern auch den Appetit anregen. Dabei ist es nicht notwendig, Gemüse kunstvoll zu schnitzen oder es mit mächtigen Verzierungen zu drapieren. Zur grünen Zucchini gibt man einfach roten statt grünen Paprika. Oder wenn es nur eine Farbe sein soll, dann eben verschiedene Formen, wie halbe Zucchinischeiben, runde grüne Erbsen und längliche grüne Bohnen – auch das ergibt ein reizvolles Bild.

Neben dem ansprechenden Aussehen der Speisen ist auch der Duft als anregender Faktor entscheidend dafür, ob wir Speisen lecker finden und ob sie uns bekommen. Wenn uns nämlich der Anblick und der Duft der Speisen das Wasser im Mund zusammenlaufen lassen, bedeutet das, dass unsere Verdauungsorgane hellwach und willig sind, mit der Arbeit zu beginnen. Ihre Bereitschaft, das Essen aufzunehmen und zu verarbeiten, trägt maßgeblich zur Bekömmlichkeit der Speisen bei. Den richtigen Duft bekommen die Speisen durch Gewürze und Kräuter, die sowieso aufgrund ihrer Inhaltsstoffe die Verdauung anregen und die Verarbeitung der Nahrung fördern. Damit Ihnen der großzügige Umgang mit Kräutern und Gewürzen in Fleisch und Blut übergeht, habe ich diesen überaus wichtigen Zutaten ein eigenes Kapitel (S. 49) gewidmet.

Zuletzt möchte ich noch auf einen wichtigen Aspekt genussvollen und gesunden

Essens hinweisen, der mir sehr am Herzen liegt: die Qualität unserer Nahrungsmittel. Unter hoher Qualität verstehe ich nicht unbedingt nur Bio-Ware, wobei ich gerade bei Obst und Gemüse meist auf Nahrungsmittel aus kontrolliertem Anbau zurückgreife.

Es gibt noch andere Qualitätskriterien. Eine Fenchelsalami vom italienischen Feinkosthändler oder Honig vom Imker, Traubensaft vom Winzer aus der Nachbarschaft oder handgemachter Ziegenkäse vom Bauern auf dem Markt – all diese Produkte haben eins gemeinsam: Sie wurden auf traditionelle Weise aus guten Grundzutaten nach handwerklicher Kunst hergestellt. Und das schmeckt man.

Klar, die industriell hergestellte Massenware ist natürlich preiswerter. Billig um jeden Preis, das ist der derzeitige Trend in allen Bereichen. Der Preis, den wir dafür bezahlen, ist allerdings sehr hoch. Viele alte Haustierrassen sind vom Aussterben bedroht, weil sie neben den modernen Hochleistungskühen und Turboschweinen kaum noch eine Chance auf einem rein gewinnorientierten Weltmarkt haben. Verloren geht auch der Geschmack. Viele Obstsorten werden seit Jahren auf leichte Pflückbarkeit und lange Lagerfähigkeit hin gezüchtet – dass dabei das Aroma auf der Strecke bleibt, spielt keine Rolle. Kleine Molkereien schließen, weil sie sich gegen die übermächtige Industrie nicht mehr behaupten können – regionale Käsespezialitäten verschwinden vom Markt. Und das alles nur, weil wir bei Billiganbietern für ein paar Cent Mengen von Joghurt kaufen, die uns gar nicht guttun?

Seit Jahren bin ich Mitglied in der Slow-Food-Organisation, die sich für den Erhalt regionaler Spezialitäten und die Qualität von Nahrungsmitteln einsetzt. Daher kaufe ich lieber wenig von einer guten Salami, nur selten echten Wildlachs und gar keine Süßigkeiten. Das ist meine Art, mit dem Haushaltsgeld auszukommen. Wirklich gute, hocharomatische und geschmacksintensive Produkte selten zu genießen macht mehr Freude, weil sie Highlights setzen, als ein ständig mit Einheitsmasse gefüllter Kühlschrank.

Und last, but not least ist es wichtig, mit Liebe zu kochen, und das nicht nur, weil Liebe bekanntlich durch den Magen geht. Wenn Sie Spaß beim Kochen haben und es gerne tun, reichern Sie die Speisen mit dieser positiven, glücklichen Schwingung an, und das spüren alle, die Ihre Gerichte essen – Sie selbst natürlich auch.

So macht das Kochen Spaß

Das Kochen ist sowohl eine handwerkliche Tätigkeit als auch ein kreativer Prozess. Für den handwerklichen Teil braucht man in der Küche die richtigen Werkzeuge und Geräte, die die Arbeit erleichtern. So wie ein Handwerker ohne seine Maschinen aufgeschmissen ist, macht das Kochen nur mit den richtigen Helfern Spaß.

Praktische Helfer in der Küche

Damit das Kochen und Hantieren in der Küche Spaß machen, braucht man das richtige Werkzeug. Sie brauchen keine riesige Profiausstattung, aber es lohnt sich, in ein paar wichtige Helfer zu investieren, die Ihnen tagtäglich die Arbeit erleichtern. Für mich steht auf der Helferliste ganz oben – unverzichtbar – eine gute Spülmaschine. Wer regelmäßig kocht, produziert zwangsläufig schmutziges Geschirr und Gerätschaften, die gespült werden müssen. Damit beim Spülen kein Frust aufkommt, der Sie am Kochen hindern könnte, brauchen Sie eine leistungsfähige Spülmaschine, die Geschirr, Gläser, Töpfe, Besteck und Geräte zuverlässig säubert.

Das Vorbereiten der Zutaten

Da die meisten Zutaten vor dem Kochen geschält, geschnitten oder sonstwie zerkleinert werden müssen, brauchen Sie dazu tüchtige Helfer in Form von Messern, Schälern, Hobeln und Reiben.

Messer Für eine Grundausstattung an Messern genügen ein kleines Universalküchenmesser (Klinge etwa 8 cm), ein Allzweckmesser (Klinge etwa 15 cm) und ein großes Kochmesser (Klinge etwa 20 cm). Hier empfehle ich ein japanisches Kochmesser (Santoku). Es hat eine zweiseitig geschliffene Klinge und ist für Gemüse, Fleisch und Fisch gleichermaßen geeignet. Auch wenn Ihnen dieses Messer sehr groß vorkommt, werden Sie es bald zu schätzen wissen. Denn mit einem solchen Messer lassen sich sowohl große Kohlköpfe, Kürbisse, Melonen usw. mühelos teilen als auch Ingwer, Knoblauch oder Kräuter ganz fein zerhacken. Wussten Sie, dass das Messer umso größer sein sollte, je feiner etwas damit geschnitten werden soll? Wichtig ist die »krallenartige« Handhaltung, damit Sie sich nicht in die Fingerkuppen schneiden.

Schneidebrett: Zu einem guten Messer gehört auch ein stabiles Schneidebrett. Für den normalen Haushalt genügen ein kleines und ein großes. Wichtig ist, dass das Brett dick und solide ist und gut aufliegt. Deshalb sind Bretter mit Füßchen recht empfehlenswert, weil Bretter sich im Laufe der Zeit oft verziehen und dann nicht mehr plan aufliegen. Und das ist die größte Gefahrenquelle im Umgang mit Messern: Wenn das Brett rutscht oder wackelt, ist Ihr Finger auch schnell unter die Klinge gerutscht! Experten legen ein feuchtes Schwammtuch unters Brett, um genau das zu verhindern.

Sparschäler: Zum Schälen sollten Sie unbedingt einen Sparschäler mit einer quer stehenden Klinge ausprobieren. Mit ein wenig Übung schälen Sie Karotten, Spargel, Kartoffel usw. damit rasant schnell. Achten Sie beim Kauf darauf, dass die Klingen nicht zu eng stehen. Dadurch werden die Schalen zwar sehr dünn, aber dafür müssen Sie dann über manche Stellen zweimal drübergehen. Der Sparschäler soll Zeit sparen, und das tut er nur, wenn mit einem Rutsch alles weg ist, was weg soll.

Hobel und Reiben: Da bei vielen meiner Rezepte das Gemüse nur kurz gegart werden soll, muss es vor dem Kochen entsprechend zerkleinert werden. Karotten werden daher oft in dünne Scheibchen gehobelt oder Kohlrabi und Sellerie in Julienne-Streifen geschnitten. Mit dem Messer ist das – wenn man nicht gerade ein Profi ist – eine Heidenarbeit, die lange dauert, besonders wenn man für mehrere Personen kochen will. Hierfür sind sogenannte Gemüsehobel oder Rohkostreiben sehr empfehlenswert. Es gibt verschiedene Modelle auf dem Markt, die Sie sich auf Haushalts- und Verbrauchermessen anschauen können. Dort werden diese Geräte vorgeführt und verkauft. Einen solchen Messestand erkennen Sie schon von Weitem an den Bergen von Gemüse, das, in alle erdenklichen Formen geschnipselt, vor den Zuschauern aufgetürmt ist. Bei diesen Vorführungen können Sie sich die Handhabung der Geräte genau zeigen lassen und vielleicht selbst einmal ausprobieren. Ich selbst benutze eine Börner-Gemüsereibe mit V-förmigem Messer. Mit den dazugehörenden Einsätzen kann man ganz einfach dicke und dünne Scheiben oder dicke und dünne Stifte schneiden. Mit etwas Übung gelingen auch kleine Zwiebelwürfel oder gröbere Würfel aus gekochter Roter Bete für den Salat. Was ich an dem Gerät von Börner besonders schätze, ist die Halterung für das Gemüse, die das Schneidgut sicher aufspießt und hält, damit man es über die wirklich sehr scharfen Messer ziehen kann – ohne die Finger in Gefahr zu bringen. Denn darüber muss man sich im Klaren sein: An den scharfen Messern dieser Hobel kann man sich schwer verletzen, wenn man unsachgemäß oder unachtsam damit umgeht. Mit Bedacht, dem nötigen Respekt und Konzentration bei der Arbeit aber sind sie wunderbare Helfer.

Töpfe und Pfannen

Töpfe: Edelstahltöpfe mit dickem Boden sind universell einsetzbar. Man braucht davon 2 bis 4 Stück in verschiedenen Größen. Edelstahl ist pflegeleicht, langlebig und auf allen Herdarten einsetzbar. Der dicke Boden ist wichtig, damit der Topf die aufgenommene Wärme lange speichert, was zum Beispiel für das Ausquellen von Getreidegerichten notwendig ist. Außerdem bleiben die Speisen im Topf länger warm. Wenn Sie mehrere Töpfe kaufen, achten Sie darauf, dass sich sowohl die Töpfe als auch die Deckel gut stapeln lassen, damit sie im Schrank nicht zu viel Platz einnehmen. Apropos Deckel: Glasdeckel finde ich unpraktisch. Beim Kochen beschlagen die Deckel innen, sodass man nicht gut sehen kann, was im Topf vorgeht, dazu sind diese Deckel leider zerbrechlich. Und das, was bei mir in der Küche am häufigsten herunterfällt, sind Deckel.

Für das Kochen von Kraftsuppen sollten Sie sich einen sehr großen Topf mit 9 bis 10 Litern Inhalt anschaffen. Diese Größe braucht man, damit man ein ganzes Suppenhuhn inklusive Gemüse darin versenken kann und am Ende noch ausreichend Brühe übrig bleibt. Ein weiteres sehr sinnvolles Kochgerät ist ein Topf mit Dämpfeinsatz. Er besteht aus zwei oder mehreren Töpfen, die man aufeinanderstapeln kann. Der oder die oberen haben einen Siebboden. Dieses Kochgerät ist hervorragend geeignet, um Gemüse schonend im Dampf zu garen. Aber auch Fisch lässt sich darin dämpfen, oder man kann ganze Speisen darin wieder aufwärmen.

Pfannen: Meine persönliche Meinung zum Thema Pfannen findet sicherlich viele Kritiker. Ich bevorzuge nämlich beschichtete Pfannen, da sie sehr leicht sind, alle Gerichte darin auch ohne viel Fett mühelos gelingen und sie einfach zu reinigen sind. Der einzige Nachteil ist, dass sie nicht ewig halten. Bei täglichem Gebrauch hält eine solche Pfanne bei mir ein bis anderthalb Jahre, und ich benutze sie oft mehrmals am Tag. Da diese Pfannen aber nicht allzu teuer sind, ist es durchaus vertretbar, eine neue zu kaufen, sobald die Beschichtung rau wird und sich die ersten Kratzer zeigen. Sehr gerne koche ich in beschichteten Wok-Pfannen. Durch den hohen Rand kann man prima darin rühren und schütteln, ohne dass etwas herausfällt. Zusätzlich ist eine flache Pfanne für Schnitzel, Bratlinge, Polentascheiben usw. sinnvoll. Wenn Sie den gleichen Durchmesser wählen wie bei der Wok-Pfanne, kommen Sie mit einem Deckel aus.

Weitere flotte Helfer

Zum Zerkleinern gekochter Speisen bietet sich entweder ein Kartoffelstampfer an oder – wenn man es noch feiner haben will – ein Pürierstab. Man braucht diese Helfer, um Gemüse- oder Kartoffelpüree herzustellen, für Cremesuppen, aber auch für Fruchtmus, Kräutercremes usw.

Zum Waschen und Rüsten von Gemüse und Salat brauchen Sie ein oder zwei Siebe. Auch hier ist Edelstahl empfehlenswert, weil es das langlebigste und pflegeleichteste Material ist. Zum Abseihen von Kraftsuppe, Fleisch oder Gemüsefonds ist ein ganz feines Haarsieb aus Edelstahl notwendig. Kunststoff ist für diesen

Zweck völlig ungeeignet, weil sich das Material verformt und schmilzt, wenn Sie heiße, fette Suppe damit abseihen. Wichtig ist, dass dieses Sieb sehr feinmaschig ist, damit keine Reste von Gewürzen oder Kräutern in den Fond geraten. Das würde die Haltbarkeit deutlich verringern. Zum Entfetten von Fleischbrühen und Soßen ist eine Fett-Mager-Kanne sehr hilfreich. Das ist eine 1-Liter-Kanne aus hitzebeständigem Glas oder Kunststoff, deren Ausguss ganz unten am Boden ansetzt. Da Fett leichter ist als Wasser, schwimmt der fette Teil der Brühe oben, und aus der Tülle unten kann man die heiße, magere Brühe abgießen.

So wird es richtig lecker

Ohne würzende Zutaten wie Kräuter, Gewürze, Salz, Essig usw. lassen sich kaum Geschmackssensationen erzielen. Klar – auch der feine Eigengeschmack guter Grundnahrungsmittel hat seinen Reiz, und er soll auch keinesfalls erdrückt oder überdeckt werden. Vielmehr geht es darum, mit all den würzenden Zutaten den Eigengeschmack der Speisen zu intensivieren, zu verfeinern und hervorzuheben. Ich verwende in meinen Rezepten keinerlei Würzmischungen oder Fertigprodukte, da diese oft künstliche Aromen, Geschmacksverstärker, Stabilisatoren, Konservierungsmittel und vieles mehr enthalten, was eher schädigend wirkt und für guten Geschmack auch völlig überflüssig ist. Was wir brauchen, sind hochwertige Zutaten, gute Gewürze und die richtige Zubereitungsart. Zum Beispiel wird eine Hühnersuppe erst dadurch wirklich großartig, wenn man sie viele Stunden köcheln lässt.

Gute Gewürze erkennt man am Duft. Dafür sind Anbaubedingungen, Klima, Bodenbeschaffenheit und Erntezeitpunkt entscheidend. Daher schmecken Thymian und Oregano aus dem Mittelmeergebiet viel intensiver als die heimischen Gegenstücke, die einfach nicht genug Sonne abbekommen. Und echter ungarischer Paprika ist viel mehr als ein rotes, scharfes Pulver.

Die nächsten Seiten geben Ihnen einen Überblick darüber, welche Gewürze und sonstigen Zutaten Sie brauchen, um die Rezepte in diesem Buch nachzukochen. Im Anhang finden Sie die Quellen, aus denen ich meine Zutaten beziehe.

Die Grundausstattung an Kräutern und Gewürzen

Allgemein wird zwischen frischen Kräutern und haltbaren Gewürzen unterschieden. Wie man im Einzelnen mit diesen würzenden Zutaten umgeht, wird im Folgenden beschrieben. Weiteren wichtigen Zutaten wie Salz, Zucker, Essig, Öl und einigen Exoten habe ich anschließend jeweils eigene Kapitel zugedacht.

WISSEN

Welche Gewürze brauche ich?

Die hier aufgeführten Gewürze werden in den Rezepten dieses Buches verwendet. Das sind schon ein ganze Menge – aber es gibt natürlich noch viele weitere. Es ist zunächst nur eine Übersicht, was im Gewürzschrank – der eigentlichen Schatzkiste Ihrer Küche – vorhanden sein sollte.

Gewürze für die heimische Mühle

- Anis
- Bockshornkleesamen
- Fenchel
- Kardamom
- Koriander
- Kreuzkümmel
- Kümmel
- Pfeffer
- Senf

Gewürze in Pulverform

- Curcuma
- Curry
- Kakao
- Nelke
- Paprikapulver
- Vanille
- Zimt

Gewürze, die ganz verwendet werden

- Lorbeerblätter
- Nelken
- rosa Pfeffer
- Sechuanpfeffer
- Sternanis
- Vanille
- Wacholderbeeren
- Zimt

Getrocknete Kräuter

- Bergbohnenkraut
- Kräuter der Provence
- Oregano
- Rosmarin
- Thymian

Getrocknet verwende ich nur diejenigen Kräuter, die ihr Aroma auch im getrockneten Zustand noch voll entfalten. Basilikum, Dill, Petersilie, Schnittlauch usw. verwende ich nur frisch, denn getrocknet verlieren sie zu viel von ihrem feinen Duft, Aroma und Geschmack.

Die Gewürze teilt man in vier Gruppen ein: Die einen sollte man möglichst frisch gemahlen verwenden, die anderen werden in Pulverform benutzt. Dann gibt es noch eine Reihe von Gewürzen, die als Ganzes in die Töpfe wandert; und die vierte Gruppe sind die getrockneten Kräuter.

Die Gewürze sollten am besten in dunklen Schraubgläsern aufbewahrt werden, weil Luft und Licht ihnen schaden. Der Nachteil ist, dass man von außen nicht sieht, was sich im Glas befindet. Da helfen nur Etiketten – am besten gleich in der richtigen Elemente-Farbe oder mit einem farbigen Punkt gekennzeichnet, wie Sie im Kapitel »Das Kochen im Zyklus« (S. 68) noch sehen werden.

Neben Kräutern und Gewürzen brauchen Sie noch ein paar Zutaten, die in meinen Rezepten immer wieder vorkommen:

Zitronen: Sie sollten 1 bis 2 Zitronen vorrätig haben, denn in fast allen Rezepten finden Sie einen Spritzer Zitronensaft zum Abrunden des Geschmacks und als einfachsten und besten Vertreter des Holz-Elements mit seinem sauren Geschmack. Auch die Zitronenschale wird oft verwendet, denn sie peppt viele Speisen auf und gibt ihnen ein spritziges und frisches Aroma. Zuerst benutzt man also die Schale und dann noch den Saft. Wenn die Zitrone angeschnitten oder die Schale abgerieben ist, lege ich sie mit der Schnittfläche nach oben in ein kleines Schüsselchen und stelle sie in den Kühlschrank. Man sollte nur die Schalen von kontrolliert biologisch angebauten Zitrusfrüchten verwenden, da sonst zu viele Schadstoffe enthalten sein können. Zwei Zitronen pro Woche reichen völlig aus.

Pfeilwurzmehl: wird bei vielen Rezepten zum Binden der Kochflüssigkeit verwendet. Ein Teelöffel davon, in etwas kaltem Wasser angerührt, genügt für ein Pfannengericht, um eine leichte, glasige Bindung der Soße zu bewirken. Unser Magen schätzt diese Konsistenz sehr, weil die Speisen dadurch für ihn bekömmlicher und leichter verdaulich werden. Pfeilwurzmehl erhalten Sie in Reformhäusern oder im Gewürzladen.

Speisestärke aus Mais oder Kartoffeln benutze ich hauptsächlich, um Panade herzustellen.

Gewürzmühlen, Mörser und Reiben

Die unterschiedliche Struktur, Härte und Textur von Gewürzen und Kräutern bedarf verschiedener Geräte zur optimalen Zerkleinerung.

Gewürzmühlen

Um aus Gewürzkörnern und Samen das Aroma optimal herauszukitzeln, ist es notwendig, sie frisch zu mahlen. Das Aroma entsteht vor allem durch die ätherischen Öle. Und die sind nun mal leicht flüchtig.

Gewürze und Kräuter werden aber gerade wegen ihrer spezifischen ätherischen Öle verwendet – nicht nur, weil diese Wirkstoffe den Geschmack ausmachen, sondern auch, weil sie unsere Verdauung anregen und dafür sorgen, dass die Speisen optimal transformiert und ohne Blähungen verarbeitet werden. Um unsere Gerichte bekömmlich zu machen, bringen wir mit Gewürzen Schwung und Dynamik hinein. Gleichzeitig schätzen wir ihr Aroma, ihren Duft und den leckeren Geschmack.

Ein Bespiel: Das Aroma des Pfeffers löst sich in Luft auf, wenn Sie ihn in Pulverform kaufen und längere Zeit aufbewahren. Was bleibt, ist nur noch die Schärfe. Deshalb ist es besser, wenn Sie ganze Pfefferkörner kaufen, diese in eine Gewürzmühle geben und bei jedem Kochen frisch mahlen. Dazu drehen Sie zwei- bis dreimal an der Mühle.

Gut wäre es, wenn Sie fünf Mühlen hätten: für Bockshornklee, Kardamom, Koriander, Kümmel und Pfeffer. Auch wenn Ihnen das jetzt übertrieben erscheint, es kommt dem Geschmack und der Bekömmlichkeit Ihrer Speisen zugute. Achten Sie beim Kauf von Gewürzmühlen darauf, dass diese entweder ein Keramikmahlwerk haben oder ein Metallmahlwerk von Peugeot. Auch wenn der Preis etwas höher ist, lohnt sich diese Anschaffung.

Mörser und Reiben

Rosa Pfeffer und Zechuanpfeffer sind zu leicht für das Mahlen in der Mühle. Die »Körner« fallen nicht ins Mahlwerk, und entsprechend kommt aus der Müh-

WISSEN

Das Rösten der Gewürze intensiviert Geschmack und Aroma

Ein weiterer Trick, um die Gewürze zu Höchstleistungen anzutreiben, ist das Rösten der Körner, bevor man sie in die Mühle füllt.
Dies hat den Vorteil, dass sich die Körner leichter mahlen lassen und sich ihr Aroma besser entfaltet. Kümmel zum Beispiel finden die meisten Leute eher langweilig. Rösten Sie diese Samen einmal, und geben Sie sie dann frisch aus der Mühle an Ihre Kartoffeln – ein Traum.
Messen Sie für das Rösten die Menge vom Gewürz ab, die in die vorgesehene Mühle passt, geben Sie es ohne Fett in eine Pfanne, und drehen Sie die Herdplatte auf die höchste Stufe. Die Pfanne muss immer wieder geschüttelt werden, oder Sie rühren um, denn die Gewürze dürfen nicht verbrennen. Sie hören, wenn es so weit ist: Die Gewürzkörner bzw. Samen beginnen zu knistern und in der Pfanne zu »hüpfen«, wenn sie genug Hitze abbekommen haben – sie wollen raus. Schütten Sie sie dann sofort auf einen Teller zum Abkühlen. In der heißen Pfanne würden sie sonst verbrennen.
Nun können Sie gleich die nächste Gewürzsorte rösten. Wenn Sie hintereinander Koriander, Kümmel, Pfeffer und Bockshornklee geröstet haben, duftet es in Ihrer Küche wie in einem indischen Basar, und Sie werden Lust bekommen, etwas Leckeres zu kochen. Sobald die Gewürze auf dem Teller abgekühlt sind, können Sie sie in die Mühlen füllen – am besten funktioniert das mit einem Trichter. Bockshornklee muss sogar geröstet werden, sonst kann man ihn gar nicht mahlen. Aber bitte vorsichtig und nicht zu lange, sonst wird er sehr bitter. Die Körner dürfen nur ganz wenig Farbe bekommen.
Kardamom kauft man am sinnvollsten geschält. Dann kann man ihn direkt in die Mühle geben. Er braucht nicht geröstet zu werden.

le kaum etwas heraus. Hier ist es besser, einen Mörser zu verwenden, um sie zu zerstoßen. Bitte auch bei diesen beiden Pfefferarten das Rösten nicht vergessen! Sechuanpfeffer ist höllisch scharf, gehen Sie vorsichtig damit um. Rosa Pfeffer sollte auf keinen Fall zum Kochen verwendet werden. Er eignet sich sehr gut für Salate und als letzter Schliff beim Garnieren.

Muskat sollte man ebenfalls erst ganz am Ende zum Abschmecken verwenden und nicht mitkochen. Für Muskat gibt es spezielle Reiben aus Metall. Meist haben sie an einem Ende ein kleines Fach, in dem man die Muskatnuss verstauen kann.

Getrocknete Kräuter zerreibt man normalerweise zwischen den Fingern. Wenn man sie ganz fein haben möchte, kann man sie auch im Mörser fein mahlen und dann noch durch ein Sieb geben. So entfernt man alle störenden Stiele und Stängel. Für eine feine Gewürzbutter mit Thymian, Oregano, Rosmarin und etwas Tomatenmark mache ich das auf diese Art.

Frischen Ingwer kann man entweder ganz fein hacken oder – wenn es noch feiner sein soll – auch reiben. Dafür gibt es Keramikreiben mit scharfen Spitzen.

Zwiebeln: Auf einer solchen Reibe kann man auch Zwiebeln reiben, wenn man für ein Rezept einmal nur den Geschmack haben, aber nicht auf rohe Zwiebeln beißen möchte.

Der Zestenreißer: In meinen Rezepten verwende ich oft Zitronenschalen. Sie geben ein herrlich spritziges Aroma und machen viele Speisen leichter verdaulich. In der chinesischen Medizin werden Zitronenschalen verwendet, um Qi zu bewegen und Stauungen aufzulösen.

Wie bekommt man nun die Schale am einfachsten von der Zitrone runter? Mit einer Reibe geht das zwar, aber dann hängt in der Regel der größte Teil der schönen Zitronenschale zwischen den Zähnchen oder Spitzen der Reibe und würzt nicht unser Essen. Mit dem Zestenreißer dagegen können Sie die Schale direkt abreiben bzw. abziehen und in den Topf fallen lassen. Falls Ihnen diese Fäden zu grob und lang sind, geben Sie sie auf ein Brett, um sie mit dem Messer noch feiner zu hacken.

Unraffiniertes Meersalz

Einer meiner Lehrer, ein hoch geschätzter Dozent für chinesische Medizin, François Ramakers, hat in seinen Seminaren immer wieder betont, dass die wichtigste Zutat beim Kochen das richtige Salz ist. Wenn wir beispielsweise eine leckere und gleichzeitig gesunde Suppe kochen wollen, geben wir »alles« in den Topf, was die Evolution auf diesem Erdball hat entstehen lassen. Und das Wichtigste dabei ist: Wir fangen mit dem Ozean an, der alles Leben hervorgebracht hat, indem wir unraffiniertes Meersalz verwenden. Dann kommen noch ein paar Meeresalgen und ein paar Pflanzen, vielleicht ein Fisch und ein Stück Fleisch von einem Säugetier in den Topf, und es wird voraussichtlich wunderbar schmecken, weil es das Leben auf diesem Planeten widerspiegelt.

Wem eine solche Vorgehensweise zu philosophisch erscheint, der kann sich an wissenschaftlichen Fakten orientieren. Hier einige Informationen zum Thema Salz: Unser Blut hat in seiner Zusammensetzung einen Mineralgehalt, der dem des Meerwassers entspricht. Neben Natriumchlorid gibt es da hauptsächlich Magnesiumchlorid sowie Calciumsalze, Kalium-, Fluor-, Zink-, Kupfer- und viele andere Verbindungen. Alle diese Mineralien sind für unsere Gesundheit wichtig.

Kochsalz oder Speisesalz ist ein isoliertes, raffiniertes Produkt, das in seiner billigsten Form häufig aus der chemischen Industrie stammt und nur aus Natriumchlorid besteht.

Weil unraffiniertes Meersalz alle in unserem Blut vorkommenden Mineralien enthält – und das auch noch in der richtigen Zusammensetzung –, hat es einen recht großen Anteil von Magnesiumchlorid. Dieses sorgt dafür, dass das Salz immer feucht und klumpig ist und niemals freiwillig aus einem Salzstreuer herauskommen wird. Das Magnesiumchlorid hat nämlich die Eigenschaft, Wasser aus der Umgebung anzuziehen – es ist stark hygroskopisch. Reine Kristalle von Magnesiumchlorid lösen sich an der Luft sogar komplett auf, so viel Wasser können sie ihr entziehen. Wenn Ihr Salz klumpt, ärgern Sie sich daher nicht, sondern freuen Sie sich darüber, dass es so viel Magnesium enthält. Denn das Magnesium sorgt in unserem Körper unter anderem dafür, dass sich Muskeln entspannen und sich Verkrampfungen lösen können – mit anderen Worten: dass wir relaxen können.

Achten Sie beim Einkauf von Salz also darauf, dass Sie Meersalz kaufen – und das Wort »unraffiniert« muss draufstehen. Es gibt auch Meersalz, das gewaschen und gereinigt wurde, wobei jedoch fast alle Mineralien verloren gehen und nur noch das Natriumchlorid übrig bleibt. Das stammt dann zwar wenigstens aus einer natürlichen Quelle, ist aber überhaupt nicht vollwertig.

Ein ganz besonders feines Meersalz ist das Fleur de Sel – »die Blume des Salzes«. Es handelt sich dabei um große, aber zarte Salzkristalle, die nur unter ganz bestimmten Witterungsbedingungen an der Oberfläche der Salzpfannen entstehen. Sie werden mit der Hand abgeschöpft und in der Sonne getrocknet. Dieses Salz hat neben seinem salzigen Geschmack noch ein feines Meeresaroma. Man verwendet es nicht für Suppen, dafür wäre es zu schade. Die großen Köche benutzen es für Salate, zum Beizen von Fisch oder zum Garnieren. Bei mir zu Hause steht ein kleines Keramiktöpfchen mit einem winzigen Löffel auf dem Tisch, und zum Frühstück ein Ei mit diesem Salz ist für mich Luxus und Genuss pur.

Außerdem gibt es noch Steinsalz. Steinsalz ist sehr altes Meersalz, das vor vielen Millionen Jahren auskristallisiert ist und in sogenannten Salzstöcken in bestimmten Regionen abgebaut wird. Wenn dieses

Steinsalz unraffiniert, nur fein vermahlen in den Handel kommt, ist es dem unraffinierten Meersalz gleichzusetzen. Meist wird es wohl aber gewaschen und gereinigt. Die Mineralzusammensetzung kann je nach Abbaugebiet sehr unterschiedlich sein, sodass das Steinsalz teilweise fast nur aus reinem Natriumchlorid besteht.

Es ist meiner Meinung nach nicht notwendig, das sehr teure Himalaya-Kristall-Salz zu verwenden. Vieles, was selten und wertvoll ist, wird gerne gefälscht. Außerdem ist es aus ökologischer Sicht wenig sinnvoll, dieses Salz um die halbe Welt zu transportieren, wo wir bei uns gute Quellen für Meersalz quasi vor der Haustür haben.

Essig und Öl – nicht nur für leckere Salate

Öle sind als Geschmacksträger unverzichtbar und können dabei wertvolle essenzielle Fettsäuren liefern. Der säuerliche Geschmack des Essigs verleiht vielen Speisen eine frische Note und unterstützt die Verdauung.

Öl

Als Öl zum Kochen wird in meinen Rezepten fast ausschließlich Olivenöl angegeben, denn es hat hervorragende Kocheigenschaften, und es ist reich an einfach ungesättigten Fettsäuren. Verwenden Sie bitte ausschließlich kalt gepresstes Olivenöl, das aus traditionell arbeitenden Ölmühlen stammt. Hier sorgt handwerkliche Kunst dafür, dass ein unverfälschtes, hochwertiges Naturprodukt entsteht. Die Qualität des Olivenöls können Sie riechen und schmecken. Gutes Olivenöl hat einen fruchtigen Geschmack und einen feinen Duft. All denen, die die Nase rümpfen, wenn sie Olivenöl hören, kann ich nur empfehlen, die Marke zu wechseln, denn hochwertiges Olivenöl hat diesen unangenehmen Geruch auf keinen Fall.

Oft wird behauptet, dass man kalt gepresste Öle nicht erhitzen darf. Speziell für Olivenöl trifft das nicht zu. Sie können mit Olivenöl ohne Probleme kochen und braten. Es ist lediglich für sehr hohe Temperaturen, die man beim Frittieren braucht, nicht geeignet. Man sollte Olivenöl also nicht so hoch erhitzen, dass es raucht, aber das ist sowieso bei keinem Öl gesund und bekömmlich.

Eine gut Alternative zum Olivenöl ist Rapsöl. Auch hier sollte man auf kalt gepresste Qualität achten.

Schauen Sie sich einmal in gut sortierten Feinkostgeschäften und Bioläden um, oder bestellen Sie den Katalog der Versandfirma Manufactum. Falls der Preis, der bei 10 bis 20 Euro für einen Liter liegen kann, Sie erschreckt, denken Sie an die Kosten beim Arzt, der hohe Cholesterinwerte, Arterienverkalkung und Herz-Kreislauf-Erkrankungen bei Ihnen behandeln muss, und daran, wie unangenehm Krankenhausaufenthalte und Operationen sind. Es ist nur schade, dass es gutes Oliven- oder Rapsöl nicht auf Rezept gibt.

Neben dem Oliven- und Rapsöl zum Kochen, das Sie natürlich genauso auch für Salate verwenden können, gibt es eine Reihe interessanter Öle, die nur kalt verwendet werden sollen. Bei Kürbiskernöl, Leinöl, Mohnöl, Traubenkernöl und Walnussöl – um eine kleine Auswahl zu nennen – handelt es sich um Öle, die besonders reich an mehrfach ungesättigten Fettsäuren sind.

Diese zum Teil essenziellen Fettsäuren sind für unsere Gesundheit und Gehirnleistung von unschätzbarem Wert. Abgesehen von ihrem gesundheitlichen Nutzen schmecken diese Öle – jedes auf seine ganz eigene Art – einfach sehr lecker. Ein paar Tropfen Kürbiskernöl heben den nussigen Geschmack von Feldsalat oder Rucola auf angenehme Art hervor. Walnussöl ist eine Delikatesse, die Gemüsesalate zu etwas Besonderem macht. Etwas Leinöl und frisch gemahlener Kümmel sorgen selbst bei einfachen Pellkartoffeln für ein Geschmackserlebnis.

Der einzige Nachteil bei diesen Ölen ist, dass sie nicht lange haltbar sind und kühl lagern müssen. Durch die reichlich vorhandenen Doppelbindungen in den ungesättigten Fettsäuren werden sie schnell ranzig. Das erkennt man dann an einem mehr oder weniger ausgeprägten bitteren Geschmack. Es ist daher sinnvoll, nicht alle Sorten parallel zu verwenden, sondern immer nur ein oder zwei Öle gleichzeitig zu öffnen und sie zügig aufzubrauchen – was bei ihrem wunderbaren Geschmack nicht allzu schwierig sein sollte.

Essig

entsteht durch Gärung aus Alkohol, Luft und Essigbakterien – auch ohne Zutun des Menschen. Man muss Alkohol einfach nur lange genug offen stehen lassen, denn Essigbakterien können sich auch in der Luft befinden.

Es gibt zwei Qualitätskriterien bei der Beurteilung von Essig. Das erste ist der Ausgangsstoff, also die Art des Alkohols, der zu Essig vergoren wird. Das kann wasserverdünnter Spiritus sein – wie beim Branntweinessig – oder Wein oder Obstwein. Essigsäure lässt sich natürlich auch rein synthetisch herstellen.

Das zweite Qualitätskriterium ist die Art der Vergärung. Da die Essigsäurebakterien für ihre Arbeit, den Alkohol zu Essig zu vergären, Sauerstoff benötigen, geschieht das in einem Fass nur an der Oberfläche, nämlich dort, wo der Alkohol mit der Luft in Berührung kommt. Das dauert sehr lange. Bei der Schnellessigfabrikation wird Sauerstoff in die Tanks gepumpt oder der Alkohol über Holz verrieselt, was die Gärung enorm beschleunigt. Was in einem Holzfass vielleicht 3 Monate dauert, wird so in 24 Stunden erledigt. Aber wie bei vielen guten Dingen gilt auch beim Essig: Gut Ding will Weile haben.

Bei der ganz hohen Kunst der Essigbereitung wird dem Alkohol schon vor der Vergärung unvergorener Most oder Honig zugesetzt. Außerdem kommt es durch eine längere Lagerung in Holzfässern zu einer natürlichen Ausreifung des Produkts. Dies kann durch Zusätze von Gewürzen, Kräutern und Früchten zu ganz erstaunlichen Geschmacksnuancen führen. Da im Laufe der Lagerung Wasser verdunstet, wird der Essig immer dickflüssiger, aromatischer, milder und natürlich auch kostbarer, wie das zum Beispiel beim echten Aceto Balsamico der Fall ist, der 8, 10 oder gar 40 Jahre nacheinander in Fässern aus verschiedenen Hölzern lagert.

Traditionell und aufwendig hergestellter Essig hat nicht nur geschmackliche Vorzüge, sondern auch einen entscheidenden Gesundheitsvorteil. Das natürliche Produkt der langsamen Essigvergärung ist reich an lebendigen Enzymen, die wir für die Verdauung und damit zur Gesunderhaltung des gesamten Organismus sehr gut brauchen können. Entscheidend ist hierbei, dass diese Enzyme nicht durch Erhitzen, wie das beim Pasteurisieren der Fall ist, zerstört werden. Es gibt sogar Essigsorten, die unter Zusatz von Heilpflanzen hergestellt werden und die man wie Medizin einnimmt, um die Verdauungsorgane zu stärken.

Sie finden solche hochwertigen, traditionell hergestellten Essige manchmal in guten Wein- oder Spirituosengeschäften, bei Feinkosthändlern, direkt beim Hersteller oder natürlich im Naturkosthandel. Seit ich vor einigen Jahren den Doktorenhof in der Pfalz kennengelernt habe – ein Weingut, das sich ganz auf die Herstellung edler Essige spezialisiert hat –, bin ich zu einem Essig-Fan geworden. Ich habe ständig mindestens vier bis fünf Sorten im Gebrauch, und meine Salatdressings sind immer der Hit. Sogar als Aperitif biete ich meinen Gästen so manchen Essig an. Sie sind nach anfänglicher Scheu immer sehr erstaunt, wie lecker Essig schmecken kann.

Bei dem Balsamessig, der in vielen meiner Rezepte angegeben ist, handelt es sich um den »Vier-Räuber-Balsam« vom Doktorenhof. Er schmeckt mildsüßlich, aber auch ein bisschen herb-bitter – eine geniale Mischung für kräftige Salate.

Ich kann Ihnen auch im Falle von Essig nur empfehlen, über den Rand des Supermarktregals hinauszuschauen und sich diese Genusswelt zu erschließen.

Für die süßen Leidenschaften

Bis ins hohe Mittelalter hinein war in unseren Breiten Honig das einzige wirklich sehr süß schmeckende Nahrungsmittel, das als kostbares Handelsgut aber nur in geringen Mengen zur Verfügung stand. Und das war gut so. Heute ist Zucker ein vergleichsweise billiges Produkt, das in der Lebensmittelindustrie in riesigen Mengen verarbeitet wird. Die Traditionelle Chinesische Medizin sieht in der Überbetonung des süßen Geschmacks die Ursache vieler Beschwerden und Erkrankungen. Daher finden Sie in meinem Buch bei den Rezepten auch nur wenige ausgesprochen süße Gerichte. Allerdings wird der süße Geschmack zur Abrundung vieler Speisen verwendet.

Vollrohrzucker: Dabei empfehle ich gerne den Vollrohrzucker als Süßmittel. Er ist leichter zu dosieren als Sirup, Malz und Honig. Vollwertig ist Vollrohrzucker, weil der aus Zuckerrohr gepresste Saft nur filtriert, geklärt, eingedickt und getrocknet wird. Durch die schonende Verarbeitung bleiben Mineralien wie Calcium und Kalium und auch einige Spurenelemente weitgehend erhalten. Ursüße, Sucanat, Rapadura oder Muscovado sind übliche Handelsnamen für dieses Produkt, das einen leicht karamellartigen Geschmack hat.

Honig ist ein Süßungsmittel, das man nicht erhitzen sollte.

Obstdicksäfte sind konzentrierte, eingedickte Säfte – meist aus Äpfeln und Birnen – ohne Zuckerzusatz. Sie sind von goldroter Farbe, haben eine sirupartige Konsistenz und einen fruchtigen, leicht säuerlichen Geschmack.

Gerstenmalz und Reismalz liefern Süße aus Getreide. Dabei wird das Getreide zuerst eingeweicht und zum Keimen gebracht. Während des Keimens wird die Stärke im Getreidekorn durch Enzyme in Malzzucker umgewandelt, was den süßen Geschmack bewirkt. Anschließend wird das Getreide gedarrt, geschrotet und mit Wasser versetzt. Die dabei entstehende süße Würze wird zum Extrakt eingedickt. Reis- und Gerstenmalz haben einen intensiven, malzigen Eigengeschmack und eine milde Süßkraft.

Zuckerrohrmelasse: Wirklich süß schmeckt Zuckerrohrmelasse nicht. Sie ist fast schwarz, zähflüssig und hat einen lakritzähnlichen Geschmack. Als Süßmittel ist sie nicht geeignet, aber aufgrund ihres hohen Gehalts an Mineralien, speziell auch an Chrom – einem wichtigen Spurenelement –, ist Zuckerrohrmelasse ein interessantes Nahrungsmittel. Probieren Sie doch einmal einen Teelöffel Zuckerrohrmelasse in heißem Wasser aufgelöst als Getränk am Nachmittag statt Kaffee und Kuchen.

Soja, Miso, Meeresalgen und andere Exoten

Sojasoße gehört zur asiatischen Küche wie Reis und Ingwer. Aber auch viele unserer heimischen Gerichte lassen sich mit dieser etwas salzigen Würzsoße verfeinern und abschmecken. Wie im Kapitel »Kochen mit Feuer – Kochen mit Wasser« (S. 21) dargestellt wurde, enthält unpasteurisierte Sojasoße reichlich Enzyme, die sie zusätzlich wertvoll machen. Beim Einkauf ist es wichtig, auf Qualität zu achten. Im Naturkostladen kann man sicher sein, eine Sojasoße zu bekommen, die auf traditionelle Weise hergestellt wurde und deren Geschmack und Farbe während eines langen Reifungsprozesses entstanden sind und nicht durch Zusatz von Farb- und Aromastoffen. Beim Makrobiotikversand Wiebke Hohrenk in Hamburg gibt es viele verschiedene Sojasoßen aus traditioneller Herstellung – auch unpasteurisierte.

Miso ist eine milchsauer vergorene Paste aus Sojabohnen, Salz und gewöhnlich auch noch einer Getreideart. Es gibt zum Beispiel Gerstenmiso oder Reismiso. Ihr Geschmack ist fein aromatisch, und die angebotenen Farbschattierungen reichen von Gelb über Orange bis Braun. Zur Herstellung von Miso werden die gekochten Zutaten mit einer bestimmten Schimmelkultur (Koji) versetzt und in Zedernholzfässern unter schweren Gewichten mindestens ein Jahr lang gereift. An den dabei ablaufenden komplexen Gärungsprozessen sind viele Arten von Mikroorganismen beteiligt. Traditionell hergestelltes, natürlich gereiftes Miso entwickelt einen würzigen Geschmack und kommt ohne Aromazusätze und Konservierungsmittel aus. Miso wird vor allem in Suppen verwendet.

Meeresalgen gehören bei uns nicht gerade zu den Standardzutaten der traditionellen Küche. Da Meeresalgen aber hervorragende Lieferanten für Calcium und andere Mineralien sind, sollten wir sie ruhig öfter verwenden. Man findet Meeresalgen bei uns in getrockneter Form in gut sortierten Naturkostläden und in Asia-Läden. Da die Meeresalgen Schwermetalle anreichern, ziehe ich den Kauf im Naturkostladen vor, da die dort angebotene Ware stärker kontrolliert wird. Aber gerade die Fähigkeit, Schwermetalle zu binden, macht Meeresalgen als Nahrungsbestandteil interessant, denn auch Schwermetalle im menschlichen Körper werden auf diese Weise gebunden und ausgeschieden. Sie können Wakame (Undaria pinnatifida), Arame (Eisenia bicyclis) und Hijiki (Hijika fusiforme) sehr gut verwenden, um sie in Kraftbrühen und Gemüsesuppen mitzukochen. Auch Hülsenfrüchte werden bekömmlicher, wenn man eine Handvoll Algen mitkocht.

Umeboshi-Pflaumen sind botanisch gesehen eher Aprikosen. Sie werden in salziger Lake über ein Jahr lang eingelegt und sind in dieser Form besonders bei Magen- und Darmproblemen geeignet. Sie enthalten sehr viel Eisen sowie Calcium und Phos-

WISSEN

Gomasio – ein wunderbares Würzmittel

Gomasio wird aus geröstetem Sesam und Meersalz hergestellt. Am besten schmeckt es frisch zubereitet. Dazu röstet man zehn Teelöffel Sesam in einem Topf ohne Fett unter Rühren, bis die Sesamkörner anfangen zu knistern. Man gibt sie dann in einen Mörser, bestreut sie mit einem Teelöffel Meersalz und zerstößt sie so lange, bis die Sesamkörner zumindest aufgebrochen sind. Wie fein man das Gomasio zerreibt, ist Geschmacks- oder vielmehr Geduldssache. Schon während des Zerstoßens entfaltet sich sein würziger Duft. Über Reis, Gemüse oder Suppen gestreut ist Gomasio eine leckere Würze, die vielen Speisen mit ganz wenig Salz zu hervorragendem Geschmack verhilft und dazu noch durch den hohen Calciumgehalt des Sesams ein wirksames Mittel zur Vorbeugung gegen Osteoporose darstellt. In einem Schraubglas kann man das Gomasio im Kühlschrank ein bis zwei Wochen aufbewahren.

phor und wirken sehr stark entsäuernd. Ich verwende die Umeboshi hauptsächlich als Starter bei der Herstellung von Pickles (S. 23).

Einkauf und Vorratshaltung

Zum Einkaufen, besonders von frischen Produkten, braucht man Zeit – das ist klar. Mit ein wenig Planung und ein paar Tricks kann man aber mit nur einem Einkauf pro Woche gut über die Runden kommen und trotzdem jeden Tag leckere Speisen aus frischen Zutaten zubereiten.

Das Einkaufen von Lebensmitteln kann eine sehr sinnliche Erfahrung sein, die Spaß macht. Sie stimmen mir sicher zu, dass es viel inspirierender ist, über einen Markt zu schlendern, auf dem an verschiedenen Ständen Obst, Gemüse, Käse, Nudeln, Blumen usw. angeboten werden, als kurz vor Ladenschluss durch einen Supermarkt zu hetzen und in der Obst- und Gemüseabteilung nach nicht gar zu sehr mitgenommenen Stücken Ausschau zu halten. Suchen Sie lieber nach schönen, gut sortierten Bio-Geschäften, nach Märkten mit breitem Angebot, und kultivieren Sie den wöchentlichen Einkauf als einen Teil der Freizeitgestaltung. Daran kann man richtig Freude bekommen.

Tipp

Allen, die nur wenig Zeit für den Einkauf haben, empfehle ich einen gut geplanten Wocheneinkauf für Frischwaren und alle vier bis sechs Wochen einen Großeinkauf für haltbare Lebensmittel, Toilettenartikel usw.

Eine weitere sehr zeitsparende Einkaufsmethode ist das Nutzen eines Lieferservice. Es gibt viele regionale Anbieter, die zur Vermarktung von Bioprodukten eine Hauslieferung anbieten. Man bestellt in Form eines Abos und bekommt jede Woche eine Lieferung. Je nach Anbieter können Sie mehr oder weniger individuell bestellen, und es können auch andere Produkte wie Butter, Tofu, Brot, Eier usw. mitgeliefert werden.

Diese Art des Einkaufens hat außerdem noch folgende Vorteile:

- Man unterstützt dabei regionale Betriebe, die häufig kontrolliert biologisch wirtschaften.
- Das Angebot ist saisongerecht und oft preislich durchaus interessant.
- Das Überlegen entfällt: »Was kaufe ich bloß für die nächste Woche ein?«
- Es gibt kein gewohnheitsmäßiges Auswählen, das dazu führt, dass man jede Woche dasselbe im Einkaufskorb nach Hause trägt.
- Beim Kochen wird immer wieder Kreativität gefordert, weil das verarbeitet werden muss, was in der Lieferung war.
- Diese Vielfalt ist für den Körper sehr gesund.
- Die Köchin hat gegenüber Kindern und Partner gute Argumente, wenn es nicht jeden Tag das Lieblingsgemüse gibt.

- Gerade bei größeren Familien spart frau sich damit das Schleppen von großen Einkäufen.

Erkundigen Sie sich in Ihrem Umfeld, oder gehen Sie im Internet auf die Suche. Geben Sie in eine Suchmaschine Begriffe ein wie »Gemüsekiste«, »Gemüseabo« oder »Gemüse Lieferservice« und schauen Sie, welche Angebote infrage kommen.

Haltbares, das Sie immer im Haus haben sollten

Neben der Frischware gibt es einiges, das man vorrätig haben sollte, um kreativ kochen zu können. Die im Folgenden aufgezählten Nahrungsmittel sind lange haltbar und können für mindestens ein bis zwei Monate auf Vorrat gekauft werden. Es ist allerdings sinnvoll, alle diese Vorräte direkt nach dem Einkauf in gut verschließbaren Gefäßen wie Schraubgläsern, Vorratsboxen aus Kunststoff oder Ähnlichem zu verstauen, damit Nahrungsschädlinge keine Chance haben. Diese Vorräte sollten Sie beim Einkauf der Frischwaren alle zwei bis drei Wochen überprüfen und ergänzen.

Reis, Mehl, Getreide: Den thailändischen Duftreis, den ich gerne verwende, kaufe ich im 5-kg-Sack im Asia-Laden und bewahre ihn in einem großen, dicht verschlossenen Behälter im Keller auf. Getreide kann man sich im Bio-Laden zu Mehl mahlen lassen, wenn man keine eigene Getreidemühle besitzt. Dieses Vollkornmehl sollten Sie innerhalb von vier Wochen verbrauchen, da es aufgrund seiner großen Oberfläche schnell ranzig werden kann. Mehl und Getreide sollten in luftdichten Boxen oder Schraubgläsern aufbewahrt werden.

Nudeln: Versuchen Sie, möglichst Vollkornnudeln statt solcher aus Weißmehl zu verwenden. Es gibt mittlerweile ein breites Angebot an Sorten und Formen. Sehr lecker und als Suppeneinlage besonders geeignet sind japanische Buchweizennudeln aus dem Asia-Laden. Das sind etwa 20 cm lange, ganz dünne Nudeln, die mit einem Bändchen zu kleinen Bündeln verpackt in Schachteln verkauft werden.

Hülsenfrüchte sind ideal zum Lagern. Außer den roten Linsen und den Belugalinsen müssen sie alle vor dem Kochen eingeweicht werden. Am besten über Nacht oder 24 Stunden in kaltem Wasser in einer großen, abgedeckten Schüssel stehen lassen. Bei warmem Wetter ist es sinnvoll, das Einweichwasser zwischendurch einmal zu wechseln.

Räuchertofu, Vegihack, Sojazubereitungen müssen zwar im Kühlschrank aufbewahrt werden, sind aber in der Regel einige Wochen haltbar. Soja-Fein bzw. Sojaflocken sind dagegen Trockenprodukte, die bei Bedarf mit Gewürzen 30 Minuten in Wasser eingeweicht und dann gebraten oder anders zubereitet werden können.

Nüsse und Kerne sollten spätestens zwei bis drei Monate nach Öffnen der Packung aufgebraucht sein, denn sie können wegen ihres hohen Fettgehalts ranzig werden. Es gibt neben Mandelmus und Tahin von fast allen Nusssorten Mus. Diese lassen sich wunderbar für Salatdressings verwenden. Öffnen Sie immer nur ein bis zwei Sorten gleichzeitig, denn die Gläser sollten nach dem Öffnen im Kühlschrank aufbewahrt und bald verbraucht werden. Mandeln, Walnüsse, Haselnüsse, Cashewkerne und Erdnüsse schmecken besonders gut, wenn man sie röstet. Das geht am einfachsten auf einem Blech im Backofen bei 100 bis 120 °C für 15 bis 20 Minuten. Bitte stellen Sie einen Wecker, damit Sie die Nüsse nicht vergessen und sie nicht schwarz werden.

Trockenfrüchte: Rosinen, Aprikosen, Pflaumen usw. sollten Sie getrennt in gut verschließbaren Gläsern oder Kunststoffdosen aufbewahren. Nahrungsschädlinge schätzen die Süße ebenso wie Kinder und erwachsene Naschkatzen.

Gewürze und getrocknete Kräuter: Bei Gewürzen kommt es einzig auf Aroma und Frische an, was einen hohen Wirkstoffgehalt garantiert. Für meine Gewürze habe ich ganz unterschiedliche Quellen. Bestelladressen finden Sie im Anhang. In fast jeder größeren Stadt gibt es ein Geschäft, das sich auf Gewürze spezialisiert hat – dort sind Sie richtig. Allein die Düfte in einem solchen Laden sind einen Besuch wert.

Zwiebeln, frischer Ingwer, Kartoffeln: Von diesen Zutaten sollte immer ein kleiner Vorrat im Haus sein. Zwiebeln können in einem Körbchen an der Wand in der Küche zwei bis drei Wochen lagern. Kartoffeln halten in einem Korb in der Küche ebenfalls zwei bis drei Wochen, falls es nicht zu warm ist. Sonst bringen Sie sie eher in den Keller. Ingwerknollen sollten beim Kauf möglichst prall, die Haut glänzend sein. Offen im Kühlschrank ohne Verpackung werden die Knollen zwar allmählich trockener, halten aber zwei bis drei Wochen gut durch. Das Einpacken in Dosen, Tüten oder Gläser mögen sie nicht, da werden sie schnell schimmelig.

Frische Zutaten

Damit Sie mit einem Einkauf pro Woche für Gemüse, Obst, Salat, Eier, Butter, Fleisch usw. auskommen, sind geschickte Planung und Vorratshaltung nötig.

Außerdem braucht man einen großen Kühlschrank, sodass der Einkauf an Gemüse und Obst bequem darin gelagert werden kann. Sinnvoll ist eine geräumige Frischhaltezone für Gemüse. Oder Sie stellen einen zweiten Kühlschrank statt der Gefriertruhe in den Keller.

Gemüse und Salat: Um Gemüse und Salat über einige Tage frisch zu halten, sind Frischeboxen sehr günstig. Das sind Behälter aus Kunststoff mit einem Siebboden und fest schließendem Deckel. Das Grünzeug hält sich darin sehr lange frisch und knackig, weil die dem Gemüse eigene Feuchtigkeit durch den Deckel nicht verloren geht. Der Siebboden lässt das Kondenswasser abtropfen, sodass das Gemüse nicht matschig oder schimmelig wird.

Zum Beispiel halten sich Paprika, Zucchini, Auberginen und Spargel darin fünf bis sechs Tage ohne Probleme. Geputzten und gewaschenen Blattsalat kann man in solchen Behältern oder in der Salatschleuder mit Deckel zwei bis vier Tage frisch und knackig halten.

Fleisch und Wurst: Zum Aufbewahren von Fleisch und Wurstwaren hat sich das Einschweißen in Folie bewährt. Die meisten Metzger bieten diesen Service des Vakuumierens an. Die Haltbarkeit von Fleisch kann man so um zwei bis vier Tage verlängern. Auch das Marinieren mit Gewürzen, Ingwer und Öl ist eine Möglichkeit, Fleisch noch einen Tag länger haltbar zu machen. Eine Ausnahme ist hier allerdings Hackfleisch, das möglichst am Einkaufstag oder spätestens am nächsten Tag verbraucht werden sollte.

Hier ein praktisches Beispiel für einen Wocheneinkauf am Samstag für zwei Personen:

Einkauf	Verwendung/Lagerung
1 Eichblattsalat, 1 Radicchio, 1 Bd. Rucola, 1 Bd. Petersilie	Putzen, waschen, in eine Frischebox geben und im Kühlschrank aufbewahren.
2–3 Bd. Frühlingszwiebeln	In einer Frischebox im Kühlschrank aufbewahren (wird bis Mittwoch aufgebraucht).
250 g Sojasprossen 250 g Champignons	Wird sofort bzw. am nächsten Tag verbraucht.
1 kg Karotten 1 Kohlrabi 350 g grüne Bohnen mit Bohnenkraut 1 Zucchini 1 Stange Lauch 1 Bd. Thymian 2 rote Peperoni	In Frischeboxen im Kühlschrank aufbewahren.
1 Sellerieknolle 1 Weißkohl 1 großes Stück Ingwer 3 Bio-Zitronen 1 Bio-Orange	Im Gemüsefach des Kühlschranks aufbewahren.
500 g weiße und rote Zwiebeln 1 Knoblauchknolle 1 kg Kartoffeln	In einem Korb in der Küche oder im Keller lagern.

Einkauf	Verwendung/Lagerung
500 g Birnen 5 Tomaten	In der Küche offen liegen lassen.
300–400 g Fischfilet (2–3 Sorten)	Wird gleich verbraucht.
200 g Rinderhack	Wird am nächsten Tag verbraucht, im Kühlschrank aufbewahren.
150–200 g Schweineschnitzel oder -lende 1 Rumpsteak	Im Laden einschweißen lassen und im Kühlschrank lagern.
1 Hühnerfilet	Eingeschweißt kaufen und im Kühlschrank aufbewahren. Vor dem Verzehr marinieren.
Räuchertofu (200 g)	Fertig abgepackt, hält sich im Kühlschrank wochenlang.
250 g Butter	Wird in 1 bis 2 Wochen aufgebraucht, im Kühlschrank aufbewahren.
Rote Linsen 250 g	Im Vorratsschrank lagern.

Folgende Gerichte könnten Sie daraus zubereiten:

Wochentag	Gericht
Samstag	Fisch-Gemüse-Pfanne (S. 166) mit Blattsalat
Sonntag	Asiatische Hackfleisch-Pfanne (S. 124) und Birnenkompott (S. 146). Abends: Gebratener Thai-Reis (S. 141) mit Blattsalat
Montag	Sommerlicher Bohneneintopf (S. 125) mit Blattsalat
Dienstag	Karotten-Kohlrabi-Gemüse (S. 90) und Hühnerfleisch in Kokos (S. 95)
Mittwoch	Rindergeschnetzeltes nach dem Rezept: Teuflische Putenpfanne (S. 141), Sellerie-Kartoffelpüree nach dem Rezept: Kürbispüree (S. 155)
Donnerstag	Indische Linsensuppe (S. 168)
Freitag	Weißkohl nach Sechuanart (S. 156) mit Räuchertofu und Kartoffeln

Selbst gemachte Vorräte

Es gibt eine ganze Reihe von leckeren Sachen, die man hervorragend selbst zubereiten kann, um sich ein paar Vorräte anzulegen. Früher war es üblich, im Sommer, wenn Früchte und Gemüse reif und im Überfluss vorhanden waren, Marmelade und Kompott zu kochen. Oder Gemüse einzusalzen, um auch im Winter etwas

Pflanzliches außer Kartoffeln zu essen zu haben. Weltweiter Handel und prall gefüllte Supermarktregale während des ganzen Jahres lassen diese alte Tradition leider immer mehr in Vergessenheit geraten.

Von der Firma WECK wurde vor über 100 Jahren das Einkochen von Obst, Gemüse und Fleisch in Gläsern erfunden. Die dazu notwendigen Gläser und Utensilien werden bis heute von dieser Firma und natürlich auch von anderen angeboten. Das sind die Gläser mit Deckel und Gummiring – erinnern Sie sich?

Bei diesem Verfahren wird der Inhalt der Gläser durch Erhitzen haltbar gemacht. Im Gegensatz zur Marmeladeherstellung wird kein Zucker benötigt, um den Inhalt zu konservieren.

Die Methode des Einkochens ist ganz ausgezeichnet geeignet, um Obst für den Winter zu bevorraten. Das rohe, reife Obst kommt in Einmachgläser, Deckel mit Gummiring drauf, für etwa 30 Minuten bei 80–90 °C einkochen, und schon haben Sie eine monatelang haltbare Obstkonserve. Wenn Sie das Glas öffnen, haben Sie ein fertiges aromareiches Kompott. Ohne Zucker oder sonstige Zusatzstoffe.

Kirschen, Pflaumen, Pfirsiche und vieles mehr können so im Winter bei Gelüsten nach Süßem als gesunde Alternative anstelle von Süßigkeiten gegessen werden. Auch Kinder mögen diese Obstkonserven sehr gerne. Da es mittlerweile auch sehr kleine Gläser im Handel gibt, können Sie für Ihre Kleinen »Fruchtzwerge« herstellen, die diesen Namen wirklich verdienen. Die 200-ml-Gläser haben genau die richtige Größe für Kinder.

Wer Interesse hat, diese alten Konservierungsmethoden zu erlernen, kann bei mir oder meiner Kollegin Marlise Minder in der Schweiz einen Kurs besuchen. Termine finden Sie auf meiner Homepage.

Eine spezielle Methode der Konservierung ist das Einsalzen. Die beiden folgenden Rezepte, sollten Sie auf jeden Fall einmal ausprobieren:

Kräutersalz

2 Bd. Petersilie · 1 Bd. Basilikum · etwas Estragon · 1 Bd. Dill · 2 Bd. Schnittlauch · Salz

▶ **Zubereitung**

Alle Kräuter verlesen, Stiele kürzen, gut waschen, trocken schleudern und danach auf Handtüchern zum weiteren Abtrocknen ausbreiten. Bevor die Kräuter zerkleinert werden, sollten sie so weit abgetrocknet sein, dass ihnen kein Wasser mehr anhaftet.
Alle Kräuter durch den Fleischwolf drehen, sodass eine grüne Paste entsteht, gut vermischen, das Kräutergemisch genau wiegen. Das ermittelte Gewicht durch sechs teilen und diese Menge an Meersalz zugeben.
Das Salz-Kräuter-Gemisch gut durchrühren, in kleine Schraubgläser füllen

TIPP

- Es lohnt sich, im Sommer, wenn die Kräuter preiswert auf dem Markt angeboten werden oder der eigene Garten mehr produziert, als man im Moment verwenden kann, »zuzuschlagen« und Vorräte zu produzieren.
- Verwenden Sie zum Zerkleinern der Kräuter bitte einen richtigen Fleischwolf. Ein Mixer oder andere Geräte zum Zerkleinern liefern kein optimales Ergebnis. Falls Sie selbst keinen Fleischwolf besitzen, fragen Sie doch mal in der Familie, im Freundeskreis oder der Nachbarschaft nach.
- Ein Gläschen Kräutersalz mit einem schönen Etikett und Ihrem Lieblingsrezept ist ein originelles Mitbringsel.
- Das Kräutersalz hält sich monatelang. So haben Sie auch im Winter den Duft und das Aroma frischer Kräuter zur Verfügung.

und im Kühlschrank aufbewahren. Da das Kräutersalz recht salzig ist, nimmt man es statt Salz, um Gemüse, Soßen, Suppen oder Salatdressing zu würzen.

▶ Einige Beispiele:

- Für Ihre Salatsoße nehmen Sie statt ein Teelöffel Salz 1 bis 2 Teelöffel Kräutersalz, dazu Balsamico-Essig, Olivenöl und Pfeffer.
- Schmale Streifen Fischfilet mit Zitrone beträufeln, pfeffern und mit dem Kräutersalz bestreichen. Aufrollen und im Dampf oder auf einem Gemüsebett garen.
- Wenn Sie eine Kartoffelsuppe ohne Salz kochen, können Sie zum Abschmecken reichlich Kräutersalz verwenden und erhalten so eine feine Kräutersuppe, die mit ein paar Streifen Räucherlachs zur echten Delikatesse wird.
- Kräuterbutter: 125 g Butter aus dem Kühlschrank nehmen und weich werden lassen, mit dem Rührgerät aufschlagen, mit 2 Teelöffel Kräutersalz, etwas Pfeffer, Koriander und Bockshornklee würzen.
- Gemüse dünsten Sie mit ganz wenig Wasser. Vor dem Servieren 1 bis 2 Esslöffel Butter, etwas Muskat und 1 bis 2 Teelöffel Kräutersalz untermischen.

Suppenwürze

▶ Vorrat für viele Wochen

1 Stunde

500 g vollreife Tomaten · 1 Bd. Thymian · 1 Bd. Oregano · Liebstöckelgrün · 500 g Sellerieknolle · 2 Stangen Lauch · 2 Zwiebeln · Salz

▶ Zubereitung

Alle Zutaten waschen und putzen.

E Karotten, Sellerie und

M Zwiebeln schälen. Alles in kleine Würfel und Stücke schneiden.

F Die Kräuter waschen und von den Stielen zupfen.

Alle Zutaten auf Handtüchern auslegen und etwas abtrocknen lassen, damit kein Wasser mehr anhaftet.

Alle Zutaten durch den Fleischwolf drehen. Das ist bei dem harten Gemüse etwas mühsam, aber es lohnt sich!

Das Gemüsegemisch genau wiegen, das ermittelte Gewicht durch sechs teilen und diese Menge an

W Meersalz zugeben.

Das Salz-Gemüse-Gemisch gut durchrühren, in Schraubgläser füllen und im Kühlschrank aufbewahren.

▶ Tipp

Die Suppenwürze hält sich im Kühlschrank monatelang. So haben Sie immer eine gute Würzbasis für Suppen, Gemüse und andere Gerichte. Da die Suppenwürze recht salzig ist, verwendet man sie statt Salz. Sie ersetzt alle Maggi- und Brühwürfel. Das gilt besonders dann, wenn Sie reichlich Liebstöckelgrün verwenden.

10-Minuten-Suppe mit Suppenwürze

▶ Für 1 Person

10 Minuten

1 EL Olivenöl · 1 Ei · 1 TL frischen, fein gehackten Ingwer · 1 EL Suppenwürze · 3–4 EL feine Suppennudeln · Muskat · Sojasoße · Petersilie

▶ Zubereitung

F In einem heißen Topf

E Olivenöl erwärmen.

M Fein gehackten, frischen Ingwer zugeben.

W Suppenwürze anschwitzen,

H feine Suppennudeln dazugeben und mit

F ½ Liter heißem Wasser ablöschen. 5–10 Minuten köcheln lassen, bis die Nudeln weich sind.

E Ein verquirltes Ei einrühren.

▶ Abschmecken mit

M Muskat und

W Sojasoße.

H Mit etwas Petersilie bestreut servieren.

▶ Tipp

So haben Sie in wenigen Minuten eine kleine Mahlzeit gezaubert, die viel besser schmeckt als jede Tütensuppe – und Sie wissen genau, was drin schwimmt.

Das Kochen im Zyklus

Beim »Kochen im Zyklus« – was lockerer auch als »Kochen im Kreis herum« bezeichnet wird – werden die Zutaten und Gewürze einer Speise nicht einfach zufällig zusammengegeben, sondern die Reihenfolge, in der sie in den Topf wandern, wird durch den sogenannten »Fütterungszyklus der Fünf Elemente« bestimmt.

Bevor Sie mich jetzt für verrückt erklären, das Buch zuklappen und nie wieder anrühren, lesen Sie bitte erst noch einige Absätze weiter. Ich werde Ihnen das ganz genau erklären.

Die Fünf Elemente – Holz, Feuer, Erde, Metall und Wasser – stehen in einem ganz bestimmten Verhältnis zueinander. Der Fütterungszyklus ist ein Beispiel dafür. Seine gestaltende Kraft lässt sich auch in der Natur gut beobachten:

Der Frühling entspricht dem Holz-Element und ist gekennzeichnet durch explosives Wachstum von Bäumen, Sträuchern und Pflanzen, das Ergrünen der Natur. Zum Frühling gehören die Farbe Grün und der saure Geschmack.

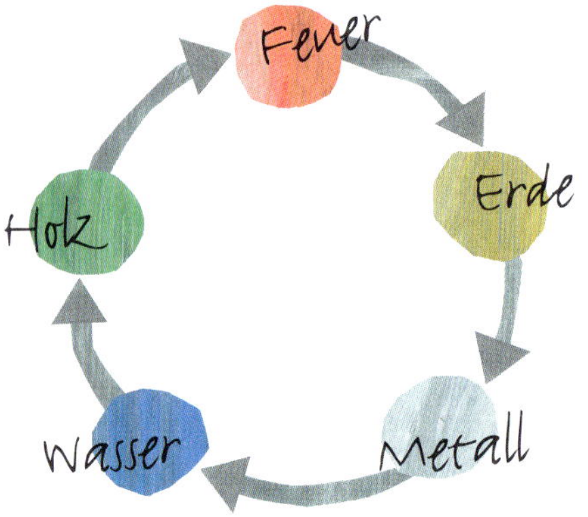

Der Sommer entspricht dem Feuer-Element und ist gekennzeichnet durch Blüten- und Farbenpracht, viel Licht und Wärme. Zum Feuer gehören die Farbe Rot und der bittere Geschmack.

Der Spätsommer oder die Erntezeit entspricht dem Erde-Element und ist gekennzeichnet durch süße, reife Früchte, goldene Getreidefelder und eine Fülle von Feldfrüchten. Zur Erde gehören die Farbe Gelb und der süße Geschmack.

Der Herbst entspricht dem Metall-Element und ist gekennzeichnet durch ein Vertrocknen der oberirdischen Teile von Stauden, das Verfärben, Trockenwerden und schließlich Abfallen der Blätter. Zum Metall gehören die Farbe Weiß und der scharfe Geschmack.

Der Winter entspricht dem Wasser-Element und ist gekennzeichnet durch Kälte, Sichverbergen der Natur und das Ruhen der Samen in der Erde. Zum Wasser gehören die Farben Blau und Schwarz und der salzige Geschmack.

Dieser natürliche Ablauf der Jahreszeiten wiederholt sich in genau der Reihenfolge, die man Fütterungszyklus oder auch Hervorbringungszyklus nennt. Denn jede Jahreszeit ist mit ihrer Energie und Dynamik dafür mitverantwortlich, dass die nächste ihre Aufgaben erfüllen kann. Im Herbst müssen die Blätter welken, trocknen und abfallen, um die Bäume und Sträucher vor der Kälte und Schneelast des Winters zu schützen. Das Ruhen der Samen im Winter ist die Voraussetzung für die Kraft des Keimens und Wachsens im Frühling. Aus den starken Trieben des Frühlings können sich die Blüten des Sommers entwickeln, die im Spätsommer zu Früchten, Nüssen, Samen und Rüben heranwachsen.

In der Symbolik der Elemente gesprochen: Holz lässt das Feuer brennen; die Asche des Feuers düngt die Erde; aus der Erde können Metalle geschürft werden; Mineralien machen das Wasser lebendig; Wasser lässt Pflanzen und Bäume wachsen. Die Nahrungsmittel können aufgrund ihres Geschmacks, ihrer Farbe und ihrer Wirkung jeweils einem der Fünf Elemente zugeordnet werden. So bietet sich uns die Möglichkeit, beim Kochen diese natürliche Reihenfolge des Fütterungszyklus zu beachten und den Speisen den richtigen Dreh zu verleihen.

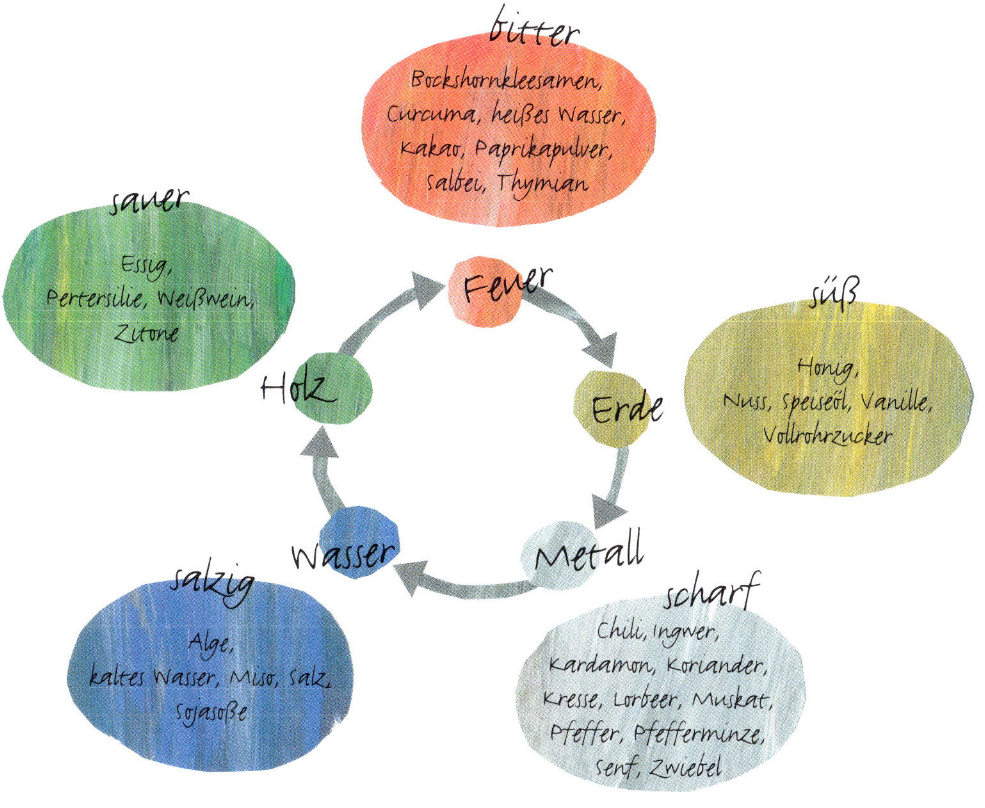

Gerade beim Würzen und Abschmecken der Speisen zeigt sich der besondere Vorteil des Kochens im Zyklus. Wenn ein Gericht zwar eigentlich fertig ist, aber noch keinen richtigen Geschmack hat, dann gibt man nicht einfach mehr Salz oder Pfeffer dazu, denn das ändert am Geschmack nicht wirklich etwas, außer dass die Speise schärfer wird. Beim Abschmecken »im Kreis herum« geht man noch einmal durch alle Elemente und gibt von jedem Geschmack etwas zu. Oft ist es gerade ein Spritzer Zitronensaft, der Frische bringt; ein Hauch Thymian, der würzig macht; eine Prise Vollrohrzucker, die das Aroma abrundet – wenn das Gericht schon scharf und salzig genug ist.

Wenn man darauf achtet, dass beim Zubereiten und Abschmecken eines Gerichts alle Fünf Geschmäcker vorkommen, wirkt dies wie ein natürlicher Geschmacksverstärker. Das Aroma entfaltet sich besser, der Geschmack wird rund und harmonisch. Und das ganz ohne Glutamat. In Dr. Hans-Ullrich Grimms Buch »Die Ernährungslüge« können Sie nachlesen, wie schädlich Glutamat sich auf die Gesundheit auswirken kann. Mit dem Kochen im Zyklus haben Sie ein einfaches Mittel, gesundes Essen wirklich schmackhaft zu machen – ohne künstliche Zusatzstoffe.

wichtig

Alle Rezepte sind nach diesem Prinzip gestaltet. Bei der Zubereitung zeigt Ihnen das Symbol ◯ an, dass es ab jetzt »im Kreis herum geht«. Die Zutaten sind dann mit dem entsprechenden Elementsymbol aufgelistet.

Zuordnung der Zutaten nach Elementen

Abkürzung	Element	Eigenschaft
H	Holz	sauer
F	Feuer	bitter
E	Erde	süß
M	Metall	scharf
W	Wasser	salzig

Wenn Sie bei der Reihenfolge einmal durcheinanderkommen, ist das nicht so schlimm. Wichtig ist, dass wirklich jeder Geschmack in einem Gericht vorhanden ist. Auch hier gilt das alte Sprichwort »Übung macht den Meister«.

Um sich die Zuordnung der Gewürze zu den einzelnen Elementen leichter merken zu können, ist es hilfreich, die Gewürzmühlen und Gläser mit farbigen Punkten zu bekleben. Im Schreibwarenladen gibt es selbstklebende Punkte in den fünf Farben (Grün, Rot, Gelb, Weiß, Blau) – genau das, was wir brauchen.

Grün Essig, frische Petersilie, Weißwein, Zitrone (Sie sollen natürlich auf Zitronen und Petersilie keine grünen Punkte kleben, ich erwähne sie hier nur der Vollständigkeit halber.).

Rot Bockshornkleesamen, Curcuma, Kräuter der Provence, Paprika edelsüß, Rosmarin, Thymian, Wacholderbeeren.

Gelb Honig, Mandelsplitter, Sesam, Vollrohrzucker.

Weiß Chili, Kardamom, Koriander, Kümmel, Lorbeer, Nelke, Pfeffer, Senf.

Blau Fischsoße, Meeresalgen, Miso, Salz, Sojasoße.

Und nun ran an den Kochlöffel!

Wenn Sie mit dem Lesen bis hierhergekommen sind, haben Sie das theoretische Rüstzeug, um jetzt auch praktisch den »Fünf-Elemente-Kochlöffel« zu schwingen. Warten Sie mit dem Anfangen nicht, bis Sie auch die letzte gewünschte Gewürzmühle erstanden oder Ihre Meeresalgensammlung vervollständigt haben, sondern beginnen Sie gleich heute oder morgen. Ersetzen Sie die eventuell noch fehlenden Zutaten einfallsreich durch andere.

Den Kochprofis unter Ihnen wünsche ich nun viel Freude und Genuss beim Ausprobieren von neuen, leckeren Gerichten. Ich bin sicher, dass gerade auch das Kochen im Zyklus der Fünf Elemente Ihre Fähigkeiten am Herd bereichern und zur weiteren Vervollkommnung Ihrer Kochkunst beitragen wird.

Wenn Sie sich eher zu den weniger geübten Küchenfeen und Kochtopfzauberern zählen, möchte ich Ihnen vor allem Mut machen. Probieren Sie das eine oder andere Rezept einfach aus, und Sie werden sehen: Es ist ganz leicht, »im Kreis herum« zu kochen. Und keine Sorge: Es wird Ihnen dabei garantiert nicht schwindelig – nur das Essen bekommt den richtigen Schwung, wenn Sie den Dreh erst mal heraushaben. Und das geht erfahrungsgemäß sehr schnell. Zögern Sie also nicht länger, denn lecker zu kochen macht Freude und tut gut – nicht nur Ihrem Magen, sondern auch Ihrer Seele.

REZEPTE

Erläuterungen zu den Rezepten

Die Symbole H F E M W stehen für die Fünf Elemente Holz, Feuer, Erde, Metall und Wasser.

wichtig

Dieses Symbol zeigt Ihnen an, dass ab jetzt der eigentliche Kochvorgang bzw. das Zusammenfügen der Zutaten beginnt. Verblüffenderweise wird Ihr Essen besser schmecken, wenn Sie sich an die vorgegebene Reihenfolge halten – probieren Sie es aus!

Abkürzungsverzeichnis

Abkürzung	Angabe
Bd.	Bund; bezieht sich auf die im Handel üblichen Gebinde für Kräuter
g, kg	Gramm, Kilogramm
l	Liter
Msp.	Messerspitze
TL, EL	Teelöffel, Esslöffel

Bei den folgenden Gewürzen (s. S. 50) gehe ich davon aus, dass sie frisch gemahlen aus Ihrer Gewürzmühle kommen:

- Bockshornkleesamen
- Kardamom
- Koriander
- Kümmel
- Pfeffer
- Senf

Steht bei einem dieser Gewürze keine Mengenangabe, dann gilt, dass Sie zwei- bis dreimal an der Mühle drehen sollten. Wenn zum Beispiel 1 TL Koriander angegeben ist, dann drehen Sie an der Mühle, bis Sie etwa die Menge eines Teelöffels haben.

Salz: Auch beim Salz werden häufig keine exakten Angaben gemacht, weil verschiedene Salzarten unterschiedlich stark würzen. Fangen Sie mit einer kleinen Menge an, und probieren Sie, ob es reicht, dann können Sie nach Bedarf noch etwas zugeben.

Ingwer: Bei Ingwer ist immer frischer Ingwer gemeint. Man schneidet ein Stück von der Knolle ab, schält es und schneidet es dann wie angegeben klein. 1 EL Ingwer bedeutet, dass am Ende die Menge des klein gehackten Ingwers der eines Esslöffels entsprechen soll.

Die Hauptzutaten sind in den Rezepten mit Mengenangaben versehen. Bitte verstehen Sie diese Angaben als grobe Richtschnur.

Einige Zutaten werden nicht in Gramm, sondern als Stückzahl angegeben. Damit Sie eine Orientierung haben, gebe ich hier das Gewicht an, das ich darunter verstehe:

Vergleich: Stückzahl – Gramm

Zutat	Menge
1 Zwiebel	etwa 60 g
1 kleine Zwiebel	etwa 30 g
1 Stange Lauch	etwa 150 g

Der Geschmack der einfachen Gemüsegerichte hängt von der Qualität der Zutaten ab. Richtig lecker schmecken sie mit Bio-Gemüse, das saisongerecht reif geerntet wurde, weil es in der Regel mehr Aroma hat und weniger Wasser enthält. Die Rezepte sind einfach, unkompliziert und gelingen Ihnen auch, wenn Sie kein Kochprofi sind.

Frühstück – die wichtigste Mahlzeit des Tages

Obwohl das Frühstück die wichtigste Mahlzeit des Tages ist, verschenken die meisten Menschen diese gute Gelegenheit, Energie, Kraft und Wärme zu tanken, um sich damit den richtigen Schub für den Tag zu verschaffen. Niemand würde mit leerem Tank im Auto eine Reise antreten – aber ohne Frühstück zur Arbeit oder in die Schule gehen, das ist gang und gäbe. Auch eine Tasse Kaffee im Stehen und ein Hörnchen sind nicht wirklich ein richtiges Frühstück. Um den Turbolader einzuschalten, braucht es schon mehr.

Sicher kennen Sie den Spruch: »Frühstücke wie ein Kaiser, esse mittags wie ein König und abends wie ein Bettelmann.« Viele von Ihnen machen es wohl gerade umgekehrt, denn bei fast jeder Ernährungsberatung und in jedem Kochkurs werde ich gefragt: »Kann man denn außer Marmeladebrot noch etwas anderes frühstücken?« Die Antwort ist ganz einfach: Grundsätzlich kann man alles, was man mittags oder abends isst, auch morgens essen. Aus diesem Grund müsste man eigentlich gar keine Rezepte in diesem Kapitel aufführen. Da ich jedoch weiß, wie schwierig diese Umstellung für viele ist und weil mir das Thema Frühstück sehr am Herzen liegt, habe ich einige meiner Lieblings-Frühstücke aufgeschrieben. Ich hoffe, dass Sie damit Anregungen und Ideen bekommen, aus denen Sie dann Ihre eigenen Frühstücksfavoriten entwickeln.

Das Frühstück sollte unbedingt aus etwas Gekochtem, Warmem bestehen. Erinnern Sie sich an das Bild vom Drei-Erwärmer, und stellen Sie sich das bitte so vor: Das Feuer im Mittleren Erwärmer müssen Sie jeden Morgen neu entfachen. Das ist wie mit einem alten Kohleofen in der Küche: Man findet da vielleicht noch etwas Glut vom Vorabend, muss dann sehr behutsam mit leicht brennbaren Materialien das Feuer neu schüren und dann ordentlich Holz und Kohlen nachlegen, um die Küche warm zu bekommen und die Herdplatte zu erhitzen. Mit diesem Bild vor Augen können Sie selbst entscheiden, ob ein Glas kalte Milch aus dem Kühlschrank oder ein warmer Kräutertee sinnvoller ist. Auch ein Müsli aus rohen Getreideflocken, Banane und kaltem Joghurt ist wenig geeignet, ein Feuer zu entzünden.

Um den Mittleren Erwärmer anzufeuern, ist gekochtes Getreide in Kombination mit etwas Butter der sicherste Weg zum Erfolg; entweder süß mit Kompott oder besser noch herzhaft mit Ei oder Hülsenfrüchten. Viele Menschen bevorzugen ein süßes Frühstück in Form von Marmeladebrötchen, Nutellatoast oder – was schon richtig fortgeschritten ist – Getreidebrei mit Trockenfrüchten. Dies mag zwar alten bzw. vollwertköstlichen Gewohnheiten entsprechen oder dem noch verschlafenen Gaumen am angenehmsten erscheinen – ein richtiges Kraftpaket ist es aber nicht. Ein solches süßes, hauptsächlich aus Kohlehydraten bestehendes Frühstück liefert zwar schnell etwas Energie, aber die Ausbeute ist ziemlich gering, und es hält nicht lange vor. Wissenschaftler haben außerdem herausgefunden, dass Menschen, die herzhaft frühstücken (Frühstücksei, etwas Schinken, Omelette oder Ähnliches), insgesamt über den Tag weniger Kalorien aufnehmen als diejenigen, die süß beginnen.

Morgens soll es mit dem Essen meistens besonders schnell gehen, denken viele. Wenn das auch bei Ihnen so ist, dann bereiten Sie die Komponenten einfach vor: Das Getreide wie Hirse, Polenta oder Reis kann man gut vorkochen. Eine große Portion für drei bis vier Tage ist sinnvoll, länger würde ich das gekochte Getreide allerdings nicht im Kühlschrank aufbewahren.

Besonders wichtig ist das Frühstück für Kinder und Jugendliche, die für Schule, Sport und Wachstum viel Energie brauchen. Hier sind die Eltern gefragt. Sie sind in der Verantwortung, den Kindern das Frühstücken vorzuleben und das Frühstück zuzubereiten. Es ist völlig klar, dass jeder gerne eine halbe Stunde länger schläft, aber hier können Eltern echte Vorbilder sein und zu Helden für ihre Kinder werden. Denken Sie daran, dass Sie den Kindern den Start in den Tag und das Durchhalten in der Schule erleichtern.

Und wenn ein Kind absolut nicht frühstücken will, sollte es wenigstens eine Tasse Kraftbrühe trinken. Es spricht auch absolut nichts dagegen, dem Kind morgens sein Lieblingsessen zu servieren. Wenn das Kind bereit wäre, Spagetti mit Tomatensoße zu frühstücken, würde es die von mir gekommen. Wenn sich so die Gewohnheit des Essens am Morgen aktivieren lässt – warum nicht? Mit der Zeit wird es dann auch andere Speisen annehmen.

Frühstücksrezepte

Gebratene Hirse mit Ei

▶ Für 1 Person

10 Minuten

1–2 Tassen gekochte Hirse · 2 Champignons · 1 EL Butter · 1 Ei · Koriander · Pfeffer · Salz · 1 Spritzer Zitronensaft · Bockshornkleesamen · 1 kleiner Chicorée

▶ Zubereitung

Champignons: Stiele entfernen, in Scheiben schneiden.
Chicorée: äußere Blätter entfernen, von der Spitze her in dünne Streifen schneiden, direkt auf den Teller geben.

(F) In einer heißen Pfanne
(E) Butter schmelzen lassen. Champignonscheiben in der Pfanne verteilen, gekochte Hirse mit der Gabel auflockern und daraufgeben. Würzen mit:
(M) Koriander, Pfeffer,
(W) Salz, (H) Zitronensaft, (F) Bockshornkleesamen.
Die Pfanne etwas schütteln, damit sich alles gut verteilt. Bei mittlerer Hitze und aufgelegtem Deckel 2–3 Minuten dünsten. Dann alles mischen und in der Mitte etwas Platz machen.
(E) Das Ei in die Pfanne geben und entweder mit Deckel als Spiegelei braten oder etwas verrühren.

▶ Abschmecken mit
(M) Pfeffer und
(W) Salz.
Den Inhalt der Pfanne über den Chicorée geben und genießen.

▶ Abwandlungen

- Wer es noch herzhafter liebt, kann etwas mageren Schinken mit in die Pfanne geben. Er intensiviert den Geschmack.
- Im Sommer verwende ich statt Chicorée gerne Rucola – allein für dieses leckere Frühstück lohnt es sich, eine Schale mit Rucola anzupflanzen.
- Sie können statt der Champignons auch jedes andere gekochte Gemüse verwenden, das noch vom Vortag übrig ist. Besonders gut geeignet ist hierfür im Dampf gegartes Gemüse, von dem man 2–3 Esslöffel fürs Frühstück zur Seite stellt.
- Im Spätsommer kann man auch eine Tomate achteln und in der Pfanne mitdünsten, dann passt Oregano gut zum Würzen.

▶ Tipp

Sie können die Hirse mit den Champignons, der Butter und den Gewürzen schon abends in der Pfanne herrichten und mit Deckel in den Kühlschrank stellen. Morgens brauchen Sie das Ganze nur noch zu braten, ein Ei dazuzugeben und den Chicorée klein zu schneiden.

Hirse mit Linsenpaste

▶ Für eine Person

10 Minuten

1–2 Tassen gekochte Hirse · 1 EL Butter · Koriander · Pfeffer · Salz · 1 Spritzer Zitronensaft · Bockshornkleesamen · 1 kleiner Chicorée · 2–3 EL Linsenpaste (S. 101)

▶ Zubereitung

Chicorée: äußere Blätter entfernen, von der Spitze her in dünne Streifen schneiden und direkt auf den Teller geben.

(F) In einer heißen Pfanne
(E) Butter schmelzen lassen. Gekochte Hirse mit der Gabel auflockern und in die Pfanne geben.

▶ Abschmecken mit

(M) Koriander, Pfeffer, (W) Salz, (H) Zitronensaft, (F) Bockshornkleesamen.
Die Pfanne etwas schütteln, damit sich die Hirse gut verteilt. Bei mittlerer Hitze und aufgelegtem Deckel 2–3 Minuten dünsten, dann alles mischen.
In der Mitte etwas Platz machen, die Linsenpaste in die Mitte der Pfanne geben und noch 1–2 Minuten warm werden lassen.
Auf dem Teller mit dem Chicorée anrichten.

Hirse mit Kompott

▶ Für eine Person

15 Minuten

1–2 Tassen gekochte Hirse · 1 EL Butter · 1 EL Mandelmus · 2–3 EL gehackte Nüsse · Zimt · Salz · 1 Spritzer Zitronensaft · 1 Msp. Kakao · ½ Apfel, gerieben · 1–2 Tassen Apfel- oder Birnenkompott (S. 146)

▶ Zubereitung

Apfel: auf einer Gemüsereibe fein raffeln.

(F) In einer heißen Pfanne
(E) Butter schmelzen lassen. Die gekochte Hirse mit der Gabel auflockern und in die Pfanne geben.

▶ Abschmecken mit

(M) Zimt,
(W) Salz,
(H) Zitronensaft,
(F) Kakao.
Die Pfanne etwas schütteln, damit sich die Hirse gut verteilt, und bei mittlerer Hitze und aufgelegtem Deckel 2–3 Minuten dünsten.
(E) Mandelmus zugeben und mit der Hirse mischen. Etwas Flüssigkeit vom Kompott angießen, kurz durchkochen und die Herdplatte ausschalten. Die Früchte auf der Hirse verteilen. Die Pfanne etwas schütteln, damit sich alles gut verteilt. Mit dem geriebenen Apfel mischen und mit den Nüssen bestreut servieren.

▶ Tipp
Butter, Mandelmus und Nüsse sind hier besonders wichtig, weil sie reichlich Fett und auch etwas Eiweiß enthalten. Diese Zutaten liefern neben den Kohlehydraten aus Hirse und Obst den Brennstoff, der lang anhaltend Energie spendet.

Polenta mit Avocado

▶ Für eine Person
15 Minuten
2–3 Scheiben Polenta (S. 120) · 1 EL Olivenöl · Koriander · Salz · eine halbe oder ganze Avocado, je nach Größe und Hunger · Pfeffer · ½ Bd. Dill · 1 TL Zitronensaft · Bockshornkleesamen

▶ Zubereitung

F In einer heißen Pfanne
E Olivenöl erwärmen. Die Polentascheiben in die Pfanne legen, Deckel auflegen und bei mittlerer Hitze erwärmen, nach 2–3 Minuten wenden.

▶ Abschmecken mit
M Koriander und
N Salz.
Während die Polenta warm wird, den Dill waschen und klein hacken.
E Die Avocado aufschneiden, aushöhlen, das Fruchtfleisch mit Zitronensaft mischen und mit einer Gabel zerdrücken.

▶ Abschmecken mit
M Pfeffer, Dill,
N Salz,
H Zitronensaft,
F Bockshornkleesamen.
Die Polentascheiben mit dem Avocadomus auf dem Teller anrichten.

▶ Tipp
2–3 halbierte Cherry-Tomaten sehen schön dazu aus und passen auch geschmacklich sehr gut dazu.

Haferflockensuppe

▶ Für eine Person
15 Minuten
3–4 EL Haferflocken · Koriander · 250 ml Wasser · 1 TL Salz · 1 Spritzer Zitronensaft · Bockshornkleesamen · 1 EL Butter

▶ Zubereitung

F Wasser in einem kleinen Topf zum Kochen bringen.
E Butter darin schmelzen lassen.
M Haferflocken mit dem Schneebesen einrühren.

▶ Abschmecken mit
M Koriander, N Salz,
H Zitronensaft,
F Bockshornkleesamen.
Den Deckel auflegen und auf kleinster Flamme 10–15 Min. köcheln lassen.

▶ Abwandlungen
Diese recht neutrale Haferflockensuppe können Sie entweder mit herzhaften oder mit süßen Beilagen ergänzen:

- 1 hart gekochtes Ei, Sojasoße, 2 EL geröstete Sonnenblumenkerne
- 1 hart gekochtes Ei, 2 EL Gomasio, 2 EL frische Kräuter
- mein Favorit: 3–4 Scheiben Cornedbeef (vom Biometzger) im Teller auf die Suppe legen und schmelzen lassen, 2 EL gehackte Petersilie
- 1 dicke Scheibe Putenbrust in Würfel geschnitten, 2 EL Schnittlauch
- gekochte Karotten vom Vortag 5 Minuten mitköcheln lassen, 1 Ei, 1 EL Kräuter
- Rucola auf dem Teller verteilen, Haferflockensuppe darübergeben, 1–2 Scheiben italienischer Schinken in Würfel geschnitten, 1 EL Parmesan
- 1–2 EL Mandelmus am Ende in die Haferflockensuppe rühren, 1 geriebener Apfel, 1 EL Honig, 3 EL Mandelstifte

Reis-Congee

▶ Für 4 Personen oder für 4 Tage

3–4 Stunden

100 g Vollkornreis · 1 l Wasser · Koriander · Salz · 1 Spritzer Zitronensaft · Bockshornkleesamen · 1 EL Butter oder Olivenöl

▶ Zubereitung

Reis: Waschen und mit einem Liter Wasser zum Kochen bringen.
Deckel auflegen und auf kleinster Stufe 3–4 Stunden köcheln lassen.

Eine Portion vom Reis-Congee am Morgen warm machen.

▶ Abschmecken mit

(M) Koriander,
(N) Salz,
(H) einem Spritzer Zitronensaft,
(F) Bockshornkleesamen,
(E) einem Esslöffel Butter oder Olivenöl.

▶ Abwandlungen

Ähnlich wie bei der Haferflockensuppe kann man zu diesem Reis-Congee alles an herzhaften oder süßen Zutaten essen, was der Kühlschrank hergibt. Die Chinesen essen ein hart gekochtes Ei, etwas milchsauer vergorenes Gemüse und ein mit Fleisch und Zwiebeln gefülltes gedämpftes Brötchen dazu. Weitere Vorschläge:

- Ein gekochtes Ei, frische Kräuter, dazu Dinkeltoast mit Butter und Lachsschinken
- Im Winter: ein Teelöffel fein gehackter Ingwer, eine Scheibe Putenbrust in Würfel geschnitten, ein Chicorée
- Ein Fleischbällchen/Frikadelle vom Vortag würfeln, auf den Teller legen und mit dem Reis-Congee bedecken
- Eine Tasse Apfelkompott untermischen, 3 Esslöffel gehackte Walnüsse, dazu eine Scheibe Toastbrot und ein Frühstücksei.

Schnelle Reissuppe

▶ Für 1 Person

5 Minuten

Kleiner Reisrest im Topf vom Vortag · Pfeffer · Koriander · Salz · 1 Spritzer Zitronensaft · Bockshornkleesamen · 1–2 EL Olivenöl

▶ Zubereitung

Topf mit dem Reisrest am Vorabend nicht spülen.

(F) Den Reis mit etwa 250 Milliliter Wasser aufkochen.

▶ Abschmecken mit

(E) Olivenöl,
(M) Pfeffer, Koriander,
(W) Salz,
(H) Zitronensaft,
(F) Bockshornkleesamen.

5 Minuten köcheln lassen, bis die Reissuppe etwas cremig wird.

Dazu suchen Sie sich von den herzhaften oder süßen Beilagen vom Reis-Congee oder der Haferflockensuppe etwas aus.

▶ Tipp

Ich habe für den Fall, dass der Kühlschrank nicht einmal mehr ein Ei hergibt, im Vorratsschrank einige Fischkonserven. Es gibt im Bio-Laden Sardinen, Makrelen und Thunfisch in Sonnenblumenöl von der Firma Fontane. Das Öl lasse ich auf einem Küchenpapier abtropfen. Eine halbe Dose Fisch liefert eine ordentliche Eiweißportion und Power für den Vormittag. Versuchen Sie es einmal – auch wenn es sich sehr exotisch anhört – es schmeckt mit einem Löffel Gomasio sehr gut zum Reis.

Kraftbrühe mit Polentawürfeln

▶ Für 1 Person

10 Minuten

250 ml Kraftbrühe (S. 151) · Polenta (S. 120) vom Vortag · 1 TL gehackter Ingwer · Salz · 1 Spritzer Zitronensaft · 2 EL gehackte Petersilie

▶ Zubereitung

Petersilie: waschen und hacken.
Fest gewordene Polenta vom Vortag: in Würfel schneiden.
Ingwer: ganz fein hacken.

(F) Brühe zum Kochen bringen.
(E) Polentawürfel in die Brühe geben und 5 Minuten bei kleiner Flamme warm werden lassen.

▶ Abschmecken mit

(M) Ingwer,
(W) Salz,
(H) Zitronensaft. Mit Petersilie bestreut servieren.

Die Brühe sollte nicht sehr stark gewürzt und nicht zu salzig sein.

▶ Abwandlungen

- Als Einlage können Sie ebenso gut Reis, Hirse oder Vollkornnudeln verwenden.

- Um das Frühstück gehaltvoller zu machen, können Sie etwas gekochtes Fleisch hineinschneiden oder ein Ei einrühren.
- Statt der vegetarischen Kraftbrühe können Sie auch Hühnerbrühe oder jede andere Fleischbrühe oder Kochwasser von Gemüse verwenden.

▶ Tipp

Wenn Kinder morgens nicht frühstücken wollen, dann lassen Sie sie wenigstens eine Tasse von der warmen Brühe trinken – ganz ohne Einlage.

Bauernomelette

▶ Für 1 Person

15 Minuten

1 Tasse gekochte Kartoffeln vom Vortag · 1–2 EL Olivenöl · 1 Champignon · 1 Ei · 1 Frühlingszwiebel · Pfeffer · Salz · 2 EL Petersilie · Paprikapulver

▶ Zubereitung

Gekochte Kartoffeln und Champignon: in Scheiben schneiden.
Frühlingszwiebel: waschen, putzen und schräg in feine Ringe schneiden.
Petersilie: waschen und fein hacken.

(F) In einer heißen Pfanne
(E) Olivenöl erwärmen. Kartoffeln, Champignon und
(M) Frühlingszwiebel in die Pfanne geben. Bei mittlerer Hitze 5 Minuten dünsten.

▶ Abschmecken mit

(M) Pfeffer,
(N) Salz,
(H) Petersilie,
(F) Paprikapulver. Alles gut vermischen.
(E) Das Ei darübergeben, verrühren und braten, bis es stockt.

▶ Abwandlungen

- Halbierte Cherry-Tomaten mitdünsten.
- Statt Champignon in ganz feine Streifen geschnittene Paprika zufügen.

FRÜHLING

Meerrettich-Kresse-Süppchen

▶ Für 2–3 Personen
35 Minuten
2 große Kartoffeln · Safran · 3 EL Öl · 3 EL Butter · 1 Zwiebel · 2 Päckchen Kresse · 2–4 EL frisch geriebener Meerrettich · Muskat · Zitronensaft · Bockshornkleesamen · Schale einer Bio-Orange

▶ Zubereitung
Orange: mit Zestenreißer Streifen von der Schale abreiben.
Kartoffeln: schälen und in Stücke schneiden.
Zwiebel: schälen und fein hacken.
Meerrettich: reiben
Kresse: abschneiden und waschen.

(F) In einem heißen Topf
(E) Öl erhitzen. Kartoffeln und
(M) Zwiebel anschwitzen.
(W) Salz,
(H) ein Spritzer Zitronensaft,
(E) ein paar Safranfäden und
(F) etwas Bockshornkleesamen dazugeben. Ein Liter heißes Wasser angießen. 30 Minuten leicht köcheln lassen.
(E) Wenn die Kartoffeln weich sind, Butter zugeben, pürieren und so viel heißes Wasser zugeben, bis die richtige Konsistenz erreicht ist.

▶ Abschmecken mit
(M) Muskat, Kresse und geriebenem Meerrettich (Die Suppe darf nicht mehr kochen, sonst verliert der Meerrettich die Schärfe und das Aroma.),
(W) etwas Salz und
(H) ein Spritzer Zitronensaft.
(F) Mit etwas Orangenschale dekorieren.

Zucchini-Grünkern-Suppe

▶ Für 2–3 Personen
20 Minuten
4–5 EL Grünkern, fein gemahlen · Zitronensaft · 1 Bd. Petersilie · Bockshornkleesamen · Paprikapulver · 2 Zucchini · Vollrohrzucker · 3 EL Öl · 1 EL Butter · Pfeffer · Muskat · 1 Zwiebel · Salz

▶ Zubereitung
Zucchini: in feine Scheiben hobeln.
Petersilie: waschen und fein hacken.
Zwiebel: schälen und fein hacken.

(F) In einem heißen Topf
(E) Öl erhitzen.
(M) Zwiebeln glasig dünsten → (E).
(E) Zucchini anschwitzen.
(M) Pfeffer,
(W) Salz,
(H) Grünkern kurz mit anschwitzen.
(F) Mit einem Liter heißen Wasser ablöschen. Bockshornkleesamen,
(E) eine Messerspitze Vollrohrzucker,
(M) Pfeffer und
(W) Salz zugeben. Etwa 15 Minuten köcheln lassen.

▶ Abschmecken mit
(H) Zitronensaft, Petersilie,
(F) Paprikapulver,
(E) Butter,
(M) Muskat,
(W) Salz.

Hühnersuppe mit Grünkernklößchen

▶ Für 4–5 Liter Hühnersuppe

4–5 Stunden

Für die Hühnerbrühe: 1 Suppenhuhn · 1 Zitronenscheibe · 1 EL Thymian · 1 Karotte · ½ Sellerieknolle · Selleriegrün · 1 Stange Lauch · 3 Lorbeerblätter · 3–4 Ingwerscheiben · 1 TL Senfkörner · 3–4 schwarze Pfefferkörner · Salz

Für die Grünkernklößchen: 70 g Grünkern, fein gemahlen · 1 TL Weinsteinpulver · Paprikapulver · 30 g Butter · 1 Ei · 1 EL Zwiebel, ganz fein gehackt · Pfeffer · Muskat · Salz · 1–2 EL Semmelbrösel (bei Bedarf)

▶ Zubereitung Hühnerbrühe

H Suppenhuhn waschen.
F In etwa 6 Liter kochendes Wasser geben und mehrmals abschäumen.
E Karotte, Sellerieknolle, Selleriegrün,
M Ingwer, Lorbeer, gemahlene Senfkörner, Pfefferkörner,
W Salz,
H Zitronenscheibe und
F Thymian zugeben.
Zugedeckt 4–5 Stunden sanft köcheln lassen. Vor dem Servieren alles abseihen. Falls die Brühe sehr fett ist, können Sie sie entfetten.

▶ Zubereitung Grünkernklößchen

E Butter schmelzen und leicht bräunen.
M Ganz fein gehackte Zwiebel kurz anschwitzen. Pfeffer, Muskat und
W etwas Salz zugeben,
H 125 Milliliter heiße Hühnerbrühe angießen. Grünkernmehl und Weinsteinpulver einrühren und weiterrühren, bis ein Kloß entsteht.
F Eine Messerspitze Paprikapulver unterrühren und etwas abkühlen lassen.
E Ein Ei einarbeiten. Falls der Teig zu weich ist, kann man 1–2 Esslöffel Semmelbrösel zugeben.
Mit zwei Teelöffeln kleine Klößchen formen und etwa 10 Minuten in der Brühe gar ziehen lassen.
Mit den Klößchen und Petersilie servieren.

▶ Tipp

Wenn das Fleisch nach etwa 1,5 Stunden weich ist, kann man es von den Knochen lösen und zur Seite stellen. Knochen und Haut gibt man zurück in den Topf und lässt sie weiterkochen. Das Fleisch kann man am nächsten Tag als Frikassee zubereiten.

Kartoffel-Kräuter-Süppchen

▶ Für 2–3 Personen

35 Minuten

1 Bd. gemischte Kräuter · Zitronensaft · Bockshornkleesamen · Schale von einer Bio-Grapefruit · 1–2 große Kartoffeln · Safran · ½ l Sojamilch · 3 EL Öl · 2 EL Butter · 1 Zwiebel · 1 Päckchen Kresse · Pfeffer · Muskat · Salz

▶ Zubereitung

Kräuter: verlesen, waschen und fein hacken.

Grapefruit: mit Zestenreißer Schale abreiben.
Kartoffeln: schälen und in Stücke schneiden.
Zwiebel: schälen und hacken.

In einem heißen Topf
Öl erwärmen. Kartoffeln und
Zwiebel anschwitzen.
Salz,
einen Spritzer Zitronensaft,
ein paar Safranfäden und etwas Bockshornkleesamen dazugeben.
Einen halben Liter heißes Wasser angießen und 30 Minuten köcheln lassen. Danach
mit Butter pürieren und so viel heiße Sojamilch zugeben, bis die richtige Konsistenz erreicht ist.

▶ Abschmecken mit
Pfeffer, Muskat,
etwas Salz,
einen Spritzer Zitronensaft. Die Kräuter unterheben.
Jeden Teller mit etwas Kresse und der Schale der Grapefruit garnieren.

▶ Tipp
Sehr schön sieht es aus, wenn Sie zum Garnieren Blüten von Borretsch, Oregano oder Salbei verwenden. Als Kräuter für die Suppe eignen sich sehr gut: Borretsch, Salbei, Petersilie, Schnittlauch, Dill, Pimpernelle und kleine Mengen Thymian, Oregano, Beifuß.

Spinat mit Sesamsoße

▶ Für 1–2 Personen
15 Minuten
150–250 g Spinat pro Person · Tahin · Sesamöl · 2–3 EL Sesamkörner · Pfeffer · Salz · Sojasoße · Zitronensaft · Curcuma

▶ Zubereitung des Spinats
Sesamkörner: in einer Pfanne trocken rösten.
Spinat: waschen und eine Minute in kochendem Wasser blanchieren, in einem Sieb abtropfen lassen, dann auf einer warmen Platte anrichten.

▶ Zubereitung der Soße

5 Esslöffel heißes Wasser,
1–2 Esslöffel Tahin, 1 Esslöffel Sesamöl,
etwas Pfeffer,
Salz, Sojasoße,
einen Spritzer Zitronensaft und
etwas Curcuma gut vermischen.
Die Soße wird über den noch warmen Spinat gegossen und mit Sesam bestreut serviert.

▶ Abwandlungen
- Man kann statt Spinat auch Mangold verwenden.
- Verwendet man Radicchio, römischen Salat oder Chicorée, schmeckt das Gericht etwas herber.

Karottengemüse

▶ Für 2–3 Personen
15 Minuten
etwa 500 g Karotten (Bundmöhren) · 1 EL Olivenöl · 1 EL Butter · 1 Bd. Frühlingszwiebeln · 1 Bio-Orange · Pfeffer · Salz · Zitronensaft

▶ Zubereitung
Orange: Schale mit einem Zestenreißer abreiben.
Karotten: schälen und ganz lassen oder schräg in lange, dünne Stücke schneiden. Karotten im Dampf knackig garen.
Frühlingszwiebeln: schräg in Stücke schneiden, dabei weiße und grüne Teile trennen.

Ⓕ In einer heißen Pfanne
Ⓔ einen Esslöffel Olivenöl erhitzen. Einen Esslöffel Butter darin aufschäumen lassen.
Ⓜ Den weißen Teil der Frühlingszwiebeln andünsten → Ⓔ,
Ⓔ Karotten dazugeben und kurz durchschwenken.

▶ Abschmecken mit
Ⓜ wenig Pfeffer, Grün der Frühlingszwiebeln,
Ⓦ etwas Salz,
Ⓗ einem Spritzer Zitronensaft,
Ⓕ Orangenschale.

Gemüse mit Orangen-Dill-Soße

▶ Für 2–3 Personen
20 Minuten + 30 Einweichzeit
3–4 Karotten · 200 g Champignons · Pfeilwurzmehl · 2 Zwiebeln · 1 TL Ingwer · Pfeffer · 1 Bd. Dill · Salz · Sojasoße · 50 g getrocknete Mu-Erh-Pilze · 150 g Sojasprossen · Zitronensaft · 1–2 Bio-Orangen · Curcuma · 2 EL Olivenöl

▶ Zubereitung
Orange: Die Orangenschale mit einem Zestenreißer abreiben, dann den Saft auspressen.
Karotten: schälen und in feine Scheiben hobeln.
Champignons: putzen und in Scheiben schneiden.
Zwiebeln: achteln.
Ingwer: ganz fein hacken.
Mu-Erh-Pilze: in heißem Wasser ½ Stunde einweichen, ausspülen und gegebenenfalls etwas klein schneiden.
Sojasprossen: in ein Sieb gießen und abbrausen.

Ⓕ In einem heißen Wok oder einer heißen Pfanne
Ⓔ zwei Esslöffel Olivenöl erwärmen.
Ⓜ Zwiebeln glasig werden lassen → Ⓔ.
Ⓔ Karotten und Champignons zugeben und andünsten.
Ⓜ Ingwer und
Ⓦ Mu-Erh-Pilze dazugeben. Salz,
Ⓗ einen Spritzer Zitronensaft und Sprossen zugeben und 2 Minuten mitdünsten lassen. Mit Orangensaft ablöschen.

F Einen Teelöffel Curcuma und Orangenschale dazugeben.
E Mit Pfeilwurzmehl binden.

▶ Abschmecken mit
E Vollrohrzucker,
M Pfeffer, viel frischem Dill,
W Salz oder Sojasoße.

▶ Abwandlungen
Dieses Gericht lässt sich mit jedem Gemüse (2–3 Sorten) zubereiten, je nach Jahreszeit und Angebot:
- gehobeltes Weißkraut, Karotten, Lauch
- Brokkoli, Kohlrabi, roter Paprika
- Fenchel, Karotten, Blumenkohl

Je nach Gemüse können die Kochzeiten etwas unterschiedlich sein.

Karotten-Kohlrabi-Gemüse

▶ 2–3 Personen
15 Minuten
2–3 große Karotten · 2 EL Olivenöl · 1 Kohlrabi · Koriander · Salz · Zitronensaft · ½ Bd. Petersilie · Paprikapulver · Pfeilwurzmehl

▶ Zubereitung
Petersilie: waschen und schneiden.
Karotten: schälen und in Stifte schneiden (Julienne).
Kohlrabi: schälen und in Stifte schneiden (Julienne).

F In einer heißen Pfanne
E Olivenöl erwärmen. Karotten andünsten,
M Kohlrabi zugeben und mitdünsten. Reichlich Koriander,
W Salz,
H ein Spritzer Zitronensaft,

WISSEN

Gemüse – auf Abwechslung zu achten macht Sinn

Denn jedes Gemüse enthält neben Kohlehydraten, Vitaminen und Mineralien auch viele sekundäre Pflanzenstoffe, die sich meist in den Farbstoffen verstecken. Das könnte durchaus ein Grund dafür sein, warum die Asiaten beim Zusammenstellen von Gemüsegerichten immer auf die verschiedenen Farben achten oder zum Beispiel zu einer Mahlzeit gerne ein Blatt- mit einem Wurzelgemüse kombinieren.
Auch das gesundheitsfördernde Geheimnis der Mittelmeerküche verbirgt sich neben dem Olivenöl hauptsächlich im Gemüse mit allen möglichen Farben, kombiniert mit reichlich duftenden Kräutern und kräftigen Blattsalaten.

Ⓕ Paprikapulver und etwas heißes Wasser zugeben. Etwa 5 Minuten köcheln lassen.
Ⓔ Mit Pfeilwurzmehl binden.

▶ Abschmecken mit
Ⓜ Koriander und
Ⓦ Salz.
Ⓗ Mit Petersilie bestreut servieren.

Kräutersalat

▶ Für 2–3 Personen
⏱ 15 Minuten
1 Bd. glatte Petersilie · 1 Bd. Rucola · 1 Löwenzahn · 1 Radicchio · 1 Bd. Basilikum (wenn möglich rotes) · 2 Eier · 1 Bd. Dill · 1 Bd. Schnittlauch · 1–2 EL Olivenöl · Pfeffer · Salz · 2 EL Balsamessig · Paprikapulver

▶ Zubereitung
Salat und alle Kräuter: waschen und gut trocken schütteln.
Eier: in kochendes Wasser geben und 10 Minuten kochen. Abkühlen lassen, pellen und klein hacken.
○
Ⓔ 1–2 Esslöffel Olivenöl,
Ⓜ etwas Pfeffer,
Ⓦ einen Teelöffel Salz,
Ⓗ 2 Esslöffel Balsamessig,
Ⓕ etwas Paprikapulver und 3 Esslöffel heißes Wasser in der angegebenen Reihenfolge gut verrühren.
Die Salatsoße über die Kräuter geben und kurz mischen.
Mit gehacktem Ei bestreut auf den Radicchioblättern anrichten.

▶ Abwandlungen
Sie können auch andere Kräuter mitverwenden:
- kleine Mengen Salbei oder Beifuß
- Borretsch
- Sauerampfer
- Pimpernelle
- Brunnenkresse

Brokkoli-Blumenkohl-Salat

▶ Für 2–3 Personen
⏱ 20 Minuten + 1–2 Stunden zum Durchziehen
2 kleine Brokkoli · 1 kleiner Blumenkohl · 2 Eier · 2 EL Olivenöl · 1 Bd. Schnittlauch oder Knoblauchschnittlauch · 5 Nelken · Currypulver · Kreuzkümmel · 2 Lorbeerblätter · 1 TL scharfer Senf · Salz · 2 EL Weißweinessig · Bockshornkleesamen · 1 TL Vollrohrzucker · 3 EL Kokosflocken

▶ Zubereitung
Brokkoli und Blumenkohl: putzen, waschen und in Röschen teilen. Im Dampf bissfest garen (in das Wasser 2 Lorbeerblätter und 5 Nelken geben). Dann mit kaltem Wasser abschrecken.
Eier: in kochendes Wasser geben und 10 Minuten kochen. Abkühlen lassen und klein hacken.
Kokosflocken: in der Pfanne ohne Fett goldgelb rösten.

Schnittlauch: waschen und klein schneiden.

E Olivenöl,
M einen Esslöffel Currypulver, einen Teelöffel Kreuzkümmel, einen Teelöffel scharfer Senf,
W Salz,
H Weißweinessig,
F Bockshornkleesamen, 1 Tasse Kochwasser,
E 1 Teelöffel Vollrohrzucker und die klein gehackten Eier zu einer Soße verrühren und mit dem noch lauwarmen Gemüse und dem Schnittlauch mischen. Der Salat kann dann 1–2 Stunden ziehen. Mit gerösteten Kokosflocken bestreut servieren.

▶ Tipp

Dieser Salat ist sehr gut geeignet zum Mitnehmen. Mit ein paar Löffeln gekochtem Reis und einigen Scheiben Putenbrust oder Sojaaufschnitt wird daraus ein vollständiges Mittagessen.

Bunter Frühlingssalat

▶ 2–3 Personen

15 Minuten

Verschiedene, möglichst bittere Blattsalate (Löwenzahn, Radicchio, Chicorée) · 2 EL Olivenöl · ½ TL Vollrohrzucker · ½ TL Senfkörner · 1 Bd. Dill · 1 Kästchen Kresse · Salz · 1 EL Weißweinessig · 1 Orange · 1 Grapefruit · Paprikapulver

▶ Zubereitung

Salate: waschen und klein zupfen.
Dill: waschen und klein schneiden.
Kresse: mit der Schere »ernten«.
Orange und Grapefruit: wie einen Apfel schälen und filetieren. Den Orangensaft auffangen.

E Zwei Esslöffel Olivenöl,
M gemahlenen Senf,
W einen Teelöffel Salz,
H einen Esslöffel Weißweinessig, Orangensaft,
F etwas Paprikapulver, zwei Esslöffel heißes Wasser,

WISSEN

Gemüse mit Biss – auf den richtigen Garpunkt kommt es an

Am besten erkennt man diesen idealen Garpunkt am Biss und am Geschmack. Gemüse sollte nämlich durchaus noch etwas Biss haben und angenehm süßlich aromatisch schmecken. Ein gutes Beispiel dafür ist Brokkoli: Richtig zubereitet schmeckt er sehr lecker. Kocht man ihn schon 2 bis 3 Minuten zu lang, schmeckt er streng und unangenehm nach Kohl, er wird sehr weich und matschig, und die schöne grüne Farbe wird bräunlich.

½ Teelöffel Vollrohrzucker in der angegebenen Reihenfolge gut verrühren und über den gemischten Salat, das Obst und die Kräuter geben. Alles vorsichtig mischen.

Spargelsalat

▶ Für 2–3 Personen

40 Minuten

1 kg Spargel · 2 EL Sonnenblumenöl · 2 Msp. Vollrohrzucker · 1 TL Butter · 2 Eier · Pfeffer · 1 Bd. Schnittlauch · Salz · 1–2 EL Weißweinessig · Bockshornkleesamen · Zitronensaft

▶ Zubereitung des Spargels

Spargel: schälen, in 4–5 cm lange Stücke schneiden.
Eier: in kochendes Wasser geben, 10 Minuten kochen, kalt abschrecken und klein hacken.
Schnittlauch: waschen und klein schneiden.

350 Milliliter Wasser zum Kochen bringen.
Eine Messerspitze Vollrohrzucker,
wenig Pfeffer,
etwas Salz,
einen Spritzer Zitronensaft,
wenig Bockshornkleesamen und
einen Teelöffel Butter in das Wasser geben. Spargel in das kochende Wasser geben, 12 Minuten sanft kochen lassen. Dann den Spargel in ein Sieb geben und das Kochwasser auffangen.

▶ Zubereitung der Salatsoße

2 Esslöffel Sonnenblumenöl,
etwas Pfeffer,
½ Teelöffel Salz,
1–2 Esslöffel Weißweinessig,
etwas Bockshornkleesamen, 5 Esslöffel Kochwasser und
eine Messerspitze Vollrohrzucker zu einer Soße verrühren.
Den Spargel mit dem Ei, dem Schnittlauch und der Soße mischen.

▶ Tipp

Dieser Salat eignet sich hervorragend zum Mitnehmen. Mit etwas gekochtem Schinken und ein paar Reisbällchen wird daraus ein komplettes Mittagessen. Das Kochwasser kann man sehr gut als Brühe trinken, wenn man es nicht zu stark salzt.

Dinkelnudeln mit Rucola und Tomaten

▶ Für 2–3 Personen

15 Minuten

150 g Dinkelnudeln (Spiralen) · Pfeffer · Salz · 150 g Cocktailtomaten · 1 Bd. Rucola · 2 EL Pesto · 1 EL Olivenöl

▶ Zubereitung

Nudeln: in Salzwasser bissfest kochen.
Tomaten: waschen und halbieren (während die Nudeln kochen).
Rucola: verlesen und waschen.

In einer heißen Pfanne
Olivenöl erwärmen. Pesto,

M reichlich Pfeffer,
W etwas Salz und
H Tomaten durch Schwenken der Pfanne leicht erwärmen.
F Rucola dazugeben und alles zusammen kurz andünsten.
Mit den gekochten Nudeln mischen und sofort servieren.

▶ Tipp
Dieses Gericht ist als leichte Abendmahlzeit nach einem stressigen Tag gut geeignet, weil es die Nerven beruhigt, leicht kühlt, die Mitte befriedigt und uns so beim Abschalten und Zur-Ruhe-Kommen hilft. Außerdem ist es schnell zubereitet.

Grünkern-Nockerln

▶ Für 2–3 Personen
25 Minuten
150 g Grünkernmehl · 70 g Weizenmehl · 2 TL Weinsteinpulver · Bockshornkleesamen · 90 g Butter · 3 Eier · Koriander · Pfeffer · Muskat · 1 Zwiebel · Salz · 125–150 ml heißes Wasser

▶ Zubereitung:
Grünkernmehl, Weizenmehl und Weinsteinpulver gut vermischen.
Zwiebel: schälen und ganz fein hacken.

E Butter schmelzen und leicht bräunen. Heißes Wasser zugeben.
M Zwiebel, Pfeffer, Muskat, Koriander und
W etwas Salz in das heiße Butterwasser geben und kurz aufkochen lassen.
H Grünkernmehl und Weizenmehl einrühren und weiterrühren, bis ein Kloß entsteht. Etwas abkühlen lassen.
F Etwas Bockshornkleesamen zugeben.
E Nacheinander die Eier unterrühren.
Mit zwei Teelöffeln Nockerln formen und etwa 10 Minuten in heißem Salzwasser gar ziehen lassen.

▶ Abwandlungen
- Reste können am nächsten Tag mit Butter, viel Petersilie und einem Ei gebraten werden. Das ergibt dann zusammen mit zum Beispiel Rote-Bete-Salat (S. 158) eine weitere Mahlzeit.
- Sie können die Nockerln auch als Einlage in einem Gemüseeintopf verwenden.

▶ Das passt dazu: in Butter gedünstetes Gemüse

▶ Tipp
Das Grünkernmehl können Sie sich im Naturkostladen aus ganzen Körnern mahlen lassen. Statt Grünkernmehl können Sie auch Dinkel- oder Emmermehl verwenden.

Dinkelspätzle

▶ Für 6 Personen
30 Minuten + 30 Ruhezeit
500 g Dinkelmehl · Bockshornkleesamen · 4 Eier · 2 EL Butter · Muskat · Salz

▶ Zubereitung
Dinkelmehl mit
reichlich Bockshornkleesamen,
Eiern,
½ Teelöffel Muskat,
einen Teelöffel Salz und 250–300 Milliliter Wasser mit dem Rührgerät zu einem glatten, halbflüssigen Teig verarbeiten.
Den Teig 30 Minuten ruhen lassen, dann portionsweise mit einem Spätzlehobel in kochendes Salzwasser schaben und 2–3 Minuten kochen, bis die Spätzle an der Oberfläche schwimmen. Mit einem Sieb herausnehmen, kurz abschrecken und zum Warmhalten im Backofen bei 80 °C in eine Schüssel mit etwas Butter geben.

▶ Abwandlungen
- Sie können auch Weizenmehl verwenden. Dann sieht es schön aus, wenn man den Teig mit etwas Curcuma oder Safran gelb färbt.
- Für Kräuterspätzle ein Bund frische Kräuter und etwas Spinat durch den Fleischwolf drehen und das grüne Mus mit unter den Teig mischen.
- Mit einem Ei gebraten und einem gemischten Salat haben Sie eine komplette Mahlzeit.
- Auch als Einlage in einer Gemüsebrühe können Sie die Spätzle verwenden.

▶ Tipp
Reste schmecken am nächsten Tag sehr gut mit etwas Zwiebel und Butter angebraten.

Hühnerfleisch in Kokos

▶ Für 2–3 Personen
20 Minuten
150–200 g Hähnchenbrust · Zitronensaft · 1 TL Curcuma · 3 EL Sesamöl · 4 EL Kokosflocken · 1 EL Ingwer · Curry · Sojasoße · Salz

▶ Zubereitung
Hühnerfilet: in Streifen schneiden, mit etwas Curry und Sojasoße marinieren. Das kann man schon einige Stunden oder am Tag vorher machen.
Ingwer: fein hacken.

In einer heißen Pfanne
das Sesamöl erhitzen.
Den Ingwer anbraten.
Einen Esslöffel Sojasoße und das
Fleisch zugeben und rundum gut anbraten.
Einen Spritzer Zitronensaft,
Curcuma und
Kokosflocken zugeben. Wenige Minuten braten, bis die Kokosflocken goldbraun sind.

▶ Abschmecken mit
Curry,
Salz oder Sojasoße,
Zitronensaft.

WISSEN

»Fleisch ist ein Stück Lebenskraft«

Diesem alten Werbeslogan muss man im Sinne der chinesischen Ernährungslehre absolut zustimmen. Fleisch ist – abgesehen von ganz bestimmten Krankheiten, bei denen es gemieden werden sollte – ein gesundes Nahrungsmittel, wenn es in kleinen Mengen verwendet und bekömmlich zubereitet wird. Dass Fleisch in den letzten Jahren durch verschiedene Skandale in Verruf geraten ist, liegt nicht am Fleisch selbst, sondern vielmehr an den Methoden der Massenproduktion. Wenn ich hier Fleischgerichte propagiere, dann unter der Voraussetzung: Fleisch nur von artgerecht gehaltenen Tieren.

Je kleiner das Fleisch vor seiner Zubereitung geschnitten wurde, desto bekömmlicher ist es. Daher die vielen Rezepte mit Hackfleisch und Geschnetzeltem.

Hühnerleber in Apfelsoße

▶ Für 2–3 Personen

20 Minuten

150 g Hühnerleber · Zitronensaft · Paprikapulver · 1–2 Äpfel · 3 EL Olivenöl · Pfeilwurzmehl · Vollrohrzucker · 2 Zwiebeln · 1 Peperoni · Pfeffer · 1 TL Ingwer · Salz

▶ Zubereitung

Hühnerleber: in Streifen schneiden.
½ Teelöffel Pfeilwurzmehl: in 5 Esslöffel kaltem Wasser anrühren.
Äpfel: waschen oder schälen, vierteln, Kerngehäuse herausschneiden, in dünne Spalten schneiden.
Peperoni: waschen, Kerne entfernen, fein hacken.
Ingwer: fein hacken.
Zwiebeln: schälen, würfeln.

(F) In einer heißen Pfanne
(E) Olivenöl erwärmen.
(M) Zwiebel, Peperoni, Ingwer anbraten.
(W) Einen Teelöffel Salz dazugeben.
(H) Die Hühnerleber kurz anbraten und in der Pfanne an die Seite schieben.
(F) Einen Teelöffel Paprikapulver und die
(E) Apfelspalten zugeben und dünsten. Bei Bedarf etwas heißes Wasser zugeben und kurz den Deckel auflegen.

▶ Abschmecken mit

(M) Pfeffer,
(W) Salz,
(H) Zitronensaft,
(F) Paprikapulver,
(E) Vollrohrzucker.

Die Soße mit Pfeilwurzmehl andicken.

▶ Tipp

Statt Hühnerleber können Sie auch sehr gut Hühnerbrust nach dem gleichen Rezept zubereiten. Die Hühnerbrust muss 5 Minuten länger braten.

Huhn mit Mandeln und Gemüse

▶ Für 2–3 Personen
30 Minuten
150 g Hühnerbrust · Zitronensaft · 1 TL Paprikapulver · Sesamöl · 100 g Mandeln · 1 Karotte · 1 kleiner Kohlrabi · Pfeilwurzmehl · 1 Bd. Frühlingszwiebeln · 1 TL Curry · Pfeffer · 1 TL Ingwer · Salz · Sojasoße · Vollrohrzucker

▶ Zubereitung
Hühnerbrust: in Streifen schneiden.
Karotte und Kohlrabi: schälen und mit dem Gemüsehobel in Julienne schneiden (sehr feine Stifte).
Ganze Mandeln: im Backofen bei 80 °C 20–30 Minuten gold-braun rösten.
Frühlingszwiebeln: waschen und schräg in etwa 3 cm lange Stücke schneiden.
Ingwer: hacken.

(F) In einem heißen Wok
(E) 3 Esslöffel Sesamöl erhitzen.
(M) Curry und Ingwer anbraten.
(W) Einen Esslöffel Sojasoße,
(H) einen Spritzer Zitronensaft, geschnetzeltes Hühnerfleisch und
(F) Paprikapulver in den Wok geben.
Das Fleisch unter Rühren von allen Seiten in 3–5 Minuten gut anbraten, aus dem Wok nehmen und zur Seite stellen.
(E) Einen Esslöffel Öl in den Wok geben. Karotten, Kohlrabi, geröstete Mandeln und
(M) Frühlingszwiebeln zugeben. Das Gemüse bissfest dünsten. Man kann kurz den Deckel auflegen, damit das Gemüse etwas Saft zieht, oder etwas heißes Wasser zugeben.

▶ Abschmecken mit
(M) Pfeffer,
(W) Salz,
(H) einen Spritzer Zitronensaft. Das Hühnerfleisch wieder zugeben.
(F) Etwas heißes Wasser und
(E) ½ Teelöffel Vollrohrzucker dazugeben und mit etwas Pfeilwurzmehl binden.

▶ Abwandlungen
Dieses Gericht lässt sich je nach Jahreszeit und Angebot mit verschiedenen Gemüsen zubereiten:
- gehobeltes Weißkraut, Karotten, Lauch
- grüner Paprika, Karotten
- Brokkoli, Kohlrabi, roter Paprika
- Zucchini, gelber Paprika, Karotten

WISSEN

70 bis 90 g Fleisch pro Person ist eine sinnvolle Menge für ein Fleischgericht.

In dieser Größenordnung ist Fleisch sehr bekömmlich, gut verdaubar und völlig ausreichend als Lieferant von Eiweiß und anderen hauptsächlich im Fleisch enthaltenen Vitaminen und Mineralstoffen. Für diejenigen, die gerne Fleisch essen und große Portionen gewohnt sind, erscheinen diese Mengen sicher lächerlich. Aber auch hier kommt es auf die Zubereitung an. Wenn Sie 70 g Putenschnitzel paniert als Schnitzel zubereiten, sieht das auf dem Teller wirklich mickrig aus. Schneiden Sie das Fleisch aber klein, kombinieren es mit Gemüse, Sprossen oder Pilzen, setzt sich der Fleischgeschmack im ganzen Gericht durch und befriedigt auch den hungrigsten Fleischesser.

Fleischbällchen mit Grünkern

▶ Für 2–3 Personen
30 Minuten
150 g Rinderhack · 1–2 Eier · 3 große Champignons · 2 EL Olivenöl · 1 kleine Zwiebel · 1 TL Ingwer · Pfeffer · Salz · 1 Bd. glatte Petersilie · 1–2 Tassen gekochter Grünkernschrot vom Vortag · Paprikapulver

▶ Zubereitung
Petersilie: waschen und fein hacken.
Champignons: putzen, eventuell waschen und fein raspeln.
Zwiebel: schälen und sehr fein hacken.
Ingwer: fein hacken.

E Rinderhack, Eier, Champignons,
M Zwiebel, Ingwer, etwas Pfeffer,
W Salz,
H Grünkernschrot, Petersilie und
F Paprikapulver zu einem glatten Teig verkneten. Kleine Fleischbällchen formen.
F In einer heißen Pfanne
E Olivenöl erhitzen. Die Fleischbällchen darin 20 Minuten bei mittlerer Hitze braten, 2–3-mal wenden.

Fischröllchen mit Basilikum

▶ Für 2–3 Personen
20 Minuten
400–500 g Lachsfilet (oder andere Fische wie Seezunge, Scholle, Rotbarsch) · 1 Zitrone · 1 Bd. Basilikum · Pfeffer · Salz

▶ Zubereitung
Fisch: waschen, trocken tupfen, Fischfilet längs in 4–5 cm breite Streifen schneiden.

Zitrone: auspressen.
Basilikum: waschen, Blätter abzupfen.

Fischstreifen
pfeffern,
salzen,
mit Zitronensaft beträufeln,
mit Basilikumblättern belegen und aufrollen. Die Röllchen eventuell mit einem Zahnstocher fixieren und etwa 10 Minuten im Dampf garen.

▶ Abwandlungen

- Die Hälfte der Fischstreifen auf einer Seite mit viel Paprikapulver, die andere Hälfte mit viel Curcuma bestreuen. Beim Aufrollen kommt die Gewürzseite mit dem Basilikum nach innen. Nach dem Garen sehen die verschiedenen Farben sehr ansprechend aus.
- Wenn Sie statt frischem Basilikum Kräutersalz verwenden, wird der Fisch nicht zusätzlich gesalzen, sondern nur dünn mit dem Kräutersalz bestrichen.

▶ Tipp

Achten Sie darauf, dass Sie möglichst dünne Fischscheiben kaufen, dann lassen sich die Röllchen besser formen. Wenn Sie keinen Siebtopf zum Dampfgaren haben, nehmen Sie eine beschichtete Pfanne mit Deckel, geben 2–3 Esslöffel heißes Wasser hinein, setzen die Fischröllchen hinein, legen den Deckel darauf und garen bei mittlerer Hitze. Dieses Gericht ist sehr leicht und gut bekömmlich, denn es wird ganz ohne Fett zubereitet.

Fischsuppe

▶ Für 2–3 Personen

50 Minuten

ca. 400 g Fischfilet (möglichst 2–3 Sorten) · 2 EL Nordseegarnelen · 1 Tintenfisch · Fischgräten · Haut und Fischköpfe (was Sie beim Fischhändler bekommen können) · 1 Zitrone · 1 Glas Weißwein · Bockshornkleesamen · 1 Karotte · 1/4 Sellerieknolle · Vollrohrzucker · 1 Stange Lauch · 1 Bd. Dill · Pfeffer · 2 Lorbeerblätter · 1 TL Senfkörner · 1 Stück Ingwer · Salz · 3–4 Streifen Meeresalgen · 1 TL Fischsoße (nach Geschmack)

▶ Zubereitung

Dill: waschen und die Stiele entfernen (kommen in den Sud), den Rest fein hacken.
Gemüse: waschen und putzen. Von jeder Sorte 1–2 Esslöffel in ganz feine Julienne bzw. Ringe schneiden und zur Seite stellen. Den Rest in große Stücke schneiden.
Fischfilets: waschen, in mundgerechte Stücke schneiden, salzen, mit Zitrone beträufeln und kühl stellen.
Tintenfisch: waschen und den hohlen oberen Teil in Ringe schneiden. Mit Zitrone beträufeln und kühl stellen.

Fischköpfe, Gräten und das Unterteil vom Tintenfisch waschen. Mit 1–2 Liter kaltem Wasser aufsetzen und mit
einer Scheibe Zitrone,
etwas Bockshornkleesamen,
Karotte, Sellerie,
Lauch, Dillstielen, Senfkörnern, Pfefferkörnern, Ingwer, Lorbeerblättern,

einem Teelöffel Salz und den Meeresalgen zum Kochen bringen. 30 Minuten sanft köcheln lassen. Den Fischsud durch ein feines Sieb gießen und in einem Topf wieder zum Kochen bringen.
Weißwein zugeben.
Bockshornkleesamen,
Karotten- und Selleriestreifen,
Lauchringe,
Fischstücke, Tintenfischringe und Nordseegarnelen in die Suppe geben und alles etwa 8 Minuten gar ziehen lassen.

▶ Abschmecken mit
Zitrone,
Bockshornkleesamen,
Vollrohrzucker,
fein gehacktem Dill,
Salz und eventuell einem Teelöffel Fischsoße.

Hülsenfrüchte – Grundrezept

▶ 3–4 Personen
1–2 Stunden + Einweichzeit
150 g Hülsenfrüchte · 3 Lorbeerblätter · 3–4 Pfefferkörner · 1 TL Kreuzkümmel oder Kümmel · 5 Wacholderkerne · 1 TL Thymian · eine Handvoll Meeresalgen (Kumbu, Wakame oder Hitziki)

▶ Zubereitung
Hülsenfrüchte müssen über Nacht oder besser 24 Stunden in kaltem Wasser eingeweicht werden. Im Sommer ist es ratsam, das Einweichwasser nach 12 Stunden zu wechseln. Einweichwasser wegschütten und Hülsenfrüchte gründlich waschen.

Hülsenfrüchte mit etwa 1,5 Liter kaltem Wasser aufsetzen und zum Kochen bringen. Ohne Deckel 5 Minuten kochen lassen. Den Schaum, der sich bildet, abschöpfen.
Erst dann die oben genannten Gewürze zugeben. Den Deckel auflegen und auf kleinster Flamme 1–2 Stunden köcheln lassen. Nach einer Stunde probieren, ob die Hülsenfrüchte schon weich sind. Die Garzeiten verändern sich mit der Einweichzeit, aber auch

WISSEN

Jedes Böhnchen gibt ein Tönchen ...

Den Hülsenfrüchten haftet der Ruf an, dass sie Blähungen verursachen und schwer verdaulich sind. Diese Eigenschaften hängen von der Menge ab, die man isst, und von der Kombination mit anderen Nahrungsmitteln. In kleinen Mengen und in Kombination mit frischem Gemüse und Salat sind sie gut verträglich.
Viele der Gewürze und Zutaten in meinen Rezepten werden hauptsächlich verwendet, um die Hülsenfrüchte bekömmlich zu machen – schmecken natürlich aber auch gut. Außerdem lernt der Darm das Verdauen von Hülsenfrüchten, je öfter man sie isst.

mit dem Lageralter. Wenn die Hülsenfrüchte gar sind, mit
Salz, Sojasoße und
Zitronensaft abschmecken.

▶ Tipp
Abgekühlt kann man die Hülsenfrüchte im Kühlschrank 3–4 Tage aufbewahren. Diese Zubereitung kann für alle Arten von Bohnen, Linsen und Kichererbsen verwendet werden. Die Garzeiten bei Linsen sind meist kürzer. Bitte nie Salz oder Zitrone zu Beginn des Kochens zugeben. Das verhindert, dass die Hülsenfrüchte weich werden.

Tofu mit Nüssen und Chili

▶ 2–3 Personen
25 Minuten
150 g Räuchertofu · Salz · Zitronensaft · Paprikapulver · 3 EL Olivenöl · Vollrohrzucker · ½ TL Pfeilwurzmehl · je 50 g Cashewnüsse und Walnüsse · 2 Bd. Frühlingszwiebeln · Pfeffer · 2 rote Peperoni · 2 EL gehackter Ingwer

▶ Zubereitung
Nüsse: im Backofen bei etwa 80 °C 20 Minuten rösten.
Pfeilwurzmehl: in 5 Esslöffel kaltem Wasser anrühren.
Frühlingszwiebeln: waschen. Weiße und grüne Teile getrennt in schräge Ringe schneiden.
Ingwer und Peperoni: fein hacken.
Räuchertofu: in Würfel schneiden.

In einer heißen Pfanne
Öl erhitzen.
Die weißen Teile der Frühlingszwiebeln, Ingwer und Peperoni andünsten.
Räuchertofu anbraten. Salz, Sojasoße,
einen Spritzer Zitronensaft,
Paprikapulver,
Cashewnüsse und Walnüsse,
etwas heißes Wasser und
etwas Vollrohrzucker dazugeben. Mit Pfeilwurzmehl andicken.

▶ Abschmecken mit
Pfeffer, grünen Teilen der Frühlingszwiebeln,
Salz und
Zitrone.

Linsenpaste

▶ Für 2–3 Personen
25 Minuten
Zum Kochen: 150 g rote Linsen · 2 Streifen Meeresalgen, z. B. Wakame · 3 Lorbeerblätter · 3–4 Pfefferkörner · 1 TL Kreuzkümmel oder Kümmel · 1 TL Thymian · 5 Wacholderkerne
Zum Abschmecken der Paste: 1–2 EL Zitronensaft · 1 TL Paprikapulver · 1–2 EL Olivenöl · Pfeffer · 1–2 Frühlingszwiebeln · Curry · Sojasoße · Salz

▶ Zubereitung
Rote Linsen müssen nicht eingeweicht werden. Es reicht, sie so lange mit lauwarmem Wasser zu waschen, bis kein Schaum mehr entsteht.

Linsen mit etwa ½ Liter kaltem Wasser und den oben genannten Gewürzen aufsetzen und zum Kochen bringen. Deckel auflegen und auf kleinster Flamme 15–20 Minuten köcheln lassen. Die Flüssigkeit sollte ganz aufgesogen werden.

Die gekochten Linsen pürieren (vorher die Lorbeerblätter herausnehmen) und würzen mit:
- H Zitronensaft,
- F Paprikapulver,
- E Olivenöl,
- M Pfeffer und fein gehackten Frühlingszwiebeln, Curry,
- N Sojasoße und Salz.

Tipp

Linsenpaste eignet sich hervorragend zusammen mit Hirse als herzhaftes Frühstück. Abgekühlt kann man die Linsen im Kühlschrank 2–3 Tage aufbewahren.

WISSEN

Tofu und Hülsenfrüchte

Tofu und Hülsenfrüchte sind sehr gute pflanzliche Eiweißquellen. Sie enthalten ähnlich viel Eiweiß wie Fleisch oder Fisch und sind daher für die vegetarische Ernährung oder als Alternative zu tierischen Produkten äußerst wertvoll.

Karottenkuchen

Für einen Kuchen

20 Minuten + 1 Stunde Backzeit

250 g Karotten · 6 Eier · 100 g Vollrohrzucker · 300 g gemahlene Mandeln · 1 Msp. gemahlene Nelken · 2 EL Kirschwasser · 1 Msp. Salz · 80 g Weizenmehl · 1 TL Weinsteinbackpulver · 1 Bio-Zitrone · etwas Butter zum Einfetten der Form

Zubereitung

Eigelb: vom Eiweiß trennen.
Eiweiß: mit einem Esslöffel Zitronensaft zu sehr steifem Schnee schlagen.
Karotten: schälen und auf einer Gemüsereibe fein raspeln.
Mehl: sieben und mit dem Weinsteinbackpulver mischen.
Zitrone: mit dem Zestenreißer die Schale in Streifen abziehen. Mit dem Messer anschließend ganz fein hacken.
Springform (26 cm Durchmesser): den Boden mit Backpapier bedecken und mit Butter einfetten.

- E Eigelb und Vollrohrzucker mit einem Rührgerät oder der Küchenmaschine schaumig rühren.
- M Nelkenpulver, Kirschwasser,
- N Salz,
- H einen Esslöffel Zitronensaft und
- F Zitronenschale gut unterrühren.
- E Karotten und Mandeln untermischen.

Den Eischnee auf die Teigmasse geben, das Mehl darübergeben und dann alles mit einem Schneebesen unterheben. In die Springform geben. Im vorgeheizten Backofen bei 200 °C auf mittlerer Schiene eine Stunde backen.

Hirse-Apfel-Kuchen

▶ Für einen Kuchen

15 Minuten + 30 Minuten Backzeit

3 Eier · Vollrohrzucker oder Gerstenmalz (1,5 Eier schwer) · Butter (3 Eier schwer) · Hirsemehl (3 Eier schwer) oder: zur Hälfte Hirse-, zur anderen Hälfte Dinkelmehl · gemahlene Nüsse (1 Ei schwer) · Äpfel in dünne Spalten geschnitten zum Belegen · 1 Prise Nelkenpulver · 1 Prise Salz · etwas Zitronensaft · 1 TL Weinsteinpulver · 1 Prise Kakao

▶ Zubereitung

(E) Eier mit weicher Butter und Vollrohrzucker schaumig rühren. Gemahlene Nüsse und Mehl mit Weinsteinpulver unterrühren.
(M) Nelkenpulver,
(W) Salz
(H) Zitronensaft und
(F) Kakao zugeben und gut verrühren. In eine gefettete Form geben (etwa 1–2 cm hoch), glatt streichen, mit Apfelspalten belegen und eventuell mit ein paar gehackten Nüssen oder Mandeln bestreuen.

Im vorgeheizten Backofen auf mittlerer Schiene bei 200 °C 25–35 Minuten backen.

▶ Tipp

Bei diesem Kuchen wird als Maßeinheit das Gewicht der Eier verwendet. Daher ist er beliebig zu verkleinern oder zu vergrößern. Man wiegt zuerst die drei Eier, danach richtet sich das Gewicht der anderen Zutaten.
Beispiel: Wenn die 3 Eier 150 g wiegen, dann gilt Folgendes:

Eier	Gewicht
1 Ei	50 g
1,5 Eier	75 g
3 Eier	150 g

WISSEN

Damit der Kuchen gelingt

Für meine Kuchenrezepte verwende ich ausgemahlenes Weizenmehl Type 550. Ich denke, dass das nicht wirklich schädlich ist, solange man sich davon nicht jeden Tag satt isst. Und die Kuchen schmecken mir so einfach besser. Wer lieber mit Vollkornmehl backen möchte, sollte sich hierzu in speziellen Büchern zu diesem Thema Anregungen holen.

Beim Zucker dagegen nehme ich nur den braunen Rohrohrzucker. Da dieser Zucker etwas feucht und klumpig ist, wird der Kuchenteig normalerweise nicht locker. Dafür habe ich folgenden Trick entwickelt: Wenn Sie den Rohrohrzucker direkt vor Gebrauch im Mixer ganz fein vermahlen, wird der Kuchenteig schön schaumig und das Backwerk wird lockerer.

Kokosbälle

▶ Für 25 Stück

30 Minuten

100 g getrocknete Aprikosen · 100 g Rosinen · 100 g getrocknete Pflaumen · 150 g Haselnüsse · 100 g feine Haferflocken · 1 Prise Koriander · 1 Prise Kardamom · etwas Mineralwasser · 1 Prise Salz · 1 Spritzer Zitronensaft · 1 Msp. Kakao · 50 g Kokosraspeln

▶ Zubereitung

E Haselnüsse: auf einem Backblech im Ofen bei 100 °C 15–20 Minuten rösten. 25 Haselnüsse zur Seite legen, den Rest mahlen.

E Kokosraspeln: auf einen kleinen Teller geben.

E Getrocknete Aprikosen, Rosinen, Pflaumen und gemahlene Haselnüsse,

M Haferflocken, Koriander, Kardamom,

W Salz, etwas Mineralwasser,

H einen Spritzer Zitronensaft und

F Kakao mischen. Im Mixer zerkleinern. Aus der Fruchtmasse 25 kleine Kugeln formen, die Haselnüsse hineindrücken, nochmals rund formen und in den Kokosraspeln wälzen.

▶ Abwandlung

Wenn Sie etwas Zitronen- und/oder Orangenschale zufügen, wird der Geschmack etwas frischer und herber.

▶ Tipp

Falls die Fruchtmasse zu klebrig ist, noch ein wenig Haferflocken zugeben und verkneten.

Apfelstrudelkugeln

▶ Ergibt 30 Stück

35 Minuten

250 g getrocknete Äpfel · 200 g Rosinen · 200 Mandeln (geröstet) · 100 g feine Haferflocken · 1 TL Zimt · etwas Mineralwasser · 1 Msp. Salz · 1 Spritzer Zitronensaft · 1 Msp. Kakao

▶ Zubereitung

E Mandeln: auf einem Backblech bei 100 °C im Ofen 20 Minuten rösten. 30 g Mandeln grob hacken und zur Seite stellen. Den Rest fein mahlen.

E Getrocknete Äpfel, Rosinen, gemahlene Handeln,

M Haferflocken, Zimt,

WISSEN

Süßspeisen und Kuchen – die Ausnahme, die man sich ab und zu gönnt

Ich habe lange überlegt, ob ich außer Kompott überhaupt irgendwelche Rezepte für Süßspeisen und Kuchen in diesem Buch aufnehmen sollte. Ich bin der Meinung, dass sowieso viel zu viel Süßes gegessen wird, und wollte eigentlich nicht noch zusätzliche Verführungen anbieten. Auf der anderen Seite kann ich mit diesen Rezepten süße Leckereien aus vernünftigen Zutaten herstellen, die eine Alternative zu gekauften Produkten mit fragwürdigen Inhalten darstellen.

W Salz, etwas Mineralwasser,
H Zitronensaft und
F Kakao im Mixer zerkleinern und gut verkneten. Aus der Fruchtmasse kleine Kugeln formen und in den gehackten Mandeln wälzen.

▶ Tipp

Sie können die Masse auch zwischen Oblaten streichen und Fruchtschnitten daraus schneiden.

Orangen-Mandel-Kuchen

▶ Für 1 Kuchen:

30 Minuten + 1 Stunde Backzeit

5 Eier · 125 g Butter · 100 g geriebene Mandeln ohne Haut · 80 g Vollrohrzucker · 150 g Mehl · 1 Msp. Kardamom · 1 Msp. Salz · 3 Bio-Orangen · 2 TL Weinsteinbackpulver · etwas Butter zum Einfetten der Form

▶ Zubereitung

Vollrohrzucker: im Mixer fein zermahlen
Mandeln fein mahlen, dann mit gesiebtem Mehl und Backpulver mischen
Schale von 2 Orangen abreiben, danach Orangen auspressen, Saft auf die Hälfte einkochen
Eier: trennen und Eiweiß zu steifem Schnee aufschlagen
Eine Kastenform mit Butter einfetten und mit Semmelbröseln oder etwas Mehl bestäuben

E Butter mit Vollrohrzucker schaumig rühren, nach und nach die Eigelbe zugeben.
M Kardamom,
W Salz,
H eingekochter Orangensaft,
F geriebene Orangenschale unterrühren.
E Eischnee auf die Schaummasse geben, Mehl-Mandelgemisch darüber geben und vorsichtig unterheben.
Teig in die Form füllen, glatt streichen, im vorgeheizten Ofen bei 175 °C ca. 50–60 Minuten backen.
Während der Kuchen im Ofen ist: von der dritten Orange die Schale abreiben, den Saft auspressen und zusammen etwas einkochen.
Nach Geschmack etwas Orangenlikör zugeben.
Der noch warme Kuchen wird mit einem Holzstäbchen eingestochen und der Orangensaft eingeträufelt.

SOMMER

Sommerliche Karottensuppe

▶ Für 2–3 Personen

35 Minuten

500 g Karotten · 300 g Erbsen · 1 kleine Zucchini (ca. 150 g) · 300 grüne Bohnen · 2 EL Olivenöl · Vollrohrzucker · 1 Zwiebel · Pfeffer · Salz · Zitronensaft · 2 Tomaten · 1 Bd. Petersilie · Bockshornkleesamen · Paprikapulver

▶ Zubereitung

Tomaten: überbrühen, häuten, entkernen und in Würfel schneiden.
Petersilie: waschen und hacken.
Karotten: schälen und in grobe Stücke schneiden.
Zucchini: in kleine Würfel schneiden.
Erbsen: auspalen.
Bohnen: waschen und in 1 cm lange Stücke schneiden.
Zwiebel: schälen und fein würfeln.

(F) In einem Topf einen Liter Wasser zum Kochen bringen.
(E) Karotten hineingeben.
(M) Pfeffer,
(N) Salz,
(H) einen Spritzer Zitronensaft und
(F) Bockshornkleesamen zugeben. 30 Minuten kochen lassen, dann pürieren.
(F) In einem anderen heißen Topf
(E) Olivenöl erhitzen.
(M) Zwiebeln glasig braten → (E).
(E) Zucchini, Bohnen und Erbsen,
(M) Pfeffer,
(N) Salz und eine Tasse Wasser zugeben. 10 Minuten dünsten. Dann das Gemü-

WISSEN

Suppen und Eintöpfe – die ursprünglichste Art zu kochen

Suppe zu kochen ist einfach und im Allgemeinen das bekömmlichste aller Gerichte, denn unser Magen mag suppige Speisen am liebsten. In der chinesischen Medizin besteht die Vorstellung, dass der Magen aus der aufgenommenen Nahrung zuerst eine »Suppe« herstellen muss, bevor Milz und Bauchspeicheldrüse die Nahrung weiter transformieren können.
Es ist wichtig zu wissen, dass gerade die etwas flüssige Konsistenz eines Eintopfs das ist, was unserer Verdauung guttut. Für den Magen ist ein Kartoffeleintopf etwas anderes als zwei Vollkornstullen mit Käse, zu denen man einen halben Liter Orangensaft trinkt. Das liegt an der Anatomie des Magens: Getränke, also dünne Flüssigkeiten, nehmen im Magen einen ganz anderen Weg als Speisen – sie rinnen nämlich direkt zum Magenausgang. Das heißt: Das trockene Käsebrot mischt sich nicht automatisch im Magen mit dem Orangensaft. Der Saft fließt vielmehr sehr schnell ab, der Magen bleibt mit dem trockenen Käsebrot zurück und muss, um daraus eine »Suppe« zu machen, die Säfte selbst hervorbringen. Das kann langfristig zu Magenproblemen führen.

se, die Tomaten und die Petersilie in die Karottensuppe geben.

▶ Abschmecken mit
(H) Zitronensaft,
(F) Paprikapulver,
(E) Vollrohrzucker,
(M) Pfeffer und
(W) Salz.
Mit Petersilie bestreut servieren.

Italienische Gemüsesuppe

▶ Für 2–3 Personen
30 Minuten
1 Karotte · 400 g Erbsen · 1 Zucchini · 200 g grüne Bohnen · 3–4 EL Olivenöl · Vollrohrzucker · 2 Zwiebeln · Pfeffer · Salz · 3 Tomaten · 100 g Hörnchennudeln · Zitronensaft · Bockshornkleesamen · Paprikapulver · 1 Bd. Thymian · 1 Bd. Oregano · 1 Bd. Basilikum

▶ Zubereitung
Tomaten: überbrühen, häuten, entkernen und in Würfel schneiden.
Thymian, Oregano, Basilikum: waschen und fein hacken.
Karotte: schälen und in kleine Würfel schneiden.
Zucchini: in kleine Würfel schneiden.
Erbsen: auspalen.
Bohnen: waschen und in 1 cm lange Stücke schneiden.
Zwiebeln: schälen und achteln.

(F) In einem heißen Topf
(E) Olivenöl erhitzen.
(M) Zwiebeln glasig dünsten.
(E) Gemüse anschwitzen.
(M) Pfeffer,
(W) Salz,
(H) einen Spritzer Zitronensaft und Nudeln zugeben.
(F) Mit 1,5 Liter heißem Wasser ablöschen. Bockshornkleesamen, die Hälfte des Thymians und Oregano zugeben und etwa 15 Minuten köcheln lassen.
(H) Wenn die Nudeln weich sind, die Tomaten zugeben.

▶ Abschmecken mit
(F) Paprikapulver, Thymian, Oregano, Basilikum,
(E) Vollrohrzucker,
(M) Pfeffer und
(W) Salz.

Tomatensuppe mit Polentawürfeln

▶ Für 2–3 Personen
30 Minuten
6 Tomaten · Zitronensaft · Bockshornkleesamen · Paprikapulver · 1 Bd. Basilikum · Thymian · Rosmarin · 2 EL Olivenöl · 1 Kartoffel · Vollrohrzucker · 2 Zwiebeln · Pfeffer · Salz · 100–150 g gekochte Polenta (s. Seite 120)

▶ Zubereitung
Tomaten: waschen und achteln.
Basilikum: waschen und fein hacken.
Kartoffel: schälen und in Stücke schneiden.

Polenta: in kleine Würfel schneiden.
Zwiebeln: schälen und achteln.

- In einem heißen Topf
- Olivenöl erhitzen.
- Zwiebeln glasig dünsten,
- Kartoffel anschwitzen.
- Pfeffer,
- Salz,
- Tomaten,
- Bockshornkleesamen, Paprikapulver, Thymian und Rosmarin dazugeben. Mit 1,5 Liter heißem Wasser ablöschen und etwa 20 Minuten köcheln lassen. Danach die Suppe pürieren und durch ein grobes Sieb geben oder durch eine Flotte-Lotte passieren.

▶ Abschmecken mit

- Paprikapulver,
- Vollrohrzucker,
- Pfeffer,
- Salz,
- ein Spritzer Zitronensaft und
- Basilikum.
- Polentawürfel kurz in der Suppe warm werden lassen.

Kartoffelsuppe mit grünen Bohnen

▶ Für 2–3 Personen

30 Minuten

3–5 Kartoffeln · 3 EL Olivenöl · 2 EL Butter · Vollrohrzucker · 300 g grüne Bohnen · Pfeffer · Muskat · Salz · Zitronensaft · 1 Zwiebel · Bockshornkleesamen · reichlich Bohnenkraut

▶ Zubereitung

Kartoffeln: schälen und halbieren.
Bohnen: waschen. Enden abschneiden, dabei eventuell Fäden abziehen, und in 2 cm lange Stücke schneiden.
Zwiebel: schälen und würfeln.

- In einem heißen Topf
- Öl erwärmen. Kartoffeln, Bohnen und
- Zwiebel anschwitzen. Pfeffer,
- Salz und
- einen Spritzer Zitronensaft dazugeben.
- Mit einem Liter heißem Wasser ablöschen. Bockshornkleesamen, Bohnenkraut und
- eine Messerspitze Vollrohrzucker dazugeben. 15–20 Minuten kochen lassen. Danach den größten Teil der Bohnen mit einem Sieblöffel herausnehmen und zur Seite stellen. Das Bohnenkraut ebenfalls herausnehmen. Die Suppe mit der Butter pürieren. Bei Bedarf heißes Wasser zugeben, bis die richtige Konsistenz entsteht.

▶ Abschmecken mit

- Pfeffer, Muskat,
- Salz,
- Zitronensaft,
- Bockshornkleesamen,
- Vollrohrzucker. Dann die Bohnen wieder zurück in den Topf geben.

Indisches Gemüse-Curry

▶ Für 2–3 Personen
40 Minuten
ca. 500 g gemischtes Gemüse mit ähnlichen Garzeiten (Karotten, grüne Bohnen, Kürbis, Paprika) · Sesamöl · ½ kg Kokosflocken · Vollrohrzucker · 1 Knoblauchzehe · 1 EL Ingwer · 2–3 Zwiebeln · mildes Currypulver · Salz · Zitronensaft · Curcuma

▶ Zubereitung
Kokosmilch zubereiten: Die Kokosflocken in einen Topf geben und mit kochendem Wasser (etwa 700 Milliliter) übergießen, bis sie bedeckt sind. Mit einem Pürierstab gut durcharbeiten. Flüssigkeit durch ein feines Sieb abschütten und auspressen (= 1. Pressung). Die ausgepressten Flocken nochmals mit kochendem Wasser (etwa 500 Milliliter) übergießen und gleich behandeln (= 2. Pressung).
Gemüse: waschen, putzen und in mundgerechte Stücke schneiden.
Zwiebeln: schälen und achteln.
Knoblauch: schälen und quetschen.
Ingwer: fein hacken.

F In einem heißen Topf
E 3 Esslöffel Sesamöl erwärmen. Gemüse mit
M Zwiebeln, Ingwer und Knoblauch leicht anbraten.
N Salz,
H einen Spritzer Zitronensaft,
F einen Esslöffel Curcuma und
E dünne Kokosmilch aus der 2. Pressung zugeben.
M 1–2 Esslöffel Currypulver unterrühren und 20 Minuten köcheln lassen.

▶ Abschmecken mit
N Salz,
H Zitronensaft,
F Curcuma,
E Kokosmilch der 1. Pressung und ½ Teelöffel Vollrohrzucker.

▶ Tipp
Es gibt auch fertige Kokosmilch in Dosen (400-ml-Dose) oder als Instantpulver zu kaufen. Aber die Mühe des Selbermachens lohnt sich, denn die selbst gemachte Kokosmilch schmeckt viel feiner.

Ofenkartoffeln

▶ Für 2–3 Personen
10 Minuten + 20–30 Minuten Backzeit
2–3 große Kartoffeln · 2–3 EL Olivenöl · verschiedene Gewürze · Salz

▶ Zubereitung
Kartoffeln: gut waschen und bürsten.
Mit Schale in etwa 1,5 cm dicke Scheiben schneiden.
Ein Backblech mit Backpapier auslegen und mit einem Esslöffel Öl bepinseln.
Den Backofen auf 200 °C vorheizen.
E Kartoffelscheiben aufs Blech legen und mit Öl beträufeln oder bepinseln.
M Mit verschiedenen Gewürzen bestreuen,

salzen und 20–30 Minuten im Ofen garen.

▶ Vorschläge zum Würzen
- Rosmarin, Pfeffer, Salz
- Kümmel, Zwiebel, Salz
- Kreuzkümmel, Curcuma, Salz
- Paprikapulver, Thymian, Salz
- Majoran, Pfeffer, Salz
- Estragon, Pfeffer, Zwiebel, Salz
- Koriander, Oregano, Salz

▶ Tipp
Es sieht schön aus, wenn Sie die Kartoffelscheiben in Reihen legen und jede Reihe mit anderen Gewürzen bestreuen.

Grüne Bohnen mit Pilzen und Tomaten

▶ Für 2–3 Personen
30 Minuten
500 g grüne Bohnen · 150 g Champignons · 3 EL Olivenöl · Pfeilwurzmehl · Vollrohrzucker · 1 Bd. Bohnenkraut · Pfeffer · 1 Knoblauchzehe (nach Geschmack) · Salz · 2–3 Tomaten · ½ Bd. glatte Petersilie · Thymian · Paprikapulver

▶ Zubereitung
Grüne Bohnen: putzen, waschen, in kleine Stücke schneiden und 5 Minuten blanchieren (Bohnenkraut ins Wasser geben) oder 10 Minuten im Dampf garen.
Champignons: putzen und in Scheiben schneiden.
Tomaten: mit kochendem Wasser überbrühen, Haut abziehen und in Stücke schneiden, dabei die Kerne entfernen.
Petersilie: waschen und grob hacken.

In einem heißen Topf
3 Esslöffel Öl erhitzen. Champignons anbraten, blanchierte Bohnen dazugeben und andünsten.
Pfeffer, nach Geschmack gehackte Knoblauchzehen,
Salz,
Tomaten,
etwas Paprikapulver, einen Esslöffel Thymian und eine Tasse heißes Wasser zugeben und 5 Minuten sanft köcheln lassen.

▶ Abschmecken mit
½ Teelöffel Vollrohrzucker. Bei Bedarf mit Pfeilwurzmehl binden.
Pfeffer,
Salz und
Petersilie ganz am Ende unterheben.

▶ Das passt dazu: Polenta (S. 120), Ofenkartoffeln (S. 111)

▶ Tipp
Wenn Sie die doppelte Menge Bohnen blanchieren, können Sie den Bohnensalat (S. 116) auch ausprobieren.

Drei-Farben-Gemüse

▶ Für 2–3 Personen
30 Minuten
750 g frische Erbsen · 3 Karotten · 1 EL Olivenöl · 1 EL Butter · 1 TL Pfeilwurzmehl · 1 Kohlrabi · Pfeffer · Muskat · Salz · Zitronensaft · ½ Bd. Petersilie · Bockshornkleesamen

▶ Zubereitung
Karotten: schälen und in Scheiben schneiden.
Erbsen: auspalen.
Kohlrabi: schälen, in Stifte schneiden.
Petersilie: waschen und grob hacken.

F In einem heißen Topf
E Olivenöl erwärmen. Karotten und Erbsen anschwitzen,
M Kohlrabi zugeben. Würzen mit Pfeffer,
W Salz,
H einem Spritzer Zitronensaft und
F etwas Bockshornkleesamen. ½ Tasse heißes Wasser zugießen und etwa 10 Minuten köcheln lassen. Mit
E Pfeilwurzmehl binden.

WISSEN

Gemüse sind echte Schlankmacher

Mit wenig Öl gedünstet und so knackig gegart, kann man sich an Gemüse ohne Reue richtig satt essen. Achten Sie dabei auf das saisonale Angebot. So genießen Sie im Verlauf des Jahres automatisch immer wieder andere Gerichte.

▶ Abschmecken mit
E Butter,
M Muskat und
W Salz,
H Petersilie am Ende unterheben.

Kurz gebratenes Sommergemüse

▶ Für 2–3 Personen
20 Minuten
je 250 g weißer und grüner Spargel · 1 rote Paprika · 1 EL Olivenöl · Vollrohrzucker · 1 Zwiebel · Pfeffer · Salz · Sojasoße (nach Geschmack) · Zitronensaft · Balsamessig · ½ Bd. Petersilie · Paprikapulver · Schale von ½ Bio-Orange

▶ Zubereitung
Spargel: schälen und schräg in ½ cm dicke Scheibchen schneiden.
Paprika: putzen, waschen und in kleine Stücke schneiden.
Zwiebel: schälen und achteln.
Petersilie: waschen und grob hacken.
Orange: Schale mit Zestenreißer abreiben.

F In einer heißen Pfanne
E Öl erwärmen.
M Zwiebel glasig werden lassen → E.
E Weiße und grüne Spargelscheibchen anbraten, nach einigen Minuten die Paprika zugeben.
M Etwas Pfeffer,
W Salz,
H etwas Zitronensaft,

(F) etwas Paprikapulver und etwas heißes Wasser zugeben. Unter Rühren etwa 5 Minuten dünsten.

▶ Abschmecken mit
(E) ½–1 Teelöffel Vollrohrzucker,
(M) Pfeffer,
(W) Salz oder Sojasoße,
(H) Petersilie, einem Teelöffel Balsamessig und
(F) Orangenschale.

▶ Tipp
Dieses Gericht lässt sich mit jedem Gemüse (2–3 Sorten) zubereiten, je nach Angebot. Schön ist es, wenn Sie auf die Farben achten, damit es möglichst bunt aussieht.

Pasta Verde

▶ Für 2–3 Personen
30 Minuten
750 g frische Erbsen · 1 Zucchini · 1 großes Bd. Estragon · Olivenöl · Pfeilwurzmehl · 1 Zwiebel · Pfeffer · Muskat · Salz · 3–4 Tomaten · 2 EL Crème fraîche · 1 Glas Weißwein · Paprikapulver · 200 g Hartweizennudeln (Schmetterlinge passen am besten)

▶ Zubereitung
Tomaten: überbrühen, häuten, Kerne entfernen und fein würfeln.
Estragon: waschen. Blättchen von den Stielen zupfen.
Erbsen: auspalen.
Zucchini: waschen und in kleine Würfel schneiden.
Zwiebel: schälen und in ganz feine Würfel schneiden.

(H) Nudeln
(F) in leicht gesalzenes, kochendes Wasser geben und bissfest garen. In der Zwischenzeit
(F) in einer heißen Pfanne
(E) Öl erwärmen.
(M) Die Zwiebelwürfel glasig braten → (E).
(E) Erbsen und Zucchini anschwitzen, Estragon,
(M) Pfeffer und
(W) Salz zugeben.
(H) Mit einem Glas Weißwein ablöschen und etwa 8 Minuten köcheln lassen. Erst ganz zum Schluss die Tomaten zugeben.

▶ Abschmecken mit
(H) 2 Esslöffeln Crème fraîche und
(F) Paprikapulver. Etwas heißes Wasser mit
(E) Pfeilwurzmehl andicken.
(M) Pfeffer, Muskat und
(W) Salz dazugeben.
Die Nudeln mit der Soße gemischt servieren.

Gemüsepäckchen vom Grill

▶ Für 4 Personen
20 Minuten + 30 Minuten auf dem Grill
2–3 Kartoffeln · 1 Zucchini · 1 rote Paprika · 150 g Champignons · 3–4 EL Olivenöl · 1 Zwiebel · Pfeffer · Salz · 2 Tomaten · Zitronensaft · 1 EL frischer Thymian · 1 EL Oregano · 4 Zweige Rosmarin · 4 kleine Zweige Salbei · reißfeste Alufolie

▶ Zubereitung
Kartoffeln: schälen und in kleine Würfel schneiden.
Zucchini und Paprika: putzen, waschen und in Würfel schneiden.
Champignons: putzen und in Scheiben schneiden.
Zwiebel: schälen und fein hacken.
Tomaten: überbrühen, häuten und würfeln.
Kräuter: waschen.

(E) Kartoffeln, Champignons, Zucchini und Paprika in eine Schüssel geben und mit 3–4 Esslöffeln Olivenöl,
(M) Zwiebeln, Pfeffer,
(W) Salz,
(H) Tomaten, 2 Spritzern Zitronensaft und
(F) den Kräutern mischen.
4 Stücke Alufolie ausbreiten und das Gemüsegemisch darauf verteilen. Die Alufolie über dem Gemüse nach oben zusammenklappen, wie Säckchen formen und gut verschließen.
Diese Gemüsepäckchen werden auf dem Grill gegart, 20–30 Minuten je nach Hitze. Sie können die Gemüsepäckchen natürlich auch im Backofen bei 180 °C 35 Minuten garen.

▶ Tipp
Durch Verwendung von Petersilie, Basilikum und Schnittlauch bekommt das Gemüse eine ganz andere Note. Wichtig ist auf jeden Fall, reichlich Kräuter zu verwenden.

Rucola-Löwenzahn-Salat

▶ Für 2–3 Personen
15 Minuten
Je 150 g Rauke (Rucola) und Löwenzahn · Paprikapulver · 2 EL Sesamöl · ½ TL Vollrohrzucker · 1–2 Frühlingszwiebeln · 2 TL rosa Pfeffer · Salz · 2 EL Weißweinessig

▶ Zubereitung
Salat: putzen, waschen und grob zerteilen.
Frühlingszwiebeln: putzen, waschen und schräg in feine Ringe schneiden.
Rosa Pfeffer: im Mörser zerstoßen.

(E) 2 Esslöffel Sesamöl,
(M) 2 Teelöffel rosa Pfeffer,
(W) einen Teelöffel Salz,
(H) 2 Esslöffel Weißweinessig,
(F) etwas Paprikapulver, 2 Esslöffel heißes Wasser und
(E) ½ Teelöffel Vollrohrzucker zu einer Soße rühren.
Über den Salat und die Frühlingszwiebeln geben und vorsichtig mischen.

Gurken-Gemüse-Salat

▶ Für 2–3 Personen
20 Minuten
1 kleine Salatgurke · 1 Kohlrabi · 3 EL Sesamöl · Vollrohrzucker · Chilipulver · Salz · 1 EL Sojasoße · 1–2 EL Weißweinessig · Paprikapulver

▶ Zubereitung:
Salatgurke: schälen, entkernen und in feine Streifen schneiden. Die Gurkenstreifen salzen, 5 Minuten ziehen lassen und auspressen.
Kohlrabi: schälen, in Julienne (sehr feine Streifen) schneiden und kurz in wenig Wasser bissfest garen. Das Kochwasser auffangen.

E 3 Esslöffel Sesamöl,
M etwas Chilipulver,
W ½ Teelöffel Salz, einen Esslöffel Sojasoße,
H 1–2 Esslöffel Weißweinessig,
F etwas Paprikapulver, 5 Esslöffel Kochwasser und
E einen Teelöffel Vollrohrzucker zu einer Soße verrühren.
Den Salat kurz vor dem Servieren mit der Soße mischen.

▶ Abwandlung
Frühlingszwiebel schräg in feine Ringe schneiden, unter den Salat mischen und mit gerösteten Sesamkörnern bestreuen – so schmeckt dieser Salat sehr asiatisch.

▶ Tipp
Probieren Sie diesen Salat einmal mit geröstetem Sesamöl aus.

Warmer Bohnensalat mit Koriander

▶ Für 2–3 Personen
20 Minuten + 1 Stunde zum Durchziehen
500 g grüne Bohnen · 2–3 EL Olivenöl · 1 TL Vollrohrzucker · 1 Bd. Bohnenkraut · 1 TL scharfer Senf · Korianderkörner · Koriandergrün · Pfeffer · 1 kleine, rote Zwiebel · Salz · 2 Zitronen · 1 EL Rotweinessig · Paprikapulver

▶ Zubereitung
Bohnen: waschen, Kuppen abschneiden, in 3 cm lange Stücke schneiden und in wenig Wasser mit Bohnenkraut und etwas Salz bissfest kochen. Abgießen und die Brühe auffangen.
Koriander: waschen und die Blätter abzupfen.
rote Zwiebel: schälen und auf dem Gemüsehobel in sehr dünne Ringe schneiden.
Zitronen: wie einen Apfel schälen, dann filetieren.

E 2–3 Esslöffel Olivenöl,
M einen Teelöffel grob gemahlene Korianderkörner, einen Teelöffel scharfer Senf, etwas Pfeffer,
W einen Teelöffel Salz,
H einen Esslöffel Rotweinessig,
F eine große Tasse Kochbrühe, etwas Paprikapulver und
E einen Teelöffel Vollrohrzucker in der angegebenen Reihenfolge gut verrühren.
Bohnen lauwarm mit den Zitronenfilets, den Zwiebelringen und der Salat-

soße mischen und eine Stunde ziehen lassen. Vor dem Servieren mit Koriandergrün mischen.

Sommersalat mit Früchten

▶ Für 2–3 Personen
15 Minuten
½ Friséesalat · ½ dunkler Eichblattsalat · ½ Rucola · 2 EL Olivenöl · 3 große Champignons · 2 Pfirsiche · Vollrohrzucker · ½ Bd. Dill · ½ Bd. Schnittlauch · Pfeffer · Salz · 1 EL Weißweinessig · ½ Bd. Petersilie · 10 Erdbeeren · Paprikapulver

▶ Zubereitung
Blattsalate: waschen und klein zupfen.
Kräuter: waschen und schneiden.
Champignons: putzen und in dünne Scheiben schneiden.
Erdbeeren: waschen, Stiele entfernen und halbieren.
Pfirsiche: waschen und in Spalten schneiden.

E 2 Esslöffel Olivenöl,
M etwas Pfeffer,
W einen Teelöffel Salz,
H einen Esslöffel Weißweinessig,
F etwas Paprikapulver, 2 Esslöffel heißes Wasser und
E ½ Teelöffel Vollrohrzucker in der angegebenen Reihenfolge gut verrühren.

Die Zutaten für den Salat in eine große Schüssel geben. Soße darübergeben und vorsichtig mischen.

▶ Abwandlungen
Den Salat mit gerösteten Sonnenblumenkernen oder Kürbiskernen bestreut servieren. Dann können Sie auch ein Esslöffel Kürbiskernöl oder Sonnenblumenöl verwenden.
Sie können auch andere Früchte verwenden (Aprikosen, Johannisbeeren, Brombeeren, Honigmelone).

Gurkensalat mit rosa Pfeffer

▶ Für 2–3 Personen
15 Minuten
1 Salatgurke · 2 EL Olivenöl · Vollrohrzucker · 2 EL rosa Pfeffer · 1 Bd. Dill · Salz · 1–2 EL Weißweinessig · Paprikapulver

▶ Zubereitung
Salatgurke: schälen und in feine Scheibchen hobeln.
Dill: waschen und klein schneiden.
Rosa Pfeffer: trocken rösten und im Mörser grob zerstoßen.

E 2 Esslöffel Olivenöl,
M einen Esslöffel rosa Pfeffer,
W einen Teelöffel Salz,
H 1–2 Esslöffel Weißweinessig,
F etwas Paprikapulver und
E einen Teelöffel Vollrohrzucker für die Soße gut verrühren.

Die Gurkenscheiben mit dem Dill und der Salatsoße mischen. Vor dem Servieren mit dem restlichen rosa Pfeffer bestreuen.

WISSEN

Rohkost gilt als schwer verdaulich

In der chinesischen Ernährungslehre gilt Rohkost als schwer verdaulich, unbekömmlich, abkühlend und daher für die Milz schwächend.
Auch wenn Rohkost noch so viele Vitamine enthält, kommen sie dem Körper nur zugute, wenn er sie wirklich aufnehmen kann. Wer nach einer großen Rohkostplatte am nächsten Tag unverdaute Nahrung im Stuhl findet, kann davon ausgehen, dass sein Körper diese Vitamine nicht aufnehmen konnte. Nicht das, was wir essen, ist entscheidend, sondern das, was wir verdauen können.

Italienischer Salat

▶ Für 2–3 Personen
20 Minuten
1 dunkler Eichblattsalat · 1 Radicchio · 1 Bd. Rucola · 1 Bd. Basilikum · 3 EL Olivenöl · Vollrohrzucker · 2 Eier · Pfeffer · 1 Bd. Schnittlauch · Salz · 100 g hauchdünne Salamischeibchen · 2 EL Balsamessig · Paprikapulver

▶ Zubereitung
Salat: waschen und in Stücke zupfen.
Kräuter: waschen und klein schneiden.
Eier: in kochendes Wasser geben, 10 Minuten kochen lassen, kalt abschrecken, schälen und in Scheiben schneiden.

(E) 3 Esslöffel Olivenöl,
(M) etwas Pfeffer,
(W) einen Teelöffel Salz,
(H) 2 Esslöffel Balsamessig,
(F) etwas Paprikapulver und
(E) eine Messerspitze Vollrohrzucker zu einer Salatsoße anrühren.
Salat, Kräuter, Salamischeiben und Eier in eine große Schüssel geben, Salatsoße darübergießen und vorsichtig mischen.

▶ Abwandlungen
- ½ Bund Radieschen, auf dem Gemüsehobel in ganz feine Scheibchen geschnitten, untermischen.
- Halbierte Cocktailtomaten zugeben.
- Statt der Salami können Sie auch Thunfisch aus der Dose zerpflücken und unter den Salat mischen.

▶ Tipp
Probieren Sie diesen Salat als Abendessen im Sommer zu gekochten Kartoffeln statt Baguette. Oder reichen Sie die Ofenkartoffeln (S. 111) dazu.

Hirse – Grundrezept

- Für 2–3 Personen

25 Minuten

200 g Hirse

- Zubereitung

Die Hirse in einen Topf geben und mit heißem Wasser zwei- bis dreimal waschen.
So viel Wasser zugeben, dass die Hirse etwa 2 cm mit Wasser bedeckt ist, und zum Kochen bringen.
Wenn es richtig kocht, Elektroplatte abdrehen, nach 1–2 Minuten den Topf mit einem Deckel verschließen und etwa 20 Minuten ausquellen lassen.
Bitte nicht rühren. Erst nach Ende der Garzeit die Hirse mit einer Gabel etwas auflockern. Sie können dann auch etwas Butter und etwas Koriander und Salz zugeben.

- Abwandlungen

Vorgekochte Hirse ist ideal für die Zubereitung eines warmen Frühstücks:

- Hirse in etwas Kompott erwärmen und mit Nüssen bestreuen.
- Hirse in etwas Butter anbraten, dazu ein Ei oder eine halbe Avocado essen.
- Kraftbrühe erwärmen und Hirse als Einlage verwenden.

WISSEN

Damit Getreide nicht anbrennt oder matschig wird

Getreide und Wasser auf höchster Stufe ohne Deckel zum Kochen bringen, dann umrühren und auf die kleinste Stufe stellen – bei Gas eventuell eine Platte unterlegen. Den Deckel jetzt schräg auflegen, nicht mehr rühren. Das ist wichtig, denn es bilden sich Kanäle im Getreide, die wie Schornsteine die Hitze vom Boden weg nach oben leiten. Werden sie durch Rühren zerstört, brennt es unten an, und oben wird es matschig.
Wenn das Wasser so weit aufgesogen wurde, dass an der Oberfläche keine Flüssigkeit mehr zu sehen ist, wird die Herdplatte ganz abgeschaltet und der Deckel fest aufgelegt. Jetzt kann das Getreide ausquellen und weich werden. Wenn es 10 Minuten länger dauert als im Rezept angegeben, ist das auch kein Problem.
Bitte schauen Sie nicht zu oft in den Topf, denn beim Lüften des Deckels entweicht jedes Mal Dampf. Dieses Wasser fehlt am Ende, und das Getreide kann nicht richtig ausquellen.
Das Getreide kann am Topfboden gern etwas anhängen, aber es brennt nicht an. Vor dem Spülen einfach etwas Wasser in den Topf geben und einweichen lassen – oder auch über Nacht mit Wasser stehen lassen, dann lässt es sich ganz leicht ablösen.

Hirsebratlinge

▶ Für 2–3 Personen
20 Minuten
100–150 g gekochte Hirse vom Vortag · 1 Ei · 2 große Champignons · 1 Karotte · 1–2 gekochte Kartoffeln vom Vortag · 3 EL Olivenöl · Pfeffer · 1 Zwiebel · Salz · Zitronensaft · Paprikapulver

▶ Zubereitung
Champignons und Karotte: putzen und fein raspeln.
gekochte Kartoffeln: durch die Kartoffelpresse drücken oder mit der Gabel sehr gut verdrücken.
Zwiebel: sehr fein hacken.

E Gekochte Hirse, Ei, geraspeltes Gemüse, Kartoffelmasse,
M Pfeffer, gehackte Zwiebel,
W Salz,
H einen Spritzer Zitronensaft,
F Paprikapulver und
E einen Esslöffel Olivenöl zu einer glatten Masse verkneten. Am besten geht das mit der Hand. Je länger und gründlicher der Teig geknetet wird, desto besser wird die Bindung.
Flache Bratlinge formen und in einer beschichteten Pfanne mit etwas Olivenöl von jeder Seite 5–8 Minuten goldbraun braten.

▶ Abwandlungen
Durch Zugabe unterschiedlicher Gewürze und Zutaten kann das Grundrezept verändert werden:

- reichlich Paprikapulver, Kreuzkümmel, fein gehackte Peperoni, ein Esslöffel eingeweichte fein gehackte Rosinen
- viel frische Kräuter, fein gehackter Ingwer, 5 Esslöffel Tofu
- 100 g Rinderhack, 1 Esslöffel gehackter Ingwer
- Bratlinge vor dem Braten in Sesam wälzen

▶ Tipp
Die Konsistenz des Teiges ist von mehreren Faktoren abhängig, wie zum Beispiel der Größe des Eis oder davon, mit wie viel Wasser das Getreide gekocht wurde. Die Zugabe von Weckmehl (Semmelbrösel) kann ein Zuviel an Flüssigkeit ausgleichen. Mit einem weiteren Eiweiß kann ein zu trockener Teig feuchter gemacht werden. Wichtig ist, dass das Getreide und die Kartoffel mindestens am Vortag gekocht wurden und gut ausgekühlt sind.

Polenta

▶ Für 2–3 Personen
25 Minuten
200 g Polenta · 3 EL Butter · Pfeffer · Salz · Zitronensaft · Paprikapulver

▶ Zubereitung

F In einem Topf ½ Liter Wasser zum Kochen bringen.
E Polenta einrieseln lassen, dabei mit dem Schneebesen ständig rühren und

die Herdplatte auf die kleinste Flamme stellen.

(M) Mit Pfeffer,
(N) Salz,
(H) etwas Zitronensaft (ganz wichtig!) und
(F) Paprikapulver kräftig würzen.
(E) Butter darin schmelzen.
Etwa ¼ Liter heißes Wasser oder auch etwas mehr in kleinen Portionen zugeben, bis keine Flüssigkeit mehr aufgesaugt wird. Immer wieder gut umrühren. Auf ausgeschalteter Platte noch 15 Minuten ziehen lassen und öfter umrühren.

▶ Tipp

Wollen Sie die Polenta als Suppeneinlage verwenden oder Scheiben davon braten, lassen Sie sie am besten in einer Schüssel über Nacht auskühlen. Sie können sie dann in kleine Würfel oder Scheiben schneiden.

Gemüsebulgur mit Kräutersoße

▶ Für 2–3 Personen

30 Minuten

Für den Gemüsebulgur: 200 g Bulgur · 1 Bd. glatte Petersilie · Bockshornkleesamen · 1 Maiskolben · 1 rote Paprika · 1 grüne Paprika · 3 EL Olivenöl · 1–2 Zwiebeln · 1–2 Peperoni · Kreuzkümmel · Salz

Für die Kräutersoße: 3 EL Olivenöl · 1 Msp. Vollrohrzucker · 2 Eier · ½ Bd. Schnittlauch · ½ Bd. Minze · Pfeffer · Salz · ½ Tasse Wasser · Saft von einer Zitrone · 2 EL Kapern · ½ Bd. Basilikum · ½ Bd. Rucola

▶ Zubereitung von Gemüsebulgur

Petersilie: waschen und hacken.
Maiskolben: Körner vom Kolben schneiden.
Paprika: waschen, Kerne entfernen und würfeln.
Zwiebeln: schälen und würfeln.
Peperoni: waschen, Kerne entfernen und sehr fein hacken.

(F) In einem heißen Topf
(E) Olivenöl erwärmen. Paprika, Maiskörner und
(M) Zwiebeln andünsten. Kreuzkümmel,
(N) eine Messerspitze Salz und
(H) Bulgur zugeben und anschwitzen.
(F) Die 1,5-fache Menge (bezogen auf den Bulgur) kochendes Wasser (hier also 300 Milliliter) zugeben, kurz aufkochen lassen, durchrühren, Herdplatte ausschalten, Deckel auflegen und 15–20 Minuten ziehen lassen.

▶ Abschmecken mit

(F) Bockshornkleesamen,
(E) etwas Olivenöl,
(M) Peperoni,
(N) Salz und
(H) gehackter Petersilie.

▶ Zubereitung der Kräutersoße

Alle Kräuter: waschen und sehr fein hacken.
Kapern: fein hacken.
Eier: 10 Minuten kochen, gut abschrecken und fein hacken.

Ⓔ Olivenöl,
Ⓜ Schnittlauch, Minze,
Ⓦ etwas Salz, Wasser,
Ⓗ Zitronensaft, Kapern,
Ⓕ Basilikum, Rucola,
Ⓔ Vollrohrzucker, Eier und
Ⓜ Pfeffer in der angegebenen Reihenfolge zu einer Soße verrühren und zum Gemüsebulgur servieren.

Rinderhack mit Mangold und Radieschen

▶ Für 2–3 Personen
20 Minuten
150–200 g Rinderhackfleisch · 250–300 g Mangold · 3 EL Olivenöl · Vollrohrzucker · 1 Bd. Radieschen · Pfeffer · 2 Zwiebeln · Salz · Sojasoße · Zitronensaft · Paprikapulver · Schale von 1 Bio-Orange · Pfeilwurzmehl

▶ Zubereitung
Orange: Schale mit Zestenreißer abreiben.
Mangold: waschen. Grün in Streifen schneiden, weiße Stiele getrennt in sehr feine Streifen schneiden.
Zwiebeln: schälen und in kleine Würfel schneiden.
Radieschen: waschen und vierteln.

Ⓕ In einer heißen Pfanne
Ⓔ das Olivenöl erhitzen und das Rinderhack anbraten.
Ⓜ Die Zwiebeln zugeben und mit anbraten. Pfeffer,
Ⓦ Salz, 2 Esslöffel Sojasoße,
Ⓗ einen Spritzer Zitronensaft,

WISSEN

Ballaststoffe

Die hochgepriesenen Ballaststoffe sind in gekochter Hirse oder Bulgur genauso vorhanden wie in einem Vollkornbrötchen – nur bekömmlicher. Außerdem enthalten alle pflanzlichen Nahrungsmittel Ballaststoffe. Diese sind nichts anderes als die Faser- und Gerüstsubstanzen, die jede einzelne Pflanzenzelle in Form ihrer Zellwand umgibt und den Pflanzen ihre Festigkeit, Holzigkeit oder Zähigkeit verleiht. Daher sind Gemüse, Obst und Blattsalate ebenso gute Lieferanten für Ballaststoffe wie Getreide. Weiterhin brauchen die Ballaststoffe viel Flüssigkeit, um ihre segensreiche Wirkung im Darm erfüllen zu können. Im gekochten Getreide wird diese gleich mitgeliefert, denn beim Kochen saugt zum Beispiel der Reis etwa das 1,5-fache an Wasser auf. Auch saftiges, gedünstetes Gemüse und Kompott enthalten mehr Flüssigkeit als ein Käsebrot. Um die Ballaststoffe aufzunehmen, muss man Getreide, Gemüse und Obst nicht unbedingt roh essen, denn die Zellulosefasern lösen sich beim Kochen nicht auf, sondern bleiben erhalten.

Ⓕ Paprikapulver, bei Bedarf etwas heißes Wasser und
Ⓔ etwas Vollrohrzucker zugeben.
Wenn das Fleisch durchgebraten ist, den weißen Teil vom Mangold zugeben und einige Minuten mitgaren, dann den grünen Teil zugeben.
Ⓜ Die Radieschen zugeben und kurz mitgaren.

▶ Abschmecken mit
Ⓜ etwas Pfeffer,
Ⓦ Salz,
Ⓗ einen Spritzer Zitronensaft,
Ⓕ Paprikapulver, abgeriebene Orangenschale,
Ⓔ etwas Vollrohrzucker. Mit Pfeilwurzmehl andicken.

Fleischbällchen mit Thai-Gewürzen

▶ Für 2–3 Personen
30 Minuten
150 g Rinderhack · 1 Ei · 3 EL Sesamöl · 1 Tasse gekochter Reis · 1 Zwiebel · 4 Korianderwurzeln · 1 EL grüner Pfeffer · 1 EL Zitronengras · 1 Knoblauchzehe · ½ TL Chilipulver · 1 EL Ingwer · ½ TL Garnelenpaste · 1 EL Fischsoße · Salz · 2 Scheiben Toastbrot · Bockshornkleesamen

▶ Zubereitung
Toastbrot: in kaltem Wasser einweichen, dann gut ausdrücken.
Zwiebel: schälen und fein hacken.
Knoblauch: pressen.
Ingwer und Zitronengras: jeweils fein hacken.
Korianderwurzeln: waschen, mit einem Messer die braune Haut abschrubben und fein hacken.
Zwiebel, Knoblauch, Chilipulver, Korianderwurzeln, Zitronengras, Ingwer, grünen Pfeffer, Garnelenpaste und Fischsoße zusammen in einem Mörser zu einer Paste zerstampfen.
Ⓔ Rinderhack, ein Ei, eine Tasse gekochten Reis,
Ⓜ Würzpaste,
Ⓦ Salz (nach Geschmack),
Ⓗ ausgedrücktes Toastbrot und
Ⓕ Bockshornkleesamen zu einem glatten Teig verkneten, am besten mit den Händen, und daraus kleine, flache Fleischbällchen formen.
Ⓕ In einer heißen Pfanne
Ⓔ Sesamöl erhitzen und die Fleischbällchen darin 15–20 Minuten bei mittlerer Hitze braten. Dabei 2–3 Mal wenden.

▶ Tipp
Zutaten wie Garnelenpaste, Zitronengras, Koriandergrün mit Wurzel, grünen Pfeffer und Fischsoße bekommen Sie in Asia-Läden.

Orientalische Fleischbällchen

▶ Für 2–3 Personen
30 Minuten
150 g Rinderhack · 1 Ei · 1 Tasse gekochte Hirse · 2 EL Olivenöl · 1 Zwiebel · Koriander · Kreuzkümmel · 1 Knoblauchzehe · 1 EL Ingwer · Pfeffer · Salz · 3–4 getrocknete Aprikosen · ½ Bd. glatte Petersilie · Curcuma

▶ Zubereitung
Petersilie: waschen und fein hacken
Aprikosen: über Nacht in etwas Wasser einweichen, abtropfen und fein hacken.
Zwiebel: schälen und fein hacken.
Knoblauch: pressen.
Ingwer: fein hacken.

E Rinderhack, Ei, Hirse,
M Zwiebel, Knoblauch, Ingwer, reichlich Koriander und Kreuzkümmel, etwas Pfeffer,
W Salz,
H Petersilie, Aprikosen und
F Curcuma zu einem glatten Teig verkneten, am besten mit den Händen. Daraus kleine, flache Fleischbällchen formen.
F In einer heißen Pfanne
E Olivenöl erhitzen. Die Fleischbällchen darin 15–20 Minuten bei mittlerer Hitze braten. 2–3-mal wenden.

Asiatische Hackfleisch-Pfanne

▶ 2–3 Personen
15 Minuten
200 g Rinderhack · 1 Karotte · 150 g Champignons · Vollrohrzucker · 3 EL Sesamöl · 1 Bd. Frühlingszwiebeln · 1 cl trockener Sherry · Pfeffer · Salz · 1 EL Sojasoße · Zitronensaft · 150 g Sojasprossen · Paprikapulver

▶ Zubereitung
Karotte: schälen und fein raspeln.
Champignons: putzen, halbieren und in Scheiben schneiden.
Frühlingszwiebeln: putzen und schräg in Ringe schneiden, dabei grüne und weiße Teile trennen.
Sojasprossen: waschen.

F In einer heißen Pfanne
E Sesamöl erhitzen und das Rinderhack anbraten.
M Die weißen Teil der Frühlingszwiebeln anbraten.
W Sojasoße,
H einen Spritzer Zitronensaft und die Sojasprossen mitbraten. Dann
F Paprikapulver,
E Karotten und Champignons dazugeben und mitbraten.
M Mit Sherry ablöschen.

▶ Abschmecken mit
W Salz, H Zitronensaft,
F Paprikapulver,
E Vollrohrzucker und
M Pfeffer. Mit grünem Teil der Frühlingszwiebeln bestreut servieren.

Sommerlicher Bohneneintopf

- 2–3 Personen

40 Minuten

300 g grüne Bohnen · 2–3 Kartoffeln · 1 Karotte · 2 EL Olivenöl · 2 Zwiebeln · ein großes Bd. Bohnenkraut · Pfeffer · Ingwer · Salz · 150–200 g Schweinelende · Zitronensaft · Paprikapulver · frischer Thymian

- Zubereitung

Zwiebeln: schälen und würfeln.
Ingwer: fein hacken.
Schweinefleisch: in 1 cm große Würfel schneiden.
Kartoffeln: schälen und in kleine Würfel schneiden.
Bohnen: waschen und in kleine Stücke schneiden.
Karotte: schälen und würfeln.
Thymian: waschen, Blättchen abzupfen oder ganz fein hacken.

(F) In einem heißen Topf
(E) Olivenöl erhitzen.
(M) Zwiebeln und Ingwer anschwitzen.
(W) Schweinefleisch unter Rühren von allen Seiten anbraten. Salz,
(H) einen Spritzer Zitronensaft,
(F) Paprikapulver, eine Tasse heißes Wasser,
(E) Kartoffeln und Bohnen zugeben und gut durchrühren.
(M) Pfeffer und Bohnenkraut zugeben und etwa 20 Minuten köcheln lassen. Eventuell etwas Wasser ergänzen. Wenn das Gemüse gar ist, das Bohnenkraut herausnehmen.

- Abschmecken mit

(M) Pfeffer,
(W) Salz,
(H) Zitronensaft und
(F) Thymian.

- Tipp

Wenn es im Frühherbst noch grüne Bohnen gibt und die ersten Süßkartoffeln angeboten werden, verwenden Sie statt der Kartoffeln doch einmal Süßkartoffeln. Das sieht farblich sehr schön aus und schmeckt mildsüßlich, was gut zu den Bohnen passt.

Gedämpfter Fisch mit Ingwer-Zitronen-Soße

- Für 2–3 Personen

15 Minuten

400–500 g Fischfilet oder Fischkotelett · 2 Zitronen · Bockshornkleesamen · 3 Wacholderbeeren · Vollrohrzucker · 1 EL Ingwer · 2 Stangen Zitronengras · 5 Pfefferkörner · 1 Lorbeerblatt · 1 rote Peperoni · Salz · Sojasoße · Salatblätter zum Anrichten

- Zubereitung

Fisch: waschen.
Zitronen: zum Auspressen halbieren, dabei in der Mitte jeweils eine Scheibe herausschneiden für den Sud.
Ingwer: sehr fein hacken.
Peperoni: halbieren, Kerne entfernen, waschen und sehr fein hacken.

▶ Für den Sud

H 2 Zitronenscheiben mit
F 100 Milliliter heißem Wasser, Wacholderbeeren,
E einer Messerspitze Vollrohrzucker,
M einem Lorbeerblatt, Zitronengras und Pfefferkörnern in einer beschichteten Pfanne aufkochen.
W Den Fisch hineingeben und bei schwacher Hitze etwa 6–10 Minuten mit aufgelegtem Deckel ziehen lassen. In der Zwischenzeit die Soße zubereiten.

▶ Für die Soße

H 5 Esslöffel Zitronensaft,
F etwas Bockshornkleesamen, 10 Esslöffel warmes Wasser,
E 2 Teelöffel Vollrohrzucker,
M Ingwer, Peperoni und
W 5 Esslöffel Sojasoße gut verrühren.

Den gegarten Fisch auf Salatblättern anrichten und mit der Hälfte der Soße begießen. Den Rest der Soße in einem kleinen Schälchen zum Nachwürzen reichen.

▶ Das passt dazu: Reis

▶ Tipp

Sie können grundsätzlich jeden Fisch für dieses Gericht verwenden. Größere Fischfilets können Sie in Streifen schneiden, etwas aufrollen und mit Zahnstochern fixieren; das sieht schöner aus.

Fischsteaks

▶ Für 2–3 Personen

15 Minuten + 1–2 Stunden zum Marinieren

2–3 Fischsteaks, je ca. 200 g · 1–2 Bio-Limetten · 1 TL Curcuma · 2 EL Olivenöl · 1 kleine Zwiebel · Pfeffer · 1 TL Salz

▶ Zubereitung

Limetten: gut waschen und klein schneiden. Mit 3 Esslöffeln Wasser mischen, gut durchkneten, ausdrücken und den Saft dann durch ein feines Sieb geben.

Zwiebel: schälen und sehr fein hacken.

H Limettensaft,
F Curcuma,
E Öl,
M Zwiebel, Pfeffer und
W Salz zu einer Marinade verrühren. Die Fischsteaks darin wenden und 1–2 Stunden ziehen lassen.

Fisch auf dem Holzkohlengrill mit einer Alugrillpfanne grillen oder mit wenig Öl in einer Pfanne braten.

H Mit Limettenspalten servieren.

▶ Tipp

Wer gerne Knoblauch mag, kann eine gepresste Knoblauchzehe in die Marinade geben und/oder frittierten Knoblauch zum Garnieren verwenden.

Erbsen-Tofu-Pfanne

▶ 2–3 Personen
30 Minuten
150 g Räuchertofu · Salz · Zitronensaft · 1 Bd. Petersilie · Paprikapulver · 3 EL Olivenöl · Vollrohrzucker · ½ TL Pfeilwurzmehl · 500 g frische Erbsen · 250 g Champignons · 2 Zwiebeln · Pfeffer

▶ Zubereitung
Erbsen: auspalen.
Champignons: putzen und in Scheiben schneiden.
Pfeilwurzmehl: in 5 Esslöffel kaltem Wasser anrühren.
Zwiebeln: schälen und achteln.
Räuchertofu: in Würfel schneiden.

(F) In einer heißen Pfanne
(E) Öl erhitzen.
(M) Zwiebeln anschwitzen.
(E) Erbsen und Champignons anbraten.
(M) Pfeffer dazugeben.
(W) Räuchertofu anbraten. Salz,
(H) einen Spritzer Zitronensaft,
(F) Paprikapulver und etwas heißes Wasser zugeben und 5–10 Minuten köcheln lassen.
(E) Etwas Vollrohrzucker dazugeben und mit Pfeilwurzmehl andicken.

▶ Abschmecken mit
(M) Pfeffer,
(W) Salz,
(H) Zitronensaft und Petersilie.

Erdbeertraum

▶ Für 4 Personen
15 Minuten + 2 Stunden zum Marinieren
500 g Erdbeeren · 3 EL Vollrohrzucker · 2 Zweige Minze · 1 TL rosa Pfeffer · 1 Msp. Kardamom · 1 Prise Salz · Zitronensaft · 1 Msp. Kakao

WISSEN

Tofu – auch Bohnenquark genannt – wird aus Sojabohnen hergestellt

Es gibt ihn in verschiedenen Arten: Seidentofu ist sehr weich und hat wenig Eigengeschmack. Man verwendet ihn für Bratlinge und Füllungen, wo er erst durch entsprechende Zutaten Würze bekommt. In China wird er gerne mit einer scharfen Soße serviert. Seidentofu kann sowohl würzig mariniert und dann gebraten werden als auch gesüßt zum Beispiel mit Früchten für Desserts verwendet werden. Ich verwende gerne Räuchertofu, der einen herzhaften Geschmack hat und in der Konsistenz fester ist. Es gibt auch da verschiedene Geschmacksrichtungen, entweder pur oder mit Kräutern oder Nüssen. Sie sollten ausprobieren, was Ihnen am besten schmeckt.

▶ Zubereitung

Erdbeeren: waschen, Stiele entfernen und vierteln. Mit Vollrohrzucker vermischen und für 1–2 Stunden in den Kühlschrank stellen.
Rosa Pfeffer: in einer Pfanne ohne Fett leicht rösten, dann im Mörser grob zerstoßen.

E Die Hälfte der Erdbeeren auf 4 Schälchen verteilen. Die andere Hälfte der Erdbeeren pürieren, in einen Topf geben und erwärmen.
M Fein gehackte Minze, Kardamom,
N Salz,
H einen Spritzer Zitronensaft und
F Kakao zugeben.
Wenn das Fruchtmus einmal aufgekocht hat, über die Erdbeeren in den Schälchen verteilen und etwas von dem rosa Pfeffer darüberstreuen.

▶ Das passt dazu: ein Löffel geschlagene Sahne, mit Vanille und Orangenschale gewürzt.

▶ Tipp

Es sieht sehr schön aus, wenn Sie die Erdbeeren mit einem Minzeblatt garnieren.

Rote Grütze

▶ Für 2–3 Personen

30 Minuten + Zeit zum Abkühlen

250 g Johannisbeeren · 250 g Erdbeeren · 250 g Himbeeren · 250 g Kirschen · 1 TL Vanillepulver · 1 EL Pfeilwurzmehl · 3 EL Vollrohrzucker · 1 TL Zimt · 1 Msp. Salz · 1 Spritzer Zitronensaft · ½ TL Kakao

▶ Zubereitung

Früchte: waschen, entstielen bzw. entkernen.
Pfeilwurzmehl: in 3 Esslöffeln kaltem Wasser auflösen.

F Früchte in einem Topf mit 100 Milliliter Wasser langsam erwärmen.
E Vanillepulver, Vollrohrzucker,
M Zimt,
N Salz,
H Zitronensaft und
F Kakao zugeben. Unter Rühren aufkochen lassen.
E Das Pfeilwurzmehl einrühren, noch einmal kurz aufkochen und abkühlen lassen.

▶ Tipp

Servieren Sie die rote Grütze mit einem Löffel Schlagsahne.

Obst-Soufflee

▶ Für 4 Personen

25 Minuten

500 g aromatische Sauerkirschen oder Stachelbeeren · 4 Eier · 4 TL Vollrohrzucker · 1 Msp. Vanillepulver · etwas Butter zum Einfetten der Förmchen · 1 Msp. Kardamom · 1 Msp. Zimt · 1 Prise Salz · 1 Spritzer Zitronensaft · Orangenschale · 2 EL Semmelbrösel

▶ Zubereitung

Obst: waschen und entstielen bzw. entkernen.

Flache Auflauf-Förmchen: mit etwas Butter auspinseln, Zimt hineinstreuen und mit Obst auslegen.

Eiweiß und Eigelb trennen. Eiweiß mit etwas Zitronensaft zu steifem Schnee schlagen.

E Eigelb mit 3 Esslöffeln Vollrohrzucker, Vanillepulver,
M Kardamom,
W Salz und
H etwas Zitronensaft cremig schlagen. Eischnee mit Semmelbrösel und
F Orangenschale unter die Eigelbmasse heben.

Teigmasse über dem Obst verteilen, mit etwas Zimt und Vollrohrzucker bestreuen, im vorgeheizten Backofen bei 180 °C etwa 10 Minuten überbacken, bis die Oberfläche leicht gebräunt ist.

▶ Tipp

Sie können diese Süßspeise mit praktisch jedem reifen und süßen Obst zubereiten. Je aromatischer und reifer das Obst ist, desto besser schmeckt es.

Kirschkuchen

▶ Für 1 Kuchen

30 Minuten + 1 Stunde Backzeit

1 kg entsteinte Sauerkirschen · 1 Bio-Zitrone · 4 Eier · etwas Butter zum Einfetten der Form · 100 g Vollrohrzucker · 200 g geriebene, ungeschälte Mandeln · 1 Msp. Zimt · 1 Msp. Nelkenpulver · 1 Msp. Salz · 4 EL Semmelbrösel

▶ Zubereitung

Mit dem Zestenreißer die Schale von der Zitrone abreiben, anschließend ganz fein hacken.

Eigelb vom Eiweiß trennen. Eiweiß mit etwas Zitronensaft sehr steif schlagen.

Eine Springform von 26 cm Durchmesser mit etwas Butter einfetten.

E Eigelbe mit dem Vollrohrzucker schaumig schlagen, Mandeln dazugeben und unterrühren.
M Zimt, Nelkenpulver,
W Salz,
H Semmelbrösel und
F Zitronenschale untermischen.
E Dann den Eischnee vorsichtig unterheben. Die Hälfte des Teiges in die Springform füllen, mit der Hälfte der Kirschen belegen, dann den restlichen Teig darüberstreichen und mit den restlichen Kirschen belegen. Im vorgeheizten Backofen bei 180 °C eine Stunde backen.

▶ Tipp

Sie können für diesen Kuchen Süß- oder Sauerkirschen verwenden. Wenn Sie Früchte aus dem Glas nehmen, müssen Sie sie auf einem Sieb gut abtropfen lassen und mit Haushaltspapier etwas trocken tupfen.

HERBST

Lauch-Kartoffel-Suppe

▶ Für 2–3 Personen
30 Minuten
3–5 Kartoffeln · 1–2 EL Olivenöl · 2 EL Butter · Vollrohrzucker · 3–4 Stangen Lauch · 1 Zwiebel · Pfeffer · Muskat · Salz · Zitronensaft · Bockshornkleesamen

▶ Zubereitung
Kartoffeln: schälen und halbieren.
Lauch: schräg in 1 cm breite Ringe schneiden.
Zwiebel: schälen und würfeln.

(F) In einem heißen Topf
(E) Öl erwärmen. Kartoffeln und
(M) Zwiebel anschwitzen. Pfeffer,
(W) Salz und
(H) einen Spritzer Zitronensaft dazugeben.
(F) Mit 1 Liter heißem Wasser ablöschen. Bockshornkleesamen und
(E) eine Messerspitze Vollrohrzucker dazugeben und etwa 10 Minuten kochen lassen.
(M) Den Lauch dazugeben, weitere 10 Minuten kochen lassen, danach den größten Teil des Lauches mit einem Sieblöffel herausnehmen und zur Seite stellen.
(E) Die Suppe mit der Butter pürieren. Bei Bedarf heißes Wasser zugeben, bis die richtige Konsistenz entsteht.

▶ Abschmecken mit
(M) Pfeffer, Muskat,
(W) Salz,
(H) Zitronensaft,
(F) Bockshornkleesamen,
(E) Vollrohrzucker.
Dann den Lauch wieder zurück in den Topf geben.

Kürbiseintopf

▶ Für 2–3 Personen
30 Minuten
400 g Hokaidokürbis · 3 EL Olivenöl · 3–4 EL Polenta · 250 g gekochte Maroni · 1 Stange Lauch · 1 Zwiebel · Pfeffer · Ingwer · reichlich Koriander · Salz · Zitronensaft · Paprikapulver · Bockshornkleesamen · 1 EL Butter

▶ Zubereitung
Kürbis: gut waschen und bürsten. (Die Schale kann mit verwendet werden.) Kerne entfernen und den Kürbis in 2 cm große Würfel schneiden.
Lauch: waschen und schräg in Ringe schneiden.
Zwiebel: schälen und würfeln.
Ingwer: fein hacken.

(F) In einem heißen Topf
(E) Öl erhitzen.
(M) Zwiebel anbraten → (E).
(E) Maroni zugeben.
(M) Ingwer anbraten. Pfeffer, reichlich Koriander,
(W) Salz,
(H) einen Spritzer Zitronensaft und
(F) Bockshornkleesamen zugeben. Mit 1,5 Liter heißem Wasser ablöschen.
(E) Kürbis zugeben, Polenta einrühren und 20 Minuten köcheln lassen.
(M) Nach 10 Minuten den Lauch dazugeben.

▶ Abschmecken mit
Salz,
Zitronensaft,
Paprikapulver,
Butter,
Pfeffer und Koriander.

Brokkolicremesuppe

▶ Für 2–3 Personen
35 Minuten
2 große Kartoffeln · 2 Brokkoli (ca. 500 g) · 1 EL Olivenöl · 1 EL Butter · 1 Zwiebel · Pfeffer · Muskat · Salz · Zitronensaft · Bockshornkleesamen · ½ l Sojamilch · 3 EL Sonnenblumenkerne

▶ Zubereitung
Kartoffeln: schälen und in Stücke schneiden.
Brokkoli: in Röschen teilen, die Stiele schälen.
Sonnenblumenkerne: ohne Fett in einer Pfanne rösten.
Zwiebel: schälen und hacken.

In einem heißen Topf
Öl erwärmen. Kartoffeln, Brokkoli und
Zwiebel anschwitzen.
Salz,
einen Spritzer Zitronensaft,
etwas Bockshornkleesamen und ½ Liter heißes Wasser angießen. 30 Minuten köcheln lassen. Danach mit
Butter pürieren und so viel heiße Sojamilch zugeben, bis die richtige Konsistenz erreicht ist.

WISSEN

Suppen – die Alternative zum Abendbrot

Probieren Sie es aus: Bereiten Sie sich abends – besonders nach einem hektischen und anstrengenden Tag – eine Suppe zu, und spüren Sie, wie wohltuend, harmonisierend, sättigend und befriedigend sich das in Ihrem Bauch anfühlt. Eine Suppe ist abends viel besser geeignet als Brot, um dem Körper verbrauchte Energie zurückzugeben, ohne ihn zu belasten.

▶ Abschmecken mit
Pfeffer, Muskat,
etwas Salz,
einem Spritzer Zitronensaft und
Bockshornkleesamen.
Mit Sonnenblumenkernen bestreut servieren.

Kartoffelsuppe mit Champignons

▶ Für 2–3 Personen
30 Minuten
5 Kartoffeln · 2 EL Olivenöl · 1 EL Butter · Vollrohrzucker · 300 g braune Champignons · Pfeffer · Muskat · Salz · 1 Bio-Zitrone · 2 EL Balsamessig · 1 Zwiebel · 1 Bd. glatte Petersilie · Bockshornkleesamen

▶ Zubereitung

Kartoffeln: schälen und halbieren.
Champignons: säubern, eventuell waschen, Stiele unten etwas abschneiden, in Scheiben schneiden.
Zitronenschale: mit dem Zestenreißer abschälen.
Zwiebel: schälen und würfeln.

F In einem heißen Topf
E ein Esslöffel Öl erwärmen. Kartoffeln und
M Zwiebel anschwitzen. Pfeffer,
W Salz und
H einen Spritzer Zitronensaft zufügen.
F Mit einem Liter heißem Wasser ablöschen. Bockshornkleesamen und
E eine Messerspitze Vollrohrzucker dazugeben. 15–20 Minuten kochen lassen. Die Suppe mit der Butter pürieren, bei Bedarf heißes Wasser zugeben, bis die richtige Konsistenz entsteht.

▶ Abschmecken mit

E Vollrohrzucker,
M Pfeffer, Muskat,
W Salz,
H Zitronensaft und
F Bockshornkleesamen.

▶ Während die Kartoffeln kochen

F In einer heißen Pfanne
E einen Esslöffel Öl erwärmen. Champignons anbraten. Mit
M Pfeffer und
W Salz würzen.
H Mit Balsamessig ablöschen. Petersilie und
F Zitronenschale unterheben. Kurz andünsten und die Champignons in die pürierte Suppe geben.

Wirsing mit Nüssen

▶ Für 2–3 Personen

20 Minuten

1 mittelgroßer Wirsing · 4–5 EL gehackte Haselnüsse · 1–2 EL Olivenöl · 2 EL Butter · 1 Zwiebel · Pfeffer · Salz · Zitronensaft

▶ Zubereitung

Wirsing: putzen, vierteln, in feine Streifen schneiden und 5 Minuten blanchieren.
Zwiebel: schälen und in Würfel schneiden.

F In einer heißen Pfanne
E Olivenöl erwärmen.
M Zwiebel anbraten → E.
E Wirsing zugeben und andünsten (nicht braun werden lassen).
M Pfeffer,
W Salz,
H einen Spritzer Zitronensaft und
F etwas heißes Wasser oder Kochbrühe (ungesalzen) zugeben.
E Haselnüsse und Butter untermischen. Kurz durchziehen lassen.

▶ Tipp

Wenn Sie den Wirsing in Wasser ohne Salz blanchieren, können Sie die Brühe gut zum Kochen nehmen, trinken oder als Basis für eine Suppe am nächs-

WISSEN

Gemüse – Hauptlieferant für Vitamine und Mineralstoffe

Es ist keineswegs notwendig, das Gemüse roh zu verzehren, um in den Genuss dieser wichtigen Inhaltsstoffe zu kommen. Viele Beispiele zeigen, dass bestimmte Stoffe erst durch das Kochen für den Körper in einer leicht aufzunehmenden Form zur Verfügung stehen. Wirsing beispielsweise – ein typisches Wintergemüse – enthält roh lediglich eine Vorstufe von Vitamin C, die beim Erhitzen in Vitamin C umgewandelt wird. Ähnlich verhält es sich mit dem Vitamin A, das in gekochten Karotten vom Körper besser aufgenommen werden kann als in Form von Rohkost.

ten Tag verwenden. Auf diese Weise können Sie auch andere Gemüse (Spinat, Mangold, Chinakohl, Weißkraut, Brokkoli, Zucchini) als schnelle Beilage zubereiten.

Karotten-Chinakohl-Gemüse

▶ Für 2–3 Personen
15 Minuten

ca. 300 g Karotten · 1 mittelgroßer Chinakohl · Pfeilwurzmehl · 4 Schalotten · 1–2 EL Olivenöl · 1 EL Ingwer · Pfeffer · Salz · Sojasoße · Zitronensaft · ½ Bd. Petersilie oder Schnittlauch · Bockshornkleesamen

▶ Zubereitung

Karotten: schälen und in sehr feine Stifte (Julienne) hobeln.
Chinakohl: die äußeren Blätter abnehmen, in Streifen schneiden (feste weiße Teile und weiche grüne Teile trennen).
Schalotten: schälen und achteln.
Ingwer: fein hacken.

(F) In einer heißen Pfanne
(E) Olivenöl erwärmen.
(M) Ingwer und Schalotten anschwitzen.
(W) ½ Teelöffel Salz,
(H) einen Spritzer Zitronensaft und
(F) Bockshornkleesamen dazugeben.
(E) Karotten und weiße Teile des Chinakohls andünsten. Kurz einen Deckel auflegen und etwas Flüssigkeit ziehen lassen, eventuell muss man etwas heißes Wasser zugeben. Am Ende den grünen Teil des Chinakohls unterheben und noch 1–2 Minuten köcheln lassen.

▶ Abschmecken mit

(M) Pfeffer,
(W) Sojasoße, Salz,
(H) Zitronensaft,
(F) Bockshornkleesamen. Mit
(E) Pfeilwurzmehl binden. Mit
(H) Petersilie oder
(M) Schnittlauch bestreut servieren.

Champignons in Mandelsoße

▶ Für 2–3 Personen

15 Minuten

500 g Champignons · 1 EL Olivenöl · Mandelmus · 4 EL Mandelblättchen · 1 Bd. Schnittlauch · Pfeffer · Muskat · Salz · Sojasoße · Zitronensaft · 1 Bd. Petersilie · Paprikapulver

▶ Zubereitung

Champignons: putzen, vierteln oder halbieren (je nach Größe).
Mandelblättchen: in einer Pfanne unter ständigem Rühren leicht bräunen.
Schnittlauch und Petersilie: waschen und fein hacken.

In einer heißen Pfanne
Olivenöl erwärmen. Champignons andünsten.
Schnittlauch, Pfeffer,
Salz,
einen Spritzer Zitronensaft, Petersilie und
etwas Paprikapulver zugeben. Den Deckel auflegen und 5 Minuten dünsten. Die Pilze sollen etwas Wasser ziehen.
Je 4 Esslöffel Mandelmus und heißes Wasser verrühren, zu den Champignons geben. Kurz durchkochen.

▶ Abschmecken mit

Pfeffer, Muskat,
Sojasoße und
Zitronensaft.
Mit Mandelblättchen bestreut servieren.

▶ Tipp

Wenn Sie statt Mandelmus Sesammus (Tahin) verwenden, ist der Geschmack etwas herber.

Karotten-Fenchel-Gemüse

▶ Für 2–3 Personen

15 Minuten

350 g Karotten · 1–2 Fenchelknollen · 1–2 EL Olivenöl · Vollrohrzucker · Pfeilwurzmehl · 1 Zwiebel · Pfeffer · ½ Bd. Dill · Salz · Sojasoße · Zitronensaft · Paprikapulver

▶ Zubereitung

Karotten: schälen und in feine Scheiben hobeln.
Fenchel: putzen und in dünne Streifen schneiden.
Zwiebel: schälen und achteln.
Dill: waschen und grob hacken.

In einer heißen Pfanne
Olivenöl erwärmen.
Zwiebel glasig dünsten → E.
Karotten und Fenchel andünsten. Mit
etwas Pfeffer, Salz,
einem Spritzer Zitronensaft und
Paprikapulver würzen. Etwas heißes Wasser zugeben und etwa 5 Minuten köcheln lassen.
Mit Pfeilwurzmehl binden.

▶ Abschmecken mit

Vollrohrzucker,
Pfeffer, gehacktem Dill,
Salz oder Sojasoße.

Bunter Herbstsalat mit Trauben

▶ Für 2–3 Personen

15 Minuten

½ Eichblattsalat · ½ Endiviensalat · 1 Radicchio · Paprikapulver · 2 EL Traubenkernöl · Vollrohrzucker · 250 g Weintrauben · Pfeffer · ½ Bd. Dill · ½ Bd. Schnittlauch · Salz · 1–2 EL Balsamessig · 1 Bd. glatte Petersilie

▶ Zubereitung

Salat: waschen und in Stücke zupfen.
Kräuter: waschen, klein schneiden.
Trauben: waschen und von den Stielen zupfen.

(E) Traubenkernöl,
(M) etwas Pfeffer,
(W) einen Teelöffel Salz,
(H) Balsamessig,
(F) etwas Paprikapulver und
(E) ½ Teelöffel Vollrohrzucker zu einer Soße verrühren.
Salat mit Kräutern, Trauben und Soße mischen und sofort servieren.

Herbstsalat

▶ Für 2–3 Personen

15 Minuten + 1 Stunde Kochzeit

1 dunkler Eichblattsalat · 2 Rote Bete · 3 EL Olivenöl · Vollrohrzucker · 150 g braune Champignons · 50 g Walnüsse · ½ Stange Lauch · Pfeffer · Salz · 2 EL Balsamessig · Zitronensaft · 1 Bd. Petersilie · Paprikapulver

▶ Zubereitung

Rote Bete: mit der Schale mit Wasser bedeckt eine Stunde kochen. Abschrecken, die Haut abziehen und mit dem Gemüsehobel in ganz feine Scheiben schneiden.
Petersilie: waschen, klein schneiden.
Salat: waschen und in Stücke zupfen.
Champignons: putzen und in Scheiben schneiden.
Lauch: putzen, waschen und schräg in ganz feine Ringe schneiden.
(E) 2 Esslöffel Olivenöl,
(M) etwas Pfeffer,
(W) ein Teelöffel Salz,
(H) 2 Esslöffel Balsamessig,
(F) etwas Paprikapulver und
(E) eine Messerspitze Vollrohrzucker für die Salatsoße gut verrühren.
Mit den lauwarmen Rote-Bete-Scheiben und der Petersilie mischen.

(F) In einer heißen Pfanne
(E) einen Esslöffel Olivenöl erhitzen. Champignonscheiben 1–2 Minuten anbraten.
(M) Lauch dazugeben und 2 Minuten mitdünsten. Pfeffer,
(W) Salz,
(H) einen Spritzer Zitronensaft,
(F) Paprikapulver und
(E) Walnüsse zugeben und kurz erwärmen.
Salat und Rote Bete mit der Salatsoße auf Teller geben und die warmen Champignons darauf verteilen.

Italienischer Brokkolisalat

▶ Für 2–3 Personen

30 Minuten

2 Brokkoli · Vollrohrzucker · 50 g Walnüsse · 3 EL Olivenöl · Pfeffer · Salz · 4 EL Balsamessig · 150 g Cocktail- oder Kirschtomaten · Paprikapulver · 1 Bd. Basilikum

▶ Zubereitung

Tomaten: waschen und halbieren.
Basilikum: waschen, Blätter abzupfen und grob hacken.
Brokkoli: putzen, waschen, in Röschen teilen. Im Dampf bissfest garen, dann mit kaltem Wasser abschrecken.

E Olivenöl,
M etwas Pfeffer,
W Salz,
H Balsamessig,
F wenig Paprikapulver, 5 Esslöffel heißes Wasser und
E ½ Teelöffel Vollrohrzucker zu einer Soße verrühren.

Brokkoliröschen, Basilikum, Tomaten und Walnüsse in eine Schüssel geben. Die Salatsoße darübergießen und vorsichtig mischen. 15 Minuten ziehen lassen. Vor dem Servieren noch einmal durchmischen.

Rucola-Rettich-Salat

▶ Für 2–3 Personen

15 Minuten

250 g Rucola (Rauke) · Paprikapulver · 2 EL Olivenöl · Vollrohrzucker · 1 kleiner, weißer Rettich · 1 ½ EL rosa Pfeffer · Salz · 3 EL Weißweinessig · ½ Bd. Petersilie

▶ Zubereitung

Petersilie: waschen und klein schneiden.
Rucola: waschen und grob zerteilen.
Rettich: schälen, mit dem Gemüsehobel in Julienne (ganz feine Streifen) schneiden.
Rosa Pfeffer: grob im Mörser zerstoßen.

E 2 Esslöffel Olivenöl,
M einen Teelöffel Pfeffer,
W einen Teelöffel Salz,
H 3 Esslöffel Weißweinessig,
F etwas Paprikapulver, 4 Esslöffel heißes Wasser und
E einen Teelöffel Vollrohrzucker zu einer Soße verrühren.

Rucola, Petersilie und Rettich in eine Schüssel geben. Salatsoße darübergießen und gut mischen.

M Mit einem Esslöffel zerstoßenem rosa Pfeffer bestreut servieren.

Reis – Grundrezept

▶ Für 2–3 Personen

20 Minuten

200 g Duftreis oder Basmatireis

▶ Zubereitung

Reis in einen Topf geben und mit lauwarmem Wasser zwei- bis dreimal waschen.

So viel Wasser zugeben, dass der Reis etwa 2 cm mit Wasser bedeckt ist. Machen Sie den Test mit dem Mittelfinger: Setzen Sie den Mittelfinger auf den Reis. Das darüberstehende Wasser sollte bis zur ersten Kerbe Ihres Mittelfingers reichen.

Reis auf der höchsten Stufe zum Kochen bringen.

Wenn es richtig kocht, einmal umrühren, Elektroplatte abdrehen, nach 1–2 Minuten den Topf mit dem Deckel verschließen und etwa 15 Minuten ausquellen lassen.

Bitte nicht mehr rühren und möglichst auch den Deckel nicht lüften.

Die Chinesen öffnen den Deckel erst kurz vor dem Servieren, damit das Qi vom Reis nicht verloren geht.

▶ Abwandlungen

- Geben Sie nach dem Waschen 1–2 Teelöffel Curcuma zum Reis. Er erhält dadurch eine schöne gelbe Farbe.
- Kleine Reste Reis lasse ich im Topf mit Deckel darauf stehen und koche sie am nächsten Morgen mit etwas Wasser und einem Teelöffel Butter auf, sodass sich der Reis vom Boden löst. Ich erhalte so eine feine Reissuppe zum Frühstück, und der Topf lässt sich danach ganz einfach spülen.

▶ Tipp

Am liebsten verwende ich thailändischen Duftreis. Falls Sie noch kein Reisfan sind, probieren Sie diesen Reis, den es in jedem Asia-Markt zu kaufen gibt, einmal. Spätestens wenn Ihnen nach dem Kochen beim Lüften des Deckels dieser Duft in die Nase steigt, werden Sie Reis mögen.

WISSEN

Getreide – Vollkorn oder doch lieber geschält?

Beim Reis kann man sich nach Geschmack entscheiden – geschält oder ungeschält. Ich persönlich bevorzuge geschälten Reis, denn so habe ich ihn in China, Malaysia, Singapur, Indien und Thailand auf vielen Reisen kennen und schätzen gelernt.

Gerste, Hafer, Roggen, Weizen – als ganze Körner gekocht – halte ich für äußerst schwer verdaulich. Aus diesem Grund finden Sie auch keine Rezepte in diesem Buch zu diesen Getreidearten im ganzen Korn. Wer dennoch nicht darauf verzichten möchte, sollte die Körner 24 Stunden einweichen und dann noch weitere 24 Stunden ankeimen lassen, bevor sie gekocht werden.

Reispfanne mit Schinken

▶ Für 2–3 Personen
15 Minuten
3 Tassen gekochter Reis · 1 Stange Lauch · 1 EL Ingwer · Pfeffer · 150 g gekochter Schinken · Salz · 1–2 EL Sojasoße · Zitronensaft · Paprikapulver · 4 EL Sesamöl · Vollrohrzucker

▶ Zubereitung
Lauch: waschen und schräg in feine Ringe schneiden.
Ingwer: fein hacken.
Schinken: in Streifen schneiden.

- F In einer heißen Pfanne
- E Sesamöl erhitzen.
- M Ingwer und Lauch unter Rühren so lange braten, bis der Lauch weich wird, aber noch knackig ist.
- W Schinken dazugeben.
- H Einen Spritzer Zitronensaft,
- F Paprikapulver,
- E eine Messerspitze Vollrohrzucker und
- M den gekochten Reis unterheben.

▶ Abschmecken mit
- M Pfeffer,
- W Salz und Sojasoße,
- H Zitronensaft.

Bunter Reis

▶ Für 2–3 Personen
30 Minuten
100 g Duftreis · 1 Zwiebel · 1 grüne Peperoni · 2 rote Peperoni · Koriander · Salz · Zitronensaft · Curcuma · 1 EL Rosinen · 2 EL Mandelsplitter · 2 EL Sesamöl · 1 EL Butter

▶ Zubereitung
Rosinen: in heißem Wasser 10 Minuten einweichen, dann ausdrücken und fein hacken.
Zwiebel: schälen und sehr fein hacken.
Peperoni: waschen, Kerne entfernen und sehr fein hacken.
Reis: waschen und in einem Sieb abtropfen lassen.

- F In einem heißen Topf
- E Sesamöl erwärmen.
- M Zwiebel anschwitzen. Peperoni und Reis zugeben und etwas anschwitzen.
- W Eine Messerspitze Salz,
- H einen Spritzer Zitronensaft,
- F einen Teelöffel Curcuma zugeben und mit heißem Wasser ablöschen, sodass der Reis etwa 1 cm mit Wasser bedeckt ist.
- E Die eingeweichten Rosinen und die Mandelsplitter zugeben. Noch einmal umrühren, die Herdplatte ausschalten, den Deckel auflegen und 10–15 Minuten ziehen lassen.

▶ Abschmecken mit
- E Butter,
- M Koriander und
- W Salz.

Gebratener Thai-Reis

▶ Für 2–3 Personen
15 Minuten
3 Tassen gekochter Duftreis · 1 Bd. Frühlingszwiebeln · 2 EL Ingwer · 3 kleine, rote Zwiebeln · 1 Peperoni oder Chili · 1–2 EL Fischsoße · Salz · Zitronensaft · 3 feste Tomaten · Bockshornkleesamen · 3–4 EL geröstetes Sesamöl · Vollrohrzucker

▶ Zubereitung
Zwiebeln: schälen und achteln.
Frühlingszwiebeln: putzen, waschen und schräg in 3 cm lange Stücke schneiden.
Ingwer: fein hacken.
Peperoni oder Chili: waschen, Kerne entfernen und fein hacken.
Tomaten: waschen, Blütenansatz herausschneiden und achteln.

F In einer heißen Pfanne
E geröstetes Sesamöl erhitzen.
M Ingwer, Zwiebeln und Frühlingszwiebeln anbraten. Den gekochten Reis unterheben.

▶ Abschmecken mit
M Peperoni oder Chili,
W Fischsoße, Salz,
H einigen Spritzern Zitronensaft. Die Tomaten unterheben und alles kurz erwärmen.
F Bockshornkleesamen und
E eine Messerspitze Vollrohrzucker dazugeben.

Teuflische Putenpfanne

▶ Für 2–3 Personen
15 Minuten
150 g Putenfleisch · 1 EL Ingwer · 2 Knoblauchzehen · 2 rote Zwiebeln · 2–3 Frühlingszwiebeln · Pfeffer · 2 getrocknete Chilischoten · 1 rote Peperoni · 1 EL Sojasoße · Salz · 2 Tomaten · Zitronensaft · Curcuma · 2 EL Sesamöl · Vollrohrzucker

▶ Zubereitung
Tomaten: überbrühen, häuten, achteln und die Kerne entfernen.
Putenfleisch: in etwa 1 cm dicke Scheiben schneiden.
Frühlingszwiebeln: waschen, putzen und schräg in 2–3 cm lange Stücke schneiden.
Ingwer: fein hacken.
Knoblauch: in feine Scheibchen schneiden.
Chili und Peperoni: entkernen und fein hacken.
Zwiebeln: schälen und achteln.

F In einer heißen Pfanne
E Sesamöl erhitzen.
M Ingwer und Knoblauch anbraten. Putenfleisch scharf anbraten.
W Salz,
H einen Spritzer Zitronensaft,
F Curcuma,
E Vollrohrzucker und
M Chili zugeben. Dabei immer gut rühren. Rote Zwiebeln zugeben.
W Einen Esslöffel Sojasoße und die
H Tomaten unterheben.

▶ Abschmecken mit
H Zitronensaft,
F Curcuma,
E Vollrohrzucker,
M Pfeffer und
N Salz.

▶ Tipp
Dieses Gericht ist innerhalb von 5–7 Minuten fertig, denn es wird bei großer Hitze schnell im Wok (oder in einer großen Pfanne) gerührt. Bei dieser Art zu kochen ist es besonders wichtig, dass alle Zutaten vorbereitet bereitstehen.

Putenfleisch mit buntem Gemüse

▶ Für 2–3 Personen
20 Minuten
150 g Putenbrust · 1 Bd. Frühlingszwiebeln · 1 TL Ingwer · Pfeffer · Salz · Zitronensaft · 1 Bd. frischer Thymian · 3 Rosmarinzweige · Paprikapulver · 2 EL Olivenöl · 1 rote Paprika · 1 Zucchini · 1 Maiskolben · Vollrohrzucker · Pfeilwurzmehl

▶ Zubereitung
Zucchini: waschen, Ansätze wegschneiden, längs halbieren, dann in Scheiben schneiden.
Paprika: putzen, waschen, in 2–3 cm Stücke schneiden.
Maiskolben: Körner vom Kolben schneiden.
Putenbrust: in Streifen schneiden.
Frühlingszwiebeln: waschen und schräg in 3 cm lange Stücke schneiden, weiße und grüne Teile trennen.
Ingwer: hacken.

F In einem heißen Wok
E einen Esslöffel Olivenöl erhitzen.
M Ingwer anbraten. Weiße Teile der Frühlingszwiebeln zugeben, Putenfleisch zugeben und von allen Seiten anbraten.
N ½ Teelöffel Salz,
H einen Spritzer Zitronensaft und
F etwas Paprikapulver zugeben. Putenfleisch aus dem Wok nehmen und zur Seite stellen. Rosmarin- und Thymianzweige zugeben.
E Einen Esslöffel Öl zugeben. Zucchini, Paprika und Maiskörner leicht anbraten. Das Gemüse etwa 5 Minuten bissfest dünsten. Sie können kurz den Deckel auflegen, damit das Gemüse etwas Saft zieht, oder etwas heißes Wasser zugeben.
M Das Putenfleisch wieder zugeben.

▶ Abschmecken mit
M grünem Teil der Frühlingszwiebeln, Pfeffer,
N Salz,
H einen Spritzer Zitronensaft,
F etwas heißem Wasser und
E ½ Teelöffel Vollrohrzucker. Mit etwas Pfeilwurzmehl binden.

Blumenkohl mit Schinken

▶ Für 2–3 Personen
20 Minuten
1 kleiner Blumenkohl · 2 EL Sesamöl · 2 EL Ingwer · 1 Zwiebel · Pfeffer · 100–150 g heiß geräucherter Schinken · Salz · Zitronensaft · Paprikapulver · ½ TL Pfeilwurzmehl · Vollrohrzucker

▶ Zubereitung
Blumenkohl: putzen, waschen, in kleine Röschen teilen. In kochendem Wasser 3–5 Minuten blanchieren oder im Dampf bissfest garen.
Ingwer: fein hacken.
Zwiebel: schälen und achteln.
Schinken: in Streifen schneiden.

(F) In einer heißen Pfanne
(E) Sesamöl erwärmen.
(M) Zwiebel glasig braten → (E).
(E) Blumenkohl andünsten. Ingwer zugeben.
(W) Schinken,
(H) einen Spritzer Zitronensaft,
(F) etwas Paprikapulver und 100 Milliliter heißes Wasser zugeben. Kurz aufkochen lassen.
(E) Mit Pfeilwurzmehl andicken.

▶ Abschmecken mit
(E) Vollrohrzucker,
(M) Pfeffer,
(W) Salz.

▶ Tipp
Statt Schinken kann man sehr gut Räuchertofu verwenden.

Wildgeschnetzeltes in Traubensoße

▶ Für 2–3 Personen
20 Minuten
150–200 g Reh-, Hirsch- oder Wildschweinfilet · 2 Zwiebeln · Pfeffer · Salz · Zitronensaft · Paprikapulver · 1 Glas Rotwein · 150 g kernlose Weintrauben · 2 EL Olivenöl · Vollrohrzucker · ½ TL Pfeilwurzmehl

▶ Zubereitung
Weintrauben: waschen und von den Stielen zupfen.
Pfeilwurzmehl: in 5 Esslöffel kaltem Wasser anrühren.
Zwiebeln: schälen und würfeln.
Wildfilet: längs halbieren und in ½ cm dicke Scheibchen schneiden.

(F) In einer heißen Pfanne
(E) Öl erhitzen.
(M) Fleisch unter Rühren von allen Seiten anbraten, Zwiebel mit anbraten. Dabei würzen mit Pfeffer,
(W) Salz,
(H) einen Spritzer Zitronensaft,
(F) Paprikapulver. Mit Rotwein ablöschen, etwas heißes Wasser zugeben und 5 Minuten köcheln lassen.
(E) Trauben in die Soße geben und kurz erwärmen. Soße mit Pfeilwurzmehl binden.

▶ Abschmecken mit
(E) Vollrohrzucker,
(M) Pfeffer und
(W) Salz.

Fisch mit Senfsoße

▶ Für 2–3 Personen
20 Minuten
300–400 g Fischfilet (z. B. Victoriabarsch) · einige Streifen Meeresalgen · Salz · 1 Zitrone · 100 ml Weißwein · 2–3 EL Butter · Vollrohrzucker · 2 Lorbeerblätter · 3–4 TL scharfer Senf · Pfeffer · 2 Zwiebeln · 2 EL Reismehl · Bockshornkleesamen · Petersilie zum Dekorieren

▶ Zubereitung
Fischfilet: in etwa 100-g-Streifen schneiden und salzen, mit Zitronensaft beträufeln und mit Bockshornkleesamen würzen.
Sud: 200 Milliliter Wasser, Zitronensaft, eine Zwiebel, Weißwein, Lorbeerblatt, Salz und Algen aufkochen.
Fisch in einen Dämpfkorb setzen und über dem Sud etwa 6–8 Minuten garen. Den Fisch im Dämpfeinsatz warm stellen, während Sie die Soße zubereiten. Den Sud durch ein feines Sieb geben und auffangen.

F Für die Soße in einer heißen Pfanne
E 2–3 Esslöffel Butter schmelzen.
M Eine fein gehackte Zwiebel andünsten. Reismehl anschwitzen und mit dem
W Fischsud aufgießen.
H Zitronensaft,
F Bockshornkleesamen,
E Vollrohrzucker und
M 3–4 Teelöffel Senf zugeben. Mit dem Schneebesen gut durchrühren.

▶ Abschmecken mit
E Vollrohrzucker,
M Pfeffer,
W Salz,
H Zitronensaft.
Die Soße über den gedämpften Fisch geben und mit Zitrone und Petersilie garnieren.

Tofubratlinge

▶ Für 2–3 Personen
20 Minuten
150 g Tofu · 3 EL Olivenöl · 1 Ei · 1 Zwiebel · Pfeffer · je ½ Bd. Schnittlauch und Dill · 3 Tassen gekochter Reis vom Vortag · 2–3 EL Ingwer · Salz · Zitronensaft · ½ Bd. Petersilie · Bockshornkleesamen

▶ Zubereitung
Tofu: mit der Gabel zerdrücken.
Zwiebel: schälen und fein würfeln.
Ingwer: sehr fein hacken.
Schnittlauch, Dill, Petersilie: waschen und sehr fein hacken.

E Tofu, Ei,
M gekochten Reis, Ingwer, Zwiebel, Schnittlauch, Dill, reichlich Pfeffer,
W Salz,
H einen Spritzer Zitronensaft, Petersilie und
F Bockshornkleesamen zu einem glatten Teig verkneten, am besten mit den Händen. Flache Bratlinge formen. In einer heißen Pfanne
E Öl erwärmen. Bratlinge bei milder Hitze von jeder Seite 5–8 Minuten braten.

Maroni-Tofu-Pfanne

▶ Für 4 Personen
15 Minuten
ca. 500 g gekochte Maroni · 1 rote Paprika · 2 EL Öl · 2 Zwiebeln · Pfeffer · Salz · 250 g Räuchertofu · ½ TL Pfeilwurzmehl · 1 Bd. Petersilie · Zitrone · Bockshornkleesamen

▶ Zubereitung
Paprika: putzen, waschen und in Würfel schneiden.
Zwiebeln: schälen und fein hacken.
Räuchertofu: in Würfel schneiden.
Petersilie: waschen und fein hacken.

(F) In einer heißen Pfanne
(E) Öl erwärmen.
(M) Zwiebel glasig dünsten → (E).
(E) Paprika anbraten, Maroni dazugeben und anbraten.
(M) Pfeffer und
(N) Tofuwürfel zugeben. Kurz ziehen lassen. Salz,
(H) etwas Zitronensaft und
(F) etwas heißes Wasser zugeben. Einige Minuten durchkochen lassen. Mit
(E) Pfeilwurzmehl andicken.

▶ Abschmecken mit
(M) Pfeffer,
(N) Salz,
(H) Zitrone, Petersilie und
(F) Bockshornkleesamen.

▶ Tipp
Maroni können Sie auch schon gekocht und geschält in Vakuumverpackung kaufen.

Trauben-Dessert

▶ Für 4 Personen
15 Minuten + Abkühlzeit
500 g weiße Trauben · 3 EL Rosinen · 1 TL Vanillepulver · ½ l weißer Traubensaft · je 1 Msp. Kardamom, Zimt, Koriander · 1 Stück Sternanis · Salz · 2 TL Agar-Agar · 1 EL Zitronensaft · 1 Msp. Kakao

▶ Zubereitung
Trauben: waschen und entstielen.

(F) Topf erwärmen. Darin
(E) den Traubensaft zum Kochen bringen. Vanillepulver, Rosinen,
(M) Kardamom, Koriander, Zimt, Sternanis,
(N) eine Prise Salz,
(H) Zitronensaft und
(F) Kakao zugeben.
(E) Trauben hinzufügen und kurz aufkochen lassen. Vom Feuer nehmen.
(N) Das Agar-Agar einrühren und abkühlen lassen. Beim Abkühlen geliert die Masse.

▶ Tipp
Agar-Agar ist ein Geliermittel aus Algen. Sie erhalten es im Bio- oder Asia-Laden.

Birnenkompott

▶ Für 2–3 Personen
15 Minuten + Abkühlzeit
3–4 Birnen · etwas Vanillepulver · 1 Zimtstange · 2 Nelken · Sternanis · Salz · Zitronensaft · Orangenschale

▶ Zubereitung
Orange: Schale mit einem Zestenreißer abreiben.
Birnen: schälen, vierteln und Kerngehäuse herausschneiden.

- (F) ½ Liter Wasser zum Kochen bringen.
- (E) Vanillepulver,
- (M) Zimtstange, Nelken, Sternanis,
- (W) eine Messerspitze Salz,
- (H) einen Teelöffel Zitronensaft und
- (F) Orangenschale zugeben.
- (E) Birnenstücke hinzufügen, 5 Minuten kochen lassen, vom Feuer nehmen und abkühlen lassen.

▶ Tipp
Nach diesem Rezept können Sie aus jedem Obst Kompott zubereiten. Bei den Gewürzen können Sie je nach Geschmack variieren.

Gefüllte Birnen

▶ Für 2–3 Personen
60 Minuten
6 feste Birnen · 50 g Vollrohrzucker · 50 g Orangeat · 50 g zerstoßener schwarzer Sesam · 50 g Süßreis (Mochireis) · Salz · Zitronensaft

▶ Zubereitung
Orangeat: auf einem Brett sehr fein hacken.
Birnen: schälen, oben Kappen mit Stielen abschneiden, aushöhlen und kurz in heißes Wasser legen, damit sie nicht braun werden.
Sesam: im Mörser zerreiben.
Süßreis: mit Wasser kochen (wie Reis – Grundrezept, S. 139)

- (M) Den gekochten, etwas abgekühlten Reis mit
- (W) einer Messerspitze Salz,
- (H) einem Spritzer Zitronensaft,
- (F) Orangeat und
- (E) Vollrohrzucker mischen.

Diese Mischung in die Birnen füllen, Kappen aufsetzen, mit Zahnstochern feststecken und 30–50 Minuten über Dampf garen, bis die Birnen weich sind.

▶ Tipp
Sie können das Gericht auch weniger aufwendig zubereiten: Füllung zubereiten und als Reisbrei mit sanft gedünstetem Birnenkompott servieren. Falls Sie keinen schwarzen Sesam bekommen, können Sie auch den weißen Sesam verwenden.

Knusperapfel

▶ Für 1 Person

10 Minuten

1 aromatischer süßer Apfel · 1 TL Butter · 1 TL Vollrohrzucker · 2 EL Cornflakes (ohne Zucker) · 1 Msp. Vanillepulver · 1 Msp. Kardamom · 1 Msp. Zimt · 1 Prise Salz · 1 Spritzer Zitronensaft · Orangenschale

▶ Zubereitung

Apfel: eventuell schälen, vierteln, Kerngehäuse herausschneiden und in dünne Spalten schneiden.
Orange: Schale mit dem Zestenreißer abreiben.

F In einer heißen Pfanne
E Butter erwärmen, Vollrohrzucker schmelzen lassen und die Apfelspalten andünsten.
M Zimt, Kardamom,
W Salz,
H Zitronensaft und
F Orangenschale hinzufügen. Kurz den Deckel auflegen und 2 Minuten ziehen lassen. Mit
E Vanillepulver abschmecken. Kurz vor dem Servieren die Cornflakes untermischen.

▶ Tipp

Diese Süßigkeit ist ganz schnell gemacht und als Akutmittel bei Heißhunger auf Süßes zu verwenden. Sie tut der Seele mindestens so gut wie ein Stück Sahnetorte.

Fruchtpralinen

▶ Für etwa 50 Stück

40 Minuten + 8–10 Minuten Backzeit

100 g Butter · 100 g Vollrohrzucker · 1 Ei · 50 g Kokosraspel · 50 g Pinienkerne oder Walnüsse · 100 g getrocknete Aprikosen · ½–1 TL Nelkenpulver · 1 Prise Salz · 100 g Dinkelmehl · ½ TL Backpulver · Schale und Saft von ½ Zitrone · ½ TL Kakaopulver

▶ Zubereitung

Aprikosen fein hacken

E Butter weich rühren, mit Vollrohrzucker und Ei zu einer hellen Masse rühren.
Kokosraspel, Nüsse, Aprikosen,
M Nelkenpulver,
W Salz,
H Zitronensaft,
F Zitronenschale und Kakao untermischen.
H Zum Schluss das mit Backpulver gemischte Mehl über den Teig sieben und unterheben.
Aus dem Teig kleine Kugeln formen und in Papierförmchen für Pralinen geben.
Im vorgeheizten Backofen etwa 8–10 Minuten bei 200°C backen.

WINTER

Rote-Bete-Suppe

▶ Für 2–3 Personen
60 Minuten
3 mittelgroße Rote Bete · 2 Kartoffeln · 1–2 EL Öl · 1–2 EL Butter · 2 Zwiebeln · Pfeffer · Koriander · Salz · Zitronensaft · 1 Bd. Petersilie · 2 EL saure Sahne · Bockshornkleesamen · Paprikapulver

▶ Zubereitung
Rote Bete und Kartoffeln: schälen und in Stücke schneiden.
Zwiebeln: schälen und würfeln.
Petersilie: waschen und klein hacken.

(F) In einem heißen Topf
(E) Öl erhitzen. Kartoffeln und
(M) Zwiebeln anschwitzen. Pfeffer,
(W) Salz,
(H) einen Spritzer Zitronensaft,
(F) Rote Bete und Bockshornkleesamen zugeben.
Mit 1,5 Liter heißem Wasser ablöschen, etwa 60 Minuten kochen, dann pürieren.

▶ Abschmecken mit
(E) 1–2 EL Butter,
(M) Pfeffer, Koriander und
(W) Salz.
(H) Mit einem Löffel saurer Sahne anrichten und mit Petersilie bestreuen.

▶ Tipp
Bei Feuchtigkeit (S. 18) oder Wunsch nach Gewichtsreduktion Butter und saure Sahne weglassen.

Pastinakensuppe

▶ Für 2–3 Personen
35 Minuten
2 mittelgroße Pastinaken · 3 Kartoffeln · 2 EL Olivenöl · 1–2 EL Butter · 1 Zwiebel · 1 Lorbeerblatt · Pfeffer · Salz · Zitronensaft · Petersilie · Bockshornkleesamen

▶ Zubereitung
Pastinaken und Kartoffeln: schälen und in Stücke schneiden.
Zwiebel: schälen und würfeln.

(F) In einem heißen Topf
(E) Olivenöl erwärmen.
(M) Zwiebel darin glasig dünsten → (E).
(E) Pastinaken und Kartoffeln andünsten.
(M) Lorbeerblatt, Pfeffer,
(W) Salz,
(H) einen Spritzer Zitronensaft und
(F) Bockshornkleesamen dazugeben. Mit einem Liter heißem Wasser auffüllen, 25 Minuten kochen lassen, danach Lorbeerblatt herausnehmen und
(E) 1–2 Esslöffel Butter dazugeben. Die Suppe pürieren; dabei kann noch heißes Wasser zugegeben werden, bis die gewünschte Konsistenz erreicht ist.

▶ Abschmecken mit
(M) Pfeffer,
(W) Salz,
(H) Zitronensaft. Mit Petersilie bestreut servieren.

▶ Abwandlungen
- Sie können aus dieser Suppe einen sättigenden Eintopf machen, wenn Sie am Ende separat gekochtes Ge-

müse zugeben. Karottenwürfel, Blumenkohl- und Brokkoliröschen sehen schön aus. Das Gemüse wird hierfür nur im Dampf gegart.
- Sie können die Suppe auch sehr gut mit feinen Streifen Kochschinken verfeinern.
- Besonders fein wird die Suppe, wenn Sie sie mit Streifen von geräuchertem Lachs servieren. Dann passt Dill allerdings besser als Petersilie.
- Ein Auftakt zu einem Festessen wird diese Suppe, wenn Sie jeden Teller mit einem »Lachsröllchen mit Basilikum« (S. 98) servieren.

Herzhafter Polenta-Eintopf

▶ Für 2–3 Personen

35 Minuten

2 Karotten · ½ Sellerieknolle · 1 Petersilienwurzel · 4 EL Polenta · 1 rohe Bratwurst (Kalb, Wild oder Rind) · 1 EL Olivenöl · Vollrohrzucker · 1 Stange Lauch · 1 Zwiebel · Ingwer · Pfeffer · Salz · Petersilie · Zitronensaft · Curcuma

▶ Zubereitung

Karotten, Sellerie, Petersilienwurzel: schälen und in kleine Stücke schneiden.
Bratwurst: die Haut entfernen und aus der Füllung kleine Klöße formen.
Lauch: schräg in Ringe schneiden.
Zwiebel: schälen und würfeln.
Ingwer: fein hacken.
Petersilie: waschen und hacken.

F In einem heißen Topf
E Olivenöl erwärmen. Karotten, Sellerie und Petersilienwurzel andünsten.
M Zwiebel, Ingwer, Lauch,
W wenig Salz und
H Zitronensaft zugeben.
F Jetzt mit 1,5 Liter heißem Wasser aufgießen.
E Polenta einrühren.
M Wenig Pfeffer und die
W Fleischklößchen zugeben. Etwa 20 Minuten köcheln lassen.

▶ Abschmecken mit

H Zitronensaft, reichlich Petersilie,
F Curcuma,
E Vollrohrzucker,
M Pfeffer,
W Salz.

▶ Abwandlung

Statt der Bratwurst kann man auch kleine Würfel von Räuchertofu verwenden.

▶ Tipp

Dieser Eintopf eignet sich gut zum Mitnehmen in einem Thermosgefäß.

Vegetarische Kraftbrühe

▶ 5 Portionen für 2–3 Personen

15 Minuten + 3–4 Stunden Kochzeit

ca. 1 kg Gemüse auf 5 l Wasser (Gemüse aller Art, z. B. Karotte, Sellerie, Lauch, Fenchel, Weißkraut, Blumenkohl, auch Gemüseschalen, Endstücke, Strünke usw.) · 3–4 EL Olivenöl · 3–4 Scheiben Ingwer · 4 Lorbeerblätter · 1 TL Senfkörner · Pfeffer · Salz · 1 Zitronenscheibe · Petersilie · 1 EL Thymian · Bockshornkleesamen · 5 Wacholderbeeren

▶ Zubereitung

Gemüse: putzen, waschen und klein schneiden.

F In einem heißen Topf
E Olivenöl erhitzen. Darin das Gemüse anschwitzen.
M Ingwerscheiben, gemahlene Senfkörner, Pfeffer, Lorbeerblätter,
W eine Prise Salz,
H Zitronenscheibe,
F Thymian, Wacholderbeeren und Bockshornkleesamen dazugeben. Mit 5 Liter heißem Wasser ablöschen.

3–4 Stunden köcheln. Danach alles abseihen und mit gehackter Petersilie servieren.

▶ Abwandlungen

Man kann mit verschiedenen Einlagen aus der Brühe eine richtige Mahlzeit machen:

- Mit Würfeln aus Polenta vom Vortag oder einigen Löffeln gekochter Hirse und frischen Kräutern entsteht eine wohltuende Morgenmahlzeit.
- Glasnudeln, Karottenstifte, Champignonscheiben und Spinat dazugeben.
- Austernpilze 5 Minuten mitkochen, kurz vor dem Servieren eine Handvoll Spinat und ein paar Tomatenstücke in die Brühe geben und mit einem Spiegelei auf jedem Teller anrichten.
- Wollen Sie die Brühe in einem Thermosgefäß mitnehmen, geben Sie Karottenstifte, Champignonscheiben, ganz fein geschnittenen Lauch (kann am Abend vorbereitet werden) roh in das Thermosgefäß, das Sie vorher mit heißem Wasser ausgespült haben. Fügen Sie außerdem einige Esslöffel gekochtes Getreide (Reste vom Vortag) oder mit heißem Wasser gewaschenes Quinoa oder Bulgur hinzu. Dann gießen Sie morgens die kochend heiße Brühe darüber und verschließen das Thermosgefäß. Bis zum Mittag ist das Gemüse gar und ein sättigender Eintopf entstanden.

Algensuppe mit Reis

▶ Für 2–3 Personen

30 Minuten

20 g getrocknete Wakame-Algen · Salz · Zitronensaft · Bockshornkleesamen · 2 EL Öl · 1 Karotte · 1 Zwiebel · 2 Scheiben frischer Ingwer · Muskat · 100 g Basmatireis

▶ Zubereitung

Wakame-Algen: 15 Minuten in kaltem Wasser einweichen, dann in 2–3 cm lange Stücke schneiden.

Karotte: schälen und in Julienne (feine Streifen) schneiden.

Zwiebel: schälen und fein hacken.

Ingwer: sehr fein hacken.

F In einem heißen Topf
E Öl erhitzen.

Zwiebel und Ingwer anschwitzen.
Abgetropfte Algen kurz mitdünsten. Den Reis in einem separaten Topf mit wenig Wasser waschen. Dabei das erste Waschwasser wegschütten, dann etwas mehr Wasser nehmen und dieses Waschwasser zum Ablöschen der Algen verwenden. Den Reis kochen (S. 139).
Einen Spritzer Zitronensaft,
etwas Bockshornkleesamen und bei Bedarf noch etwas heißes Wasser angießen.
Karotten zugeben und 15 Minuten leicht köcheln lassen.

▶ Abschmecken mit
Muskat,
etwas Salz und
einen Spritzer Zitronensaft.
Den Reis in Suppenschälchen geben und die Suppe darübergießen.

▶ Tipp
Dies ist eine ideale Suppe für den Abend, um nach einem hektischen Tag zur Ruhe zu kommen. Die Algen haben einen kühlenden, beruhigenden Effekt, der durch den Reis noch unterstützt wird. Außerdem enthalten Meeresalgen viele Mineralien, die einer Übersäuerung entgegenwirken. Auch das kann man nach einem stressigen Tag gut gebrauchen.

Pastinakenpüree

▶ Für 2–3 Personen
30 Minuten
500–600 g Pastinaken · 2 Kartoffeln · 2 EL Butter · Kümmel · Pfeffer · Muskat · Salz · Zitronensaft · Bockshornkleesamen

▶ Zubereitung
Pastinaken und Kartoffeln: schälen und in Stücke schneiden.
In einem Topf ½ Liter Wasser erhitzen.
Pastinaken und Kartoffeln hineingeben.
Etwas Kümmel und
Salz hinzufügen und etwa 20 Minuten kochen lassen. Das weiche Gemüse stampfen oder pürieren.

▶ Abschmecken mit
einem Spritzer Zitronensaft,
Bockshornkleesamen,
Butter,
Pfeffer, Muskat und
Salz.

WISSEN

Pastinaken

Pastinaken sind ein sehr altes Wintergemüse. Sie schmecken leicht süßlich und haben ein intensives Aroma – also ideal, um die Milz zu stärken.

▶ Abwandlungen

- Das Püree schmeckt auch sehr gut, wenn Sie am Ende sehr viel glatte Petersilie oder Selleriegrün (fein gehackt) untermischen.
- Wenn Sie weniger Wasser zum Kochen verwenden, können Sie am Ende Sojamilch zum Pürieren zugeben.

▶ Tipp

Am Ende der Garzeit das Kochwasser abschütten, aber auffangen. Nach dem Stampfen oder Pürieren können Sie dann so viel davon zugeben, bis die richtige Konsistenz erreicht ist. Wenn mehr Flüssigkeit benötigt wird, verwenden Sie heißes Wasser oder Sojamilch.

Kartoffel-Curry

▶ Für 2–3 Personen

30 Minuten + 20 Minuten für selbst gemachte Kokosmilch

800 g kleine, fest kochende Salatkartoffeln · Kokosmilch · Vollrohrzucker · 2 EL Ingwer · 2 Knoblauchzehen · 3 Zwiebeln · mildes Currypulver · Kreuzkümmel · Pfeffer · Salz · 1 Limette · Curcuma · Bockshornkleesamen

▶ Zubereitung

Kartoffeln: waschen und gut bürsten; sie werden ganz mit der Schale verwendet.
Kokosmilch: selbst herstellen (S. 111) oder Fertigprodukt verwenden.
Zwiebeln: schälen und achteln.
Knoblauch: schälen.
Ingwer: schälen und fein hacken.
Limette: rundherum vier Kappen abschneiden, sodass in der Mitte ein viereckiger Strunk übrig bleibt. Den Saft aus allen 5 Teilen herauspressen.

F In einem Topf ½ Liter Wasser erhitzen.
E Kartoffeln hineingeben. Den dünnen Teil der Kokosmilch (2. Pressung) dazugeben.
M Zwiebeln, Knoblauch, Ingwer, 1–2 Esslöffel Currypulver, 1–2 Teelöffel Kreuzkümmel, etwas Pfeffer und
W einen Teelöffel Salz dazugeben. Auf kleiner Flamme für etwa 30 Minuten kochen.

▶ Abschmecken mit

W Salz,
H Limettensaft,
F Bockshornkleesamen,
E dickem Teil der Kokosmilch (1. Pressung), einem Teelöffel Vollrohrzucker.

▶ Abwandlung

Sie können statt Kartoffeln auch Süßkartoffeln verwenden. Diese werden geschält, in Stücke geschnitten und nur 15 Minuten gekocht.

▶ Das passt dazu: gedünsteter Fisch

▶ Tipp

In den asiatischen Ländern wird die Kartoffel als Gemüse angesehen. Deshalb isst man das Kartoffel-Curry zu Reis. Dazu passt dann Rote-Bete-Salat (S. 158) sehr gut.

Kürbispüree

▶ Für 2–3 Personen
30 Minuten
1 mittelgroßer Hokaidokürbis · 2–3 EL Butter · Pfeffer · Muskat · Salz · Zitronensaft · Paprikapulver · Thymian

▶ Zubereitung
Kürbis: waschen und bürsten, denn man kann die Schale mitverwenden. Dann halbieren, mit einem Löffel die Kerne und Fasern herauskratzen und das Kürbisfleisch in Stücke schneiden.

(F) ½ Liter Wasser erwärmen.
(E) Die Kürbisstücke hineingeben.
(M) Etwas Pfeffer und
(W) wenig Salz zugeben und etwa 20 Minuten leicht kochen lassen. Dann stampfen oder pürieren.

▶ Abschmecken mit
(H) einem Spritzer Zitronensaft,
(F) ½ Teelöffel Thymian (fein zerrieben), Paprikapulver,
(E) Butter,
(M) Pfeffer, Muskat und
(W) Salz.

▶ Abwandlungen
Ein solches Püree können Sie auch aus anderen Wurzelgemüsen zubereiten, wie zum Beispiel Karotten, Pastinaken, Rüben, Süßkartoffeln usw.
Auch ein Gemisch von Gemüsen schmeckt sehr gut, z. B. Kartoffel, Pastinake, Petersilienwurzel oder Sellerie und Kartoffel.

Reste können mit Wasser oder Brühe aufgefüllt werden und ergeben so am nächsten Tag eine prima Suppe, die man entweder mit frischen Kräutern oder gerösteten Sonnenblumenkernen bestreut.

Bauernpfanne

▶ Für 2–3 Personen
20 Minuten
4–6 gekochte Kartoffeln · 150 g Champignons · 3 Eier · 2 EL Olivenöl · 1 rote Zwiebel · ½ Stange Lauch · Pfeffer · Salz · 2 Gewürzgurken · ½ Bd. Petersilie · Paprikapulver

▶ Zubereitung
Kartoffeln: als Pellkartoffeln kochen (oder Reste von gekochten Kartoffeln vom Vortag verwenden), schälen und in Scheiben schneiden.
Champignons: putzen und in Scheiben schneiden.
Eier: verquirlen und mit etwas Pfeffer und Salz würzen.
Zwiebel: schälen, halbieren und in Scheiben schneiden.
Lauch: putzen, waschen und schräg in feine Ringe schneiden.
Gewürzgurken: in kleine Würfel schneiden.
Petersilie: waschen und fein hacken.

(F) In einer heißen Pfanne
(E) Olivenöl erwärmen,
(M) Zwiebel glasig braten → (E),

Champignons anbraten, Kartoffeln zugeben.
Lauch mit untermischen. Etwas Pfeffer und
etwas Salz dazugeben, gut durchmischen und den Deckel auflegen. Bei mittlerer Temperatur 5–10 Minuten braten. Dabei öfter umrühren, damit nichts anbrennt.
Gewürzgurken zugeben.
Paprikapulver und
verquirlte Eier darübergeben und stocken lassen.

▶ Abschmecken mit
Pfeffer und
Salz.
Mit Petersilie bestreut servieren.

▶ Tipp
Zusammen mit einer Portion Feldsalat oder Rote-Bete-Salat (S. 158) haben Sie ein leichtes Abendessen.

Weißkohl nach Sechuanart

▶ Für 2–3 Personen
20 Minuten
1 mittelgroßer Weißkohl · 2–3 EL Olivenöl · Vollrohrzucker · 1 Zwiebel · 1 TL Sechuan-Pfeffer · Salz · Sojasoße · Zitronensaft · Paprikapulver

▶ Zubereitung
Weißkohl: die äußeren Blätter entfernen und vierteln. Die äußeren zwei Drittel der Blätter abbrechen und in briefmarkengroße Stücke schneiden, den inneren Teil für eine Gemüsesuppe oder gehobelt für ein Pfannengericht verwenden.
Zwiebel: schälen, halbieren und in Scheiben schneiden.

In einer heißen Pfanne
Olivenöl erwärmen.
Sechuan-Pfeffer (ganze Körner) im Öl etwas anbraten. Die Zwiebel mitbraten.
Etwas Salz,
einen Spritzer Zitronensaft,
Paprikapulver und
das Weißkraut zugeben und gut untermengen. Eventuell etwas heißes Wasser zugeben, den Deckel auflegen und 5–10 Minuten köcheln lassen.

▶ Abschmecken mit
Pfeffer,
Salz und Sojasoße,
Zitronensaft,
Paprikapulver und
wenig Vollrohrzucker. Eventuell mit Pfeilwurzmehl andicken.

Gebratener Federkohl (Grünkohl)

▶ Für 2–3 Personen
25 Minuten
1 kg Grünkohl · 2 EL Olivenöl · 1–2 EL Butter · Vollrohrzucker · 1–2 Zwiebeln · Pfeffer · Muskat · Salz · 1 Bio-Zitrone

▶ **Zubereitung**

Kohl: Stiele entfernen, waschen, in feine Streifen schneiden und 5–10 Minuten blanchieren (ohne Salz). Man kann die Brühe dann gut trinken.
Zwiebeln schälen und in Streifen schneiden.
Zitrone: mit einem Zestenreißer die Schale abreiben.

(F) In einem heißen Wok
(E) Olivenöl erwärmen.
(M) Zwiebel anbraten → (E).
(E) Federkohl zugeben und andünsten (nicht braun werden lassen).
(M) Pfeffer,
(W) Salz,
(H) einen Spritzer Zitronensaft,
(F) abgeriebene Zitronenschale und etwas Kochwasser zugeben und einige Minuten köcheln lassen.
(E) Mit Butter verfeinern.

▶ **Abschmecken mit**

(E) Vollrohrzucker,
(M) Muskat,
(W) Salz und
(H) Zitronensaft.

▶ **Tipp**

Grünkohl ist eine absolute Vitamin-C-Bombe und sollte im Winter regelmäßig gegessen werden. Beim Kauf darauf achten, dass Sie möglichst junge, nicht zu große Blätter bekommen.

Salat mit warmen Pilzen

▶ **Für 2–3 Personen**

15 Minuten

1 Eichblattsalat · 1 kleiner Radicchio · 1 Bd. Rucola · 250 g Austernpilze oder Champignons · 2 EL Olivenöl · Vollrohrzucker · 1 Zwiebel · Pfeffer · Salz · 3 EL Balsamessig · Schale einer ½ Orange und einer ½ Zitrone

▶ **Zubereitung**

Salat: waschen und in kleine Stücke teilen.
Orange und Zitrone: mit einem Zestenreißer die Schale abreiben.
Pilze: säubern, eventuell waschen, in Scheiben bzw. Streifen schneiden.
Zwiebel: schälen und fein hacken.

▶ **Für die Salatsoße**

(E) Einen Esslöffel Olivenöl,
(M) Pfeffer,
(W) Salz,
(H) einen Esslöffel Balsamessig,
(F) etwas heißes Wasser und
(E) eine Messerspitze Vollrohrzucker in der angegebenen Reihenfolge gut verrühren. Am besten alle Zutaten in ein kleines Schraubglas geben, den Deckel zudrehen und schütteln. Salat kurz vor dem Servieren mit der Salatsoße mischen und auf die Teller verteilen.

▶ **Für die Pilze**

(F) In einer heißen Pfanne
(E) einen Esslöffel Olivenöl erhitzen.
(M) Gehackte Zwiebel andünsten → (E).

Austernpilze oder Champignons anbraten. Mit
Pfeffer und
etwas Salz würzen. Mit
2 Esslöffeln Balsamessig ablöschen.
Die geriebenen Zitrusschalen unterheben und noch warm auf dem Salat verteilen.

Rote-Bete-Salat

▶ Für 2–3 Personen
15 Minuten + 1 Stunde Kochzeit
3 mittelgroße Rote Bete · 1 EL Olivenöl · 1 EL Kürbiskernöl · 1 TL scharfer Senf · 1–2 TL Koriandersamen · Pfeffer · Salz · 1–2 EL Rotweinessig · 1 Bd. Petersilie · Paprikapulver · Orangenschale · Vollrohrzucker · 3 EL Kürbiskerne

▶ Zubereitung
Petersilie: waschen und fein hacken. Rote Bete: mit Schale etwa 1 Stunde kochen (Sie müssen von Wasser bedeckt sein.), danach mit kaltem Wasser abschrecken und die Haut abziehen. Mit dem Gemüsehobel in sehr feine Scheiben schneiden.
Kürbiskerne: in einer Pfanne ohne Fett rösten.

Die Öle mischen.
Etwas Pfeffer, scharfen Senf, 1–2 Teelöffel gerösteten und gestoßenen Koriander,
einen Teelöffel Salz,
Rotweinessig,
Orangenschale, 4 Esslöffel heißes Wasser und
etwas Vollrohrzucker zu einer Marinade verrühren und mit der noch warmen Roten Bete und der Petersilie mischen. Mit gerösteten Kürbiskernen bestreut servieren.

▶ Tipp
Dieser Salat eignet sich sehr gut zum Mitnehmen. Um ein vollständiges Mittagessen zu erhalten, geben Sie pro Portion 3–5 Esslöffel gekochte Hirse dazu und in Würfel geschnittenes Hühnerfleisch (z. B. von der Hühnerbrühe, S. 87) oder ein hart gekochtes Ei. Sie brauchen dann etwas mehr Marinade. Verdoppeln Sie einfach die angegebenen Mengen.

WISSEN

Nicht nur Rohkost ist saftig und schmeckt frisch.

Um in unserer hektischen und hitzigen Zeit das Bedürfnis nach Kühlung und Beruhigung zu befriedigen, greifen wir oft zu Rohkost. Leider wird dabei aber auch die Milz – also unser Verdauungsfeuer – abgekühlt. Saftige Salate aus gekochtem Gemüse und gedünstetes Obst liefern uns ebenso die nötige Erfrischung, ohne der Milz zu schaden.

Karotten-Sellerie-Salat

▶ Für 2–3 Personen

30 Minuten

½ Sellerieknolle · 3–4 große Karotten · 1–2 EL Olivenöl · Vollrohrzucker · 1 Bd. Schnittlauch · 2 Lorbeerblätter · 1 EL Senfkörner · Pfeffer · Salz · 1 Zitrone · 3 EL Weißweinessig · Bockshornkleesamen

▶ Zubereitung

Karotten: schälen.
Sellerieknolle schälen und vierteln.
Schnittlauch: fein hacken.

F Wasser zum Kochen bringen.
E Die ganzen Karotten und die Sellerieviertel hineingeben.
M 2 Lorbeerblätter, Senfkörner,
W ganz wenig Salz (damit man die Brühe trinken kann),
H den Saft einer Zitrone und
F etwas Bockshornkleesamen dazugeben. Etwa 20 Minuten kochen (das Gemüse soll weich, aber nicht zu weich sein).
Das Gemüse in der Brühe etwas abkühlen lassen und lauwarm in kleine Stücke bzw. Scheiben schneiden.

▶ Für die Salatsoße

E Olivenöl,
M Pfeffer,
W einen Teelöffel Salz,
H Weißweinessig,
F eine große Tasse Kochbrühe, Bockshornkleesamen und
E einen Teelöffel Vollrohrzucker in der angegebenen Reihenfolge gut verrühren.
Gemüse warm mit der Soße und dem Schnittlauch mischen.

▶ Tipp

Dieser Salat schmeckt am besten, wenn er 1–2 Stunden ziehen konnte. Er eignet sich gut zum Mitnehmen.

Feldsalat mit Kernen

▶ Für 2–3 Personen

15 Minuten

300 g Feldsalat · 2–3 EL Traubenkernöl · Vollrohrzucker · Pfeffer · Salz · 2 EL Balsamessig · Paprikapulver · 2 EL Kürbiskerne · 2 EL Sonnenblumenkerne · 1 EL Sesam

▶ Zubereitung

Feldsalat: putzen und waschen.
Kürbiskerne, Sonnenblumenkerne und Sesam zusammen in einer Pfanne ohne Fett rösten.

E Traubenkernöl,
M etwas Pfeffer,
W einen Teelöffel Salz,
H Balsamessig,
F etwas Paprikapulver, 3 Esslöffel heißes Wasser und
E einen Teelöffel Vollrohrzucker in der angegebenen Reihenfolge gut miteinander verrühren.

Soße über den Salat geben, kurz mischen und mit den Kernen bestreut servieren.

Reis mit Linsen

▶ Für 2–3 Personen
20 Minuten
150 g Duftreis oder Basmatireis · 50 g rote geschälte Linsen

▶ Zubereitung
Reis und Linsen in den Topf geben und mit lauwarmem Wasser so lange waschen, bis sich kein Schaum mehr bildet.

WISSEN

Da können Sie fest zubeißen!

Das feste Zubeißen ist eine Möglichkeit, innere Spannungen abzubauen und die eigene Aggressivität auszuleben. Hier liegt das gleiche Prinzip zugrunde wie beim Nägelkauen. Als Alternativen mit reichlich Biß bieten sich geröstete Nüsse und Mandeln oder auch 4 bis 5 Tage altes Brot an. Auch das Bestreuen von Blattsalaten oder knackig gegartem Gemüse mit Sonnenblumen- und Kürbiskernen bewirkt, dass man richtig zubeißen und kauen kann.

So viel Wasser zugeben, dass der Reis etwa 2 cm mit Wasser bedeckt ist. Machen Sie den Test mit dem Mittelfinger: Setzen Sie den Mittelfinger auf den Reis. Das darüberstehende Wasser sollte bis zur ersten Kerbe Ihres Mittelfingers reichen.
Reis und Linsen auf der höchsten Stufe zum Kochen bringen.
Wenn es richtig kocht, einmal umrühren, Elektroplatte abdrehen, nach 1–2 Minuten den Topf mit dem Deckel verschließen und etwa 15 Minuten ausquellen lassen.
Bitte nicht mehr rühren und möglichst auch den Deckel nicht lüften.

▶ Tipp
Vegetarier sollten regelmäßig Linsen im Reis mitkochen, weil sie so eine kleine Extraportion Eiweiß mitgeliefert bekommen.

Süße Polenta

▶ Für 2–3 Personen
20 Minuten
200 g Polenta · ½ TL Vanillepulver · 2 EL Mandelsplitter · 3 EL Butter · 1 TL Vollrohrzucker · Kardamom · Salz · Zitronensaft · Kakao

▶ Zubereitung
F In einem Topf ½ Liter Wasser zum Kochen bringen.
E Polenta einrieseln lassen, dabei mit dem Schneebesen ständig rühren.

Herdplatte auf die kleinste Stufe stellen. Kräftig würzen mit:
Ⓔ Mandelsplittern, Vanillepulver, Vollrohrzucker,
Ⓜ Kardamom,
Ⓦ einer Messerspitze Salz,
Ⓗ etwas Zitronensaft (ganz wichtig!) und
Ⓕ einer Messerspitze Kakao.
Ⓔ Butter darin schmelzen. Etwa ¼ Liter heißes Wasser oder auch etwas mehr in kleinen Portionen zugeben, bis nichts mehr aufgesaugt wird. Immer wieder gut umrühren. Auf der ausgeschalteten Platte noch 15 Minuten ziehen lassen, noch öfter umrühren.

▶ Das passt dazu: Apfel- oder Birnenkompott (S. 146)

▶ Tipp
Reste lassen Sie in einem eckigen Gefäß erkalten. Dann können Sie Scheiben davon in etwas Butter und Zimt anbraten. Mit Kompott können Süßgelüste so auf eine vernünftige Art befriedigt werden.

Gebratene Polenta

▶ Für 2–3 Personen
10 Minuten
Gekochte Polenta vom Vortag · 3 EL Olivenöl · Pfeffer · 1 kleine Zwiebel · Sojasoße · Zitronensaft · Paprikapulver

▶ Zubereitung
Erkaltete Polenta: in 2 cm breite Scheiben schneiden.
Zwiebel: schälen und fein würfeln.
Ⓕ In einer heißen Pfanne
Ⓔ Olivenöl erwärmen.
Ⓜ Zwiebelwürfel anschwitzen.
Ⓦ Sojasoße,
Ⓗ einen Spritzer Zitronensaft und
Ⓕ Paprikapulver dazugeben.
Ⓔ In diese Würzmischung legen Sie die Polentascheiben und lassen sie bei schwacher Hitze auf jeder Seite 5 Minuten braten.

▶ Das passt dazu: Gemüsegerichte wie Karotten mit Chinakohl (S. 135), Grüne Bohnen mit Pilzen und Tomaten (S. 112), Spinat mit Sesamsoße (S. 88), Gemüse in Orangen-Dill-Soße (S. 89)

Mandelhirse

▶ Für 2–3 Personen
30 Minuten
100 g Hirse · 3 EL Mandelmus · 2 EL Butter · Vollrohrzucker · 3 EL Mandelblättchen · Koriander · Kardamom · Zimt · Salz · ½ Bio-Zitrone · Kakao

▶ Zubereitung
Mandelblättchen: hellbraun rösten, entweder ohne Fett unter ständigem Rühren in einer Pfanne oder bei 90 °C im Backofen in 15–20 Minuten.

Hirse: mit heißem Wasser gut waschen.
Zitrone: Schale von einer halben Zitrone abreiben.

F In einem heißen Topf
E Hirse mit heißem Wasser aufkochen. Herdplatte ausschalten, Deckel auflegen, 20 Minuten ziehen lassen. Nach dem Kochen die Hirse im Topf mit einer Gabel etwas auflockern und die weiteren Zutaten untermischen:
E Butter, Mandelmus,
M eine Messerspitze Koriander, Kardamom nach Geschmack, ein Teelöffel Zimt,
W eine Messerspitze Salz,
H ein Spritzer Zitronensaft,
F eine Messerspitze Kakao und Zitronenschale.
E Mit Vollrohrzucker und Mandelblättchen bestreut in kleinen Portionsschalen oder einer flachen Schüssel servieren.

▶ Abwandlungen

- Statt Mandelmus und Mandelblättchen 3 Esslöffel Kokosflocken in der Hirse mitkochen und mit 3 Esslöffel gerösteten Kokosflocken bestreuen.
- Die Butter leicht bräunen, bevor Sie sie unter die Hirse mischen.

Rinderbraten mit Champignons

▶ Für 2–3 Personen
2 Stunden
250–300 g Rinderfilet · Olivenöl · 250 g Champignons · Vollrohrzucker · Pfeilwurzmehl · Pfeffer · 2 Zwiebeln · Salz · 1 Glas Weißwein · ½ Bd. Petersilie · 1 EL Crème fraîche · Paprikapulver

▶ Zubereitung
Petersilie: waschen und fein hacken.
Champignons: putzen und in Scheiben schneiden.
Zwiebeln: schälen und fein würfeln.

E Rinderfilet mit
M reichlich Pfeffer und
W Salz einreiben. In einer Pfanne mit einem Esslöffel Olivenöl erwärmen. Das Fleisch von allen Seiten scharf anbraten. In Alufolie einwickeln und im Backofen bei 80 °C 1–1,5 Stunden ziehen lassen.
F In einer heißen Pfanne
E 2 Esslöffel Olivenöl erwärmen,
M Zwiebeln glasig braten → E.
E Champignons anbraten.
M Pfeffer und
W Salz zugeben.
H Mit Weißwein ablöschen und 10 Minuten köcheln lassen.

▶ Abschmecken mit
H Petersilie,
F Paprikapulver,
E Vollrohrzucker. Die Soße mit Pfeilwurzmehl andicken. Mit
M Pfeffer,

Salz und
einem Esslöffel Crème fraîche verfeinern.
Rinderfilet aus der Alufolie auswickeln, 2 Minuten ruhen lassen. Den Fleischsaft können Sie zu den Champignons geben.
Rinderfilet in dünne Scheiben schneiden, das Fleisch soll innen noch leicht rosa sein, aber nicht bluten. Die Fleischscheiben in die Champignonsoße geben und 1–2 Minuten ziehen lassen.

▶ **Das passt dazu:** Polenta (S. 120) und Rotkohl oder Semmelknödel und Feldsalat

▶ **Tipp**
Dieses Gericht eignet sich sehr gut als Hauptspeise in einem festlichen Menü. Die Zubereitung des Fleisches macht wenig Mühe, und es spielt keine Rolle, ob es 10 Minuten länger im Backofen schmort oder nicht.

Kürbisgulasch

▶ **Für 2–3 Personen**
30 Minuten
1 kleiner Hokaidokürbis · 2 Kartoffeln · 2 EL Olivenöl · 1 EL Butter · Pfeffer · 1 Zwiebel · 1 Stange Lauch · 1 TL Ingwer · Salz · 2 Schweineschnitzel aus der Keule · Zitronensaft · ½ Bd. Petersilie · Paprikapulver

▶ **Zubereitung**
Kürbis: gut waschen und bürsten (die Schale kann mitverwendet werden), Kerne entfernen und das Fruchtfleisch in 2 cm große Würfel schneiden.
Kartoffeln: schälen und in 2 cm große Würfel schneiden.
Lauch: waschen und schräg in Ringe schneiden.
Zwiebel: schälen und würfeln.
Ingwer: fein hacken.
Schweineschnitzel: in kleine Würfel schneiden.

In einem heißen Topf
Olivenöl erhitzen.
Zwiebel und Ingwer anbraten. Pfeffer,
Salz und Schweinefleisch dazugeben und von allen Seiten anbraten.
Einen Spritzer Zitronensaft und
einen Esslöffel Paprikapulver hinzufügen und mit ½ Liter heißem Wasser ablöschen.
Kürbis, Kartoffeln und
Lauch dazugeben und 20 Minuten köcheln lassen.

▶ **Abschmecken mit**
Salz,
Zitronensaft, Petersilie,
Paprikapulver,
Butter und
Pfeffer.

▶ **Tipp**
Die Mengenangaben sind bei diesem Gericht großzügig bemessen, denn es eignet sich sehr gut zum Aufwärmen am nächsten Tag. Dann nochmals reichlich Petersilie zugeben.

Schweinefleisch in dunkler Gewürzsoße

▶ Für 2–3 Personen
2 Stunden
500 g Schweinefleisch mit Knochen (z. B. Kammkoteletts) · Salz · 2–3 EL Sojasoße · Zitronensaft · Orangenschale · 3–4 EL Sesamöl · Vollrohrzucker · 1 Zimtstange · 5 Kardamomkapseln · 1–2 Stück Sternanis · Sechuanpfeffer · 1 EL Ingwer

▶ Zubereitung
Orange: Schale mit dem Zestenreißer abschälen.
Ingwer: grob hacken.
Kardamomkapseln: mit einem großen Messer flach drücken.
Fleisch: in 4–5 cm große Stücke schneiden, Knochen dabei auslösen.

F In einem heißen Topf
E Sesamöl erhitzen.
M Ingwer und
W einen Teelöffel Salz anrösten, bis der Ingwer dunkelgelb ist. Fleisch und Knochen scharf anbraten, bis das Fleisch weiß aussieht.
M Zimtstange, Sternanis, Kardamomkapseln, einen Teelöffel Sechuanpfeffer,
W Sojasoße und
H einen Spritzer Zitronensaft zugeben.
F Mit heißem Wasser ablöschen, das Fleisch sollte fast bedeckt sein.
E Einen Teelöffel Vollrohrzucker zugeben, 1–1,5 Stunden mit Deckel köcheln lassen. Die Soße sollte am Ende ganz sämig sein. Wichtig ist, dass man am Anfang genug Wasser zugibt, damit man nichts nachgeben muss.
Vor dem Servieren etwas geriebene Orangenschale unterheben.

Gekochtes Putenfleisch mit würziger Soße

▶ Für 2–3 Personen
30 Minuten
Für das Fleisch: 1 Stück Putenbrust, mindestens 300 g · 1 Zwiebel · 2 Lorbeerblätter · Senfkörner · Pfefferkörner · Nelken · Salz · 1 Zitronenscheibe · Bockshornkleesamen · ½ Karotte
Für die Soße: 5 EL Sojasoße · Zitronensaft · Curcuma · Paprikapulver · Vollrohrzucker · ½ Karotte · 1 EL Ingwer · 1 rote und 1 grüne Peperoni

▶ Zubereitung vom Fleisch
Spickzwiebel: Zwiebel schälen. Mit 4 Nelken 2 Lorbeerblätter an der Zwiebel feststecken.

F In einem Topf 2 Liter Wasser zum Kochen bringen.
E Die halbe Karotte zugeben.
M Spickzwiebel, ½ Teelöffel Pfefferkörner, einen Teelöffel Senfkörner und Putenbrust ins kochende Wasser geben. Hitze zurückdrehen, damit es nur leicht siedet.
W ½ Teelöffel Salz und
H eine Zitronenscheibe dazugeben und etwa 10–15 Minuten ziehen lassen. Fleisch in der Brühe etwas erkalten

lassen. Quer zur Faser in dünne Scheiben schneiden.

▶ Zubereitung der Soße
Karotte: ganz fein hacken.
Ingwer: fein hacken.
Peperoni: Kerne entfernen und fein hacken.

(E) 3 Esslöffel von der Kochflüssigkeit, fein gehackte Karotte, 1 TL Vollrohrzucker
(M) Ingwer, Peperoni,
(W) 5 Esslöffel Sojasoße, 5 Esslöffel Wasser,
(H) 1–2 Esslöffel Zitronensaft,
(F) ½ Teelöffel Paprikapulver und ½ Teelöffel Curcuma zu einer Soße rühren und separat reichen.

▶ Abwandlungen
Statt der Putenbrust kann man Hühnerbrustfilet nehmen.
Die Soße wird besonders lecker, wenn Sie 2 bis 3 Zitronenblätter und 2 Stangen Zitronengras aus dem Asia-Laden ganz fein gehackt untermischen.

▶ Tipp
Sie können das Fleisch warm oder kalt servieren. Es ist auch gut zum Mitnehmen geeignet. Die Kochflüssigkeit können Sie abseihen und am nächsten Tag als Basis für eine Suppe oder einen Eintopf benutzen.

Flugentenbrust mit Orangensoße

▶ Für 2–3 Personen
15 Minuten
1 Flugentenbrust · 1 Bio-Orange · 1 Glas Weißwein · Paprikapulver · 1 EL Olivenöl · Vollrohrzucker · 150 g braune Champignons · Pfeilwurzmehl · 1 Bd. Frühlingszwiebeln · Pfeffer · Salz

▶ Zubereitung
Flugentenbrust: waschen, mit Haushaltspapier trocken tupfen, Haut lösen und Fleisch in Scheibchen schneiden.
Orange: mit dem Zestenreißer abschälen, dann mit einem scharfen Messer wie einen Apfel schälen. Filets herausschneiden, den Saft dabei auffangen.
Champignons: putzen, eventuell waschen und in Scheiben schneiden.
Frühlingszwiebeln: putzen, schräg in Ringe scheiden. Grüne und weiße Teile trennen.

(F) In einer heißen Pfanne
(E) die Haut in Olivenöl anbraten. Wenn die Haut ausgebrutzelt ist, aus der Pfanne nehmen.
(M) Weiße Teile der Frühlingszwiebeln anbraten.
(W) Etwas Salz dazugeben.
(H) Fleisch anbraten,
(F) etwas Paprikapulver und die
(E) Champignons zugeben.
(M) Etwas Pfeffer,
(W) wenig Salz und
(H) ein Glas Weißwein zugeben. Etwa 5 Minuten dünsten, dann die Orangenfilets zugeben und kurz erwärmen.

▶ Abschmecken mit
Orangensaft,
Paprikapulver, Orangenschale und
½ Teelöffel Vollrohrzucker. Die Soße mit etwas Pfeilwurzmehl andicken.
Mit Pfeffer und
Salz würzen und mit gehackten Frühlingszwiebeln bestreut servieren.

▶ Abwandlung
Statt Pfeffer aus der Mühle 2 Teelöffel grünen Pfeffer in ganzen Körnern verwenden.

Fisch-Gemüse-Pfanne

▶ Für 2–3 Personen
20 Minuten
300–400 g Fischfilet (2–3 Sorten) · Zitronensaft · 100 g Sojasprossen · 1 Orange · Paprikapulver · 2–3 EL Olivenöl · 1 Karotte · 1 kleine Zucchini · 2 Champignons · Vollrohrzucker · 1 TL Pfeilwurzmehl · 1 Stange Lauch · 1 EL Curry · Pfeffer · Salz · 2–3 EL Sojasoße

▶ Zubereitung
Fischfilets: in mundgerechte Stücke schneiden, salzen und mit Zitronensaft beträufeln. Mit Paprikapulver, Scheibchen von Karotten, Zucchini und Pilzen, in feine Ringe geschnittenem Lauch, Curry, Sojasoße, Saft von einer Orange und Sprossen vorsichtig mischen. Der Fisch muss einige Stunden oder über Nacht ziehen.

In einer heißen Pfanne
Olivenöl erhitzen. Den Fisch mit dem Gemüse andünsten und ein paar Minuten köcheln lassen, dabei die Pfanne etwas rütteln und nur vorsichtig umrühren, damit der Fisch nicht zerfällt.
Eventuell etwas heißes Wasser zugeben und
mit Pfeilwurzmehl andicken.

▶ Abschmecken mit
Curry, Pfeffer,
Salz,
Zitronensaft,
Paprikapulver und
Vollrohrzucker.

▶ Tipp
Wer keinen Fisch mag, kann dieses Gericht auch mit Hühnerfleisch zubereiten.

Fisch auf Gemüsebett

▶ Für 2–3 Personen
25 Minuten
300–400 g Fischfilet · Salz · Zitronensaft · 4 EL Semmelbrösel · 1 Bd. Petersilie · Bockshornkleesamen · 2 EL Butter · 2–3 EL Olivenöl · 1 Karotte · ½ Sellerieknolle · Vollrohrzucker · 1 Stange Lauch · Pfeffer

▶ Zubereitung
Fischfilet: waschen, salzen und mit Zitronensaft beträufeln.

WISSEN

Fisch – leicht verdauliches Eiweiß und reich an wertvollen Inhaltsstoffen

Da Fisch sehr viel leichter verdaulich ist als Fleisch, ist er auch für eine Abendmahlzeit durchaus geeignet.
Die chinesische Medizin sieht Fisch als ein »Essenztonikum« an, was an seinem hohen Gehalt an Nukleinsäuren liegt. Nukleinsäuren sind Hauptbestandteil unseres Erbgutes – sie enthalten den Bauplan der Zellen, schützen so den Körper vor Degeneration und fördern die Zellerneuerung. Auch Vitamin B_{12} und Vitamin A sind im Fisch reichlich vorhanden. Ganz besonders interessant ist Fisch aber wegen seines hohen Gehaltes an Omega-3-Fettsäuren. Dies gilt besonders für Sardine, Makrele, Thunfisch, Lachs, Kabeljau, Dorsch, Hering und Forelle. Die Omega-3-Fettsäuren unterstützen das Nervensystem, reinigen die Arterien und helfen, den Cholesterinspiegel im Blut zu senken. Zu den Omega-3-Fettsäuren gehören einige essenzielle Fettsäuren, die wir mit der Nahrung aufnehmen müssen und die für unser Gehirn lebensnotwendig sind, da dieses zu 60 Prozent aus fettartigen Substanzen besteht. Entscheidend sind hier die mehrfach ungesättigten Fettsäuren, wie sie in Fischen, aber auch in Pflanzensamen vorkommen.

Karotten und Sellerie: schälen und in kleine Würfel schneiden.
Lauch: waschen und in feine Ringe schneiden.
Petersilie: waschen, trocken tupfen und sehr fein hacken.
weiche Butter: mit Semmelbrösel, etwas Salz, Zitronensaft und Petersilie mischen. Sie können die Butter auch in einem kleinen Topf schmelzen und die Zutaten dann dazugeben. Diese Masse gleichmäßig auf die Fischfilets streichen.

In einer heißen Pfanne
Öl erhitzen. Karotten und Sellerie anschwitzen.
Lauch dazugeben und mitdünsten. Mit Pfeffer,
Salz,
Zitronensaft,
Bockshornkleesamen und
etwas Vollrohrzucker würzen. Fischfilets mit der Bröselseite nach oben auf das Gemüse legen, Deckel auflegen und bei milder Hitze etwa 10 Minuten gar ziehen lassen.

▶ **Das passt dazu:** Kürbis- (S. 155) oder Pastinakenpüree (S. 153) und Feldsalat

▶ **Tipp**
Prüfen Sie, ob der Fisch gar ist, indem Sie ein Filet in der Mitte mit zwei Gabeln etwas auseinanderziehen. Der Fisch sollte innen nicht mehr glasig sein.

Indische Linsensuppe

▶ Für 2–3 Personen
40 Minuten
1 Kartoffel · 2 Karotten · ¼ Sellerieknolle · 2–3 EL Olivenöl · Vollrohrzucker · 2 Zwiebeln · Curry · 1 Stück Ingwer · 1 Lorbeerblatt · Pfeffer · 100 g rote Linsen · Salz · ½ Bio-Zitrone · Curcuma

▶ Zubereitung
Zitrone: Schale von einer ½ Zitrone mit dem Zestenreißer abreiben.
Gemüse: schälen und fein würfeln.
Zwiebeln: schälen und würfeln.
Ingwer: fein hacken.
Linsen: gründlich waschen, bis sich im Waschwasser kein Schaum mehr bildet.

F In einem heißen Topf
E Öl erhitzen. Gemüse,
M Zwiebeln und reichlich Curry anbraten. Lorbeerblatt,
W Linsen und
H einen Spritzer Zitronensaft zugeben.
F Mit 1 Liter heißem Wasser ablöschen. Ein Esslöffel Curcuma dazugeben. Die Suppe 30 Minuten köcheln lassen. Wenn das Gemüse gar ist, können Sie die Suppe pürieren.

▶ Abschmecken mit
F Zitronenschale,
E etwas braunem Vollrohrzucker,
M Pfeffer,
W Salz und
H Zitronensaft.

▶ Abwandlung
Mit gerösteten Kokosflocken und gehackten Peperoni bestreut servieren.

Warme Linsen auf Salat

▶ Für 2–3 Personen
20 Minuten
Für den Salat: 100 g Endivien oder Feldsalat und Chicorée · 2 EL Olivenöl · Pfeffer · Salz · Balsamessig · Vollrohrzucker · etwas heißes Wasser
Für die Linsen: 50–100 g schwarze Belugalinsen · 6 Salbeiblätter · 2 EL Olivenöl · 1 Schalotte · 1 TL Fenchelsamen · 1 Msp. Koriander · Pfeffer · Salz · Zitronensaft

▶ Zubereitung
Salat: waschen und etwas zerkleinern.
Linsen: gründlich waschen, mit der 2–3-fachen Menge Wasser etwa 10 Minuten kochen und abseihen.
Schalotte: schälen und in sehr feine Würfel schneiden.
Die oben genannten Zutaten zur Salatsoße verrühren.

F Pfanne leicht erwärmen und frischen Salbei (klein geschnitten) darin vorsichtig anrösten/andämpfen.
E Olivenöl zugeben.
M Klein gehackte Schalotte, Koriander, Fenchelsamen und Pfeffer andünsten.
W Die gekochten Linsen untermischen, mit wenig Salz und
H einem Spritzer Zitronensaft abschmecken.

Den Salat mit der Salatsoße mischen, auf Tellern anrichten, warme Linsen daraufgeben und servieren.

▶ Tipp

Kochen Sie gleich eine etwas größere Menge Linsen, um daraus Linsenpaste (S. 101) für ein Frühstück zu machen, um sie am nächsten Tag in einen Gemüseeintopf zu geben oder um damit eine Pastasoße zu bereichern.

Punschbirnen

▶ Für 2–3 Personen

15 Minuten + Abkühlzeit

3–4 Birnen · 2 TL Vollrohrzucker · 1 Zimtstange · 1 Stück Sternanis · 1 Msp. Salz · 1 Bio-Orange · ¼ l Rotwein · ¼ l Wasser

▶ Zubereitung

Orange: Die Orangenschale mit dem Zestenreißer abreiben. Dann die Orange halbieren, dabei eine Scheibe in der Mitte herausschneiden und für die Deko zur Seite legen. Orangenhälften auspressen.

Birnen: schälen, halbieren und Kerngehäuse herausschneiden.

W ¼ Liter Wasser mit
H Orangensaft,
F Rotwein und Orangenschale aufkochen.
E Vollrohrzucker, Birnenhälften,
M Zimtstange, Sternanis und
W Salz zufügen. 5 Minuten sanft köcheln lassen. Die Birnen im Sud abkühlen lassen. Dabei nehmen sie die Farbe und den Geschmack vom Sud gut auf.

▶ Serviervorschlag

Birnen mit der Wölbung nach oben auf ein Brett legen und die runde Seite im Abstand von 2–3 mm mehrfach einschneiden. Die Birnen können dadurch etwas aufgefächert auf Tellern angerichtet werden. Den Punschsud drumherum gießen und mit einem Minzeblatt und einem Stückchen Orange garnieren.

▶ Tipp

Falls Sie keinen Alkohol verwenden möchten, können Sie den Rotwein durch roten Traubensaft ersetzen, den Zucker weglassen und einen Spritzer Zitronensaft oder Balsamico zufügen.

Gewürzkuchen

▶ Für 1 Kuchen

20 Minuten + 1 Stunde Backzeit

4 Eier · 125 g Butter · 80 g Vollrohrzucker · 1 Msp. Kardamom · 1 TL geriebener Ingwer · 1 TL Zimt · 1 Msp. Nelkenpulver · 1 Msp. Muskat · 1 Msp. Salz · 175 g Weizenmehl · Zitronensaft · ½ Päckchen Weinsteinbackpulver · Orangenschale · 60 g Bitterschokolade · etwas Butter zum Einfetten der Form

▶ Zubereitung

Vollrohrzucker: im Mixer fein zermahlen.

Orange: Schale mit dem Zestenreißer abreiben und klein hacken.
Bitterschokolade: fein reiben.
Ingwer: reiben.
Gewürze: auf einem Tellerchen herrichten.
Eier: trennen und Eiweiß mit etwas Zitronensaft zu steifem Schnee aufschlagen.
Kastenform (1 Liter Inhalt): mit Butter einfetten und mit Semmelbrösel oder etwas Mehl bestäuben.

E Eigelb mit Butter und Vollrohrzucker schaumig rühren.
M Alle Gewürze,
W Salz,
H einen Spritzer Zitronensaft,
F Orangenschale und geriebene Schokolade zugeben und gut verrühren.
E Eischnee auf die Schaummasse geben, das Mehl mit dem Weinsteinpulver darübersieben und vorsichtig unterheben. Teig in die Form füllen, glatt streichen und im vorgeheizten Ofen bei 175 °C 1 Stunde backen.

Nussbrot

▶ Für 6 »Brote«
1 Stunde
500 g Weizenmehl · 1 Päckchen Weinsteinpulver · je 125 g Zitronat und Orangeat · 3 Eier + 3 Eigelb · 150 g Vollrohrzucker · 200 g gehackte Walnüsse · 1–2 TL Zimt · 1 Msp. Nelkenpulver · 1 Msp. Kardamom · 1 Msp. Koriander · 1 daumengroßes Stück Ingwer · 1 Msp. Salz · 1 Eigelb · etwas Kondensmilch zum Bestreichen

▶ Zubereitung
Zitronat und Orangeat: jeweils ganz fein hacken.
Vollrohrzucker: im Mixer fein zermahlen.
Ingwer: reiben oder ganz fein hacken.

E Eier mit Vollrohrzucker schaumig schlagen. Mit Walnüssen,
M allen Gewürzen, W Salz,
F Zitronat und Orangeat gut verrühren.
H Zuletzt das Mehl mit dem Weinsteinpulver unterkneten.
Teig in 6 Portionen teilen. Jede Portion mit etwas Mehl auf der Arbeitsplatte zu einem langen, etwa 6 cm breiten und 3 cm hohen Brot formen. Auf das gefettete Backblech legen, mit der Mischung aus Eigelb und Kondensmilch bepinseln und im vorgeheizten Backofen bei 190 °C etwa 15–20 Minuten backen, bis die Brote goldbraun sind. Brote leicht abkühlen lassen und noch lauwarm in 1,5 cm breite Scheiben schneiden.

▶ Tipp
Dieses leckere Gebäck ist nicht zu süß und enthält kein Fett – außer dem in den Nüssen. Es ist sehr gut geeignet, um in der Vorweihnachtszeit den allzu süßen und klebrigen Versuchungen, die es überall zu kaufen gibt, zu widerstehen. Auch Kinder freuen sich sicher über ein paar Stücke Nussbrot zu ihrem Pausenbrot.

Dreierlei von der Butter

▶ Für die große Party

Je Sorte 15 Minuten

Für die rote Tomatenbutter. 250g Butter · 2 EL Tomatenmark · 1 EL Paprikapulver · 1 TL Oregano · 1 TL Thymian · 1 Msp. Chili · 1 Spritzer Zitronensaft · ½ TL Salz

Für die gelbe Currybutter. 250 g Butter · 1 EL geriebener Ingwer · 1 EL Currypulver · 1 TL Curcuma · Schale von ½ Orange · ½ TL Salz · 1 Spritzer Zitronensaft

Für die grüne Kräuterbutter. 250g Butter · je ½ Bund Petersilie, Basilikum, Schnittlauch · etwas Pfeffer · reichlich Koriander · ½ TL Salz · 1 Spritzer Zitronensaft · etwas Zitronenschale · 1 Msp. Bockshornklee

▶ Zubereitung rote Tomatenbutter

E Weiche Butter mit
M Chili,
W Salz,
H Tomatenmark, Zitronensaft,
F Paprikapulver, Oregano und Thymian verrühren.

▶ Zubereitung gelbe Currybutter

E Weiche Butter mit
M Ingwer, Currypulver,
W Salz,
H Zitronensaft,
F Curcuma und Orangenschale verrühren.

▶ Zubereitung grüne Kräuterbutter

Kräuter durch den Fleischwolf drehen oder mit dem Stabmixer mit wenig Olivenöl pürieren.

E Weiche Butter mit
M Pfeffer, Koriander,
W Salz,
H Zitronensaft, Kräutermus und
F Bockshornklee verrühren.

▶ Tipp

Die Butter können Sie einige Tage aufheben bzw. prima vorbereiten. Mit den Resten kann man Suppen und Gemüse oder Pasta verfeinern.

Nahrungsmitteltabellen

Alphabetische Nahrungsmittelliste

mit Elementzugehörigkeit und thermischer Wirkung

Zuordnung der Elemente

- E Erde – Gelb – Süßer Geschmack
- M Metall – Grau – Scharfer Geschmack
- W Wasser – Blau – Salziger Geschmack
- H Holz – Grün – Saurer Geschmack
- F Feuer – Rot – Bitterer Geschmack

Alphabetische Nahrungsmittelliste mit Elementzugehörigkeit und thermischer Wirkung

A		
W	Aal	warm
W	Adukibohne	neutral
W	Agar-Agar	kalt
E	Agavendicksaft	erfrischend
E	Ahornsirup	erfrischend
H	Alfalfasprossen	erfrischend
M	Alkohol (hochprozentig)	heiß
F	Altbier	erfrischend
F	Amaranth	neutral
H	Ananas	kalt
E	Anissamen	warm
H	Apfel (sauer)	erfrischend
E	Apfel (süß)	erfrischend
E	Aprikose	warm
F	Artischocke	erfrischend
E	Aubergine	erfrischend
W	Auster	erfrischend
E	Austernpilze	neutral
E	Avocado	kalt
B		
E	Banane	erfrischend
F	Bancha-Tee	neutral
M	Bärlauch	warm
W	Barsch	neutral
F	Basilikum	warm
F	Beifuß	warm
E	Birne	erfrischend
F	Bitterlikör	heiß
E	Blumenkohl	erfrischend
F	Bockshornkleesamen	warm
E	Bohne (grün)	neutral
F	Bohnenkraut	warm
F	Brennnessel	neutral
E	Brokkoli	erfrischend
H	Brombeere	neutral
H	Brottrunk	erfrischend

M	Brunnenkresse	neutral
F	Buchweizen	erfrischend
H	Bulgur	neutral
E	Butter	neutral
C		
E	Cashewnuss	erfrischend
M	Cayennepfeffer	heiß
H	Champagner	erfrischend
E	Champignon	erfrischend
F	Chicorée	erfrischend
M	Chilipulver, -schote	heiß
E	Chinakohl	erfrischend
H	Clementine	erfrischend
F	Cognac	heiß
H	Couscous	neutral
M	Cumin	warm
F	Curcuma	warm
M	Curry	heiß
D		
E	Dattel (getrocknet)	neutral
H	Dickmilch	erfrischend
M	Dill (frisch)	warm
H	Dinkel	neutral
E		
E	Ei	neutral
F	Eisbergsalat	kalt
F	Endiviensalat	neutral
H	Ente	erfrischend
W	Erbse	neutral
E	Erbse (frisch)	neutral
H	Erdbeere	erfrischend
E	Erdnuss	warm
H	Essig	warm
E	Estragon (frisch)	erfrischend
F		
E	Fabrikzucker	kalt
M	Fasan	warm
E	Feige (frisch und getrocknet)	neutral
F	Feldsalat	neutral
E	Fenchel	warm
E	Fenchelsamen	warm
E	Fencheltee	warm
W	Fisch (geräuchert)	warm
W	Fleisch	warm
F	Fleisch (gegrillt)	heiß
W	Fleisch (gepökelt)	warm
W	Fleisch (geräuchert)	warm
W	Fleisch (gesalzen)	warm
W	Fleisch (luftgetrocknet)	warm
W	Forelle	neutral
H	Frischkäse	erfrischend
M	Frühlingszwiebel	warm
G		
M	Gans	neutral
W	Garnele	warm
E	Gerste	erfrischend
F	Getreidekaffee	warm

F	Glühwein	heiß
H	Granatapfel	warm
F	Grüner Tee	erfrischend
H	Grünkern	warm
H		
M	Hafer	warm
H	Hagebuttentee	neutral
F	Hammel	heiß
M	Harzer Käse	warm
E	Haselnuss	neutral
H	Hefe	neutral
H	Heidelbeere	erfrischend
N	Heilbutt	neutral
H	Hibiskustee	erfrischend
N	Hiijiki	kalt
H	Himbeere	neutral
M	Hirsch	heiß
E	Hirse	neutral
E	Hokaidokürbis	warm
F	Holunderbeere	erfrischend
E	Honig	neutral
E	Honigmelone	kalt
E	Honigwein	warm
H	Huhn	warm
H	Hülsenfrüchte-sprossen	erfrischend
N	Hummer	warm
I		
M	Ingwer (frisch)	warm
M	Ingwer (getrocknet)	heiß
J		
H	Joghurt	kalt
H	Johannisbeere	erfrischend
K		
N	Kabeljau	warm
F	Kaffee	warm
F	Kakao	warm
E	Kaki	kalt
E	Kalb, Rind	neutral
M	Kardamom	warm
E	Karotte	neutral
N	Karpfen	neutral
E	Kartoffel	neutral
E	Käse	neutral
N	Kaviar	kalt
H	Kefir	erfrischend
N	Kichererbse	erfrischend
H	Kirsche (sauer)	erfrischend
H	Kirschsaft	warm
H	Kiwi	kalt
M	Knoblauch	heiß
E	Kohlrabi	neutral
E	Kokosflocken	warm
E	Kokosmilch	warm
N	Kombu	kalt
F	Kopfsalat	erfrischend
M	Koriander	warm
M	Koriandergrün	erfrischend

E	Korinthe	warm
W	Krabbe	kalt
W	Krebs	kalt
M	Kresse	erfrischend
E	Kuhmilch	neutral
M	Kümmel	warm
H	Kumquat	warm
E	Kürbiskerne	neutral
E	Kürbiskernöl	warm
E	Kuzu	erfrischend
L		
W	Lachs	neutral
F	Lamm	heiß
W	Languste	warm
M	Lauch	warm
E	Leinöl	erfrischend
E	Leinsamen	warm
M	Liebstöckel	warm
E	Likör	warm
W	Linse	neutral
M	Lorbeer	warm
F	Löwenzahn	erfrischend
M		
E	Maishaartee	erfrischend
E	Maiskolben	neutral
M	Majoran	warm
H	Malventee	erfrischend
E	Malz	neutral
E	Malzbier	neutral
H	Mandarine	erfrischend
E	Mandel	neutral
E	Mango	kalt
E	Mangold	erfrischend
E	Marone (Esskastanie)	warm
M	Masala	warm
M	Meerrettich	warm
E	Melasse	neutral
H	Melissentee	erfrischend
W	Miesmuschel	kalt
W	Mineralwasser	erfrischend
M	Minze	erfrischend
W	Miso	neutral
F	Mohn	warm
W	Mu-Erh-Pilze	erfrischend
W	Mungobohne	erfrischend
H	Mungobohnen-sprossen	kalt
M	Münsterkäse	warm
M	Muskat	warm
N		
M	Nelke	warm
W	Nori	kalt
O		
W	Olive	erfrischend
E	Olivenöl	erfrischend
H	Orange	erfrischend
E	Organgenblütentee	erfrischend
F	Oregano	warm

P		
F	Pampelmuse	erfrischend
E	Papaya	kalt
F	Paprika (edelsüß)	warm
E	Paprika	erfrischend
F	Pastinake	erfrischend
H	Petersilie	warm
E	Persilienwurzel	neutral
M	Pfeffer	heiß
M	Pfefferminztee	erfrischend
E	Pfeilwurzmehl	erfrischend
E	Pfirsich	warm
H	Pflaume (frisch)	warm
E	Pflaume (getrocknet)	neutral
F	Pils	erfrischend
M	Piment	heiß
E	Pinienkerne	warm
E	Polenta	neutral
E	Portwein	warm
H	Preiselbeere	erfrischend
H	Prosecco	erfrischend
F	Pu-Erh-Tee	neutral
M	Pute	neutral
Q		
H	Quark	erfrischend
F	Quinoa	neutral
F	Quitte	erfrischend
R		
F	Radicchio	erfrischend
M	Radieschen	erfrischend
M	Radieschensprosse	erfrischend
E	Rapsöl	warm
M	Rebhuhn	warm
M	Reh	warm
M	Reis	neutral
M	Reiswein	warm
H	Rhabarber	kalt
F	Roggen	neutral
F	Rosenkohl	warm
E	Rosine	warm
F	Rosmarin	warm
F	Rote Beete	neutral
E	Rotkohl	neutral
F	Rotwein	warm
F	Rucola (Rauke)	erfrischend
S		
E	Safran	neutral
H	Sahne (sauer)	erfrischend
E	Sahne (süß)	erfrischend
W	Salami	warm
E	Salatgurke	kalt
F	Salbei	erfrischend
M	Salbei (getrocknet)	erfrischend
W	Salz	kalt
W	Sardelle	warm
W	Saubohne	neutral
H	Sauerampfer	kalt
H	Sauerkraut	erfrischend

H	Sauermilch	erfrischend
F	Schaf	heiß
F	Schafskäse	warm
M	Schimmelkäse	heiß
W	Schinken (roh, geräuchert)	warm
M	Schnittlauch	warm
W	Scholle	warm
M	Schwarzer Rettich	neutral
F	Schwarzer Tee	neutral
E	Schwarzwurzel	erfrischend
W	Schwein	neutral
E	Sellerieknolle	erfrischend
M	Senfsamen, Senf	warm
E	Sesam	neutral
E	Sesamöl	erfrischend
E	Shiitakepilze	neutral
W	Shrimps	warm
E	Sirup	kalt
W	Sojabohne	neutral
E	Sojamilch	erfrischend
E	Sojaöl	warm
W	Sojasoße (Tamari, Shoju)	kalt
E	Sonnenblumenkerne	neutral
E	Sonnenblumenöl	erfrischend
E	Spargel	erfrischend
E	Spinat	erfrischend
H	Stachelbeere	erfrischend
M	Stallkaninchen	erfrischend
E	Stangensellerie	erfrischend
E	Steckrübe	neutral
M	Sternanis	warm
E	Sultanine	warm
E	Süßholztee	neutral
E	Süßkartoffel	warm
E	Süßkirsche	warm
E	Süßreis	warm
T		
M	Tabasco	heiß
W	Thunfisch	warm
F	Thymian	warm
W	Tintenfisch	erfrischend
E	Tofu	erfrischend
H	Tomate	kalt
E	Topinambur	neutral
E	Traubensaft	neutral
U		
W	Umeboshi-Pflaume	erfrischend
V		
E	Vanille	neutral
E	Vollrohrzucker	neutral
W		
F	Wacholderbeere	warm
M	Wachtel	neutral
W	Wakame	kalt
E	Walnuss	warm
E	Waldpilze	neutral

F	Wasser (heiß)	erfrischend
N	Wasser (kalt)	erfrischend
E	Wassermelone	kalt
E	Weintraube	erfrischend
M	Weißer Rettich	erfrischend
E	Weißkohl	neutral
H	Weißwein	erfrischend
H	Weizen	erfrischend
H	Weizenbier	erfrischend
E	Weizenkeimöl	erfrischend
M	Weizenkleie	kalt
M	Weizensprossen	kalt
M	Wildhase	warm
M	Wildkaninchen	neutral
M	Wildschwein	warm
E	Wirsingkohl	neutral
Y		
M	Yogitee	heiß
F	Ysop	warm
Z		
F	Ziege	heiß
F	Ziegenkäse	warm
F	Ziegenmilch	warm
M	Zimtpulver	warm
H	Zitrone	kalt
E	Zucchini	erfrischend
E	Zwiebel (gebraten)	warm
M	Zwiebel (roh)	warm

Nahrungsmitteltabellen

Holz – Leber, Gallenblase – Sehnen, Augen. Nahrungsmittel mit Holzcharakter schmecken sauer oder sind grün oder sind knackig, faserig, holzig, saftig. Sauer – bewahrt die Säfte – sammelt an – zieht zusammen

Heiß	Warm	Neutral	Erfrischend	Kalt
	Fleisch		**Fleisch**	
	Huhn		Ente	
			Gemüse	**Gemüse**
			Alfalfasprossen	Mungobohnen-sprossen
			Hülsenfrüchte-sprossen	Sauerampfer
			Sauerkraut	Tomate
	Getränke	**Getränke**	**Getränke**	
	Kirschsaft	Hagebutten-tee	Brottrunk	
			Champagner	
			Hibiskustee	
			Malventee	
			Melissentee	
			Prosecco	
			Weißwein	
			Weizenbier	
	Getreide	**Getreide**	**Getreide**	**Getreide**
	Grünkern	Bulgur	Weizen	Weizenkleie
		Couscous		Weizensprossen
		Dinkel		

Heiß	Warm	Neutral	Erfrischend	Kalt
	Kräuter/ Gewürze			
	Essig			
	Petersilie			
			Milchprodukte	Milchprodukte
			Dickmilch	Joghurt
			Frischkäse	
			Kefir	
			Quark	
			Sahne (sauer)	
			Sauermilch	
	Obst	Obst	Obst	Obst
	Granatapfel	Brombeere	Apfel (sauer)	Ananas
	Kumquat	Himbeere	Clementine	Kiwi
	Pflaume (frisch)		Erdbeere	Rhabarber
			Heidelbeere	Zitrone
			Johannisbeere	
			Kirsche (sauer)	
			Mandarine	
			Orange	
			Preiselbeere	
			Stachelbeere	
		Sonstiges		
		Hefe		

Feuer – Herz, Dünndarm – Gefäße, Zunge. Nahrungsmittel mit Feuercharakter schmecken bitter oder sind rot oder knusprig, geröstet, kross.
Bitter – leitet nach unten – fördert die Ausscheidung – trocknet aus.

heiß	warm	neutral	erfrischend	kalt
Fleisch				
Hammel				
Lamm				
Schaf				
Ziege				
alle gegrillten Fleischsorten				
	Gemüse/Salat	**Gemüse/Salat**	**Gemüse/Salat**	**Gemüse/Salat**
	Rosenkohl	Brennnessel	Artischocke	Eisbergsalat
		Endiviensalat	Chicorée	
		Feldsalat	Kopfsalat	
		Rote Beete	Löwenzahn	
			Pastinake	
			Radicchio	
			Rucola (Rauke)	
Getränke	**Getränke**	**Getränke**	**Getränke**	
Bitterlikör	Getreidekaffee	Bancha-Tee	Altbier	
Cognac	Kaffee	Pu-Erh-Tee	Grüner Tee	
Glühwein	Rotwein	Schwarzer Tee	Pils	
			Wasser (heiß)	
		Getreide	**Getreide**	
		Amaranth	Buchweizen	
		Quinoa		
		Roggen		

heiß	warm	neutral	erfrischend	kalt
	Kräuter/ Gewürze		**Kräuter/ Gewürze**	
	Basilikum		Salbei	
	Beifuß			
	Bohnenkraut			
	Bockshorn-kleesamen			
	Curcuma			
	Kakao			
	Mohn			
	Oregano			
	Paprika (edelsüß)			
	Rosmarin			
	Thymian			
	Wacholder-beere			
	Ysop			
	Milchprodukte			
	Schafskäse			
	Ziegenkäse			
	Ziegenmilch			
			Obst	
			Holunderbeere	
			Pampelmuse	
			Quitte	

Erde – Milz, Magen – Muskeln, Mund. Nahrungsmittel mit Erd-Charakter schmecken süß oder sind gelb-orange oder sind mehlig, weich, sämig. Süß – nährt – harmonisiert – entspannt – befeuchtet – liefert Energie.

heiß	warm	neutral	erfrischend	kalt
		Fleisch		
		Rind		
		Kalb		
	Gemüse	**Gemüse**	**Gemüse**	**Gemüse**
	Fenchel	Bohne (grün)	Aubergine	Salatgurke
	Hokaidokürbis	Erbse (frisch)	Blumenkohl	
	Süßkartoffel	Karotte	Brokkoli	
	Zwiebel (gebraten)	Kartoffel	Chinakohl	
		Kohlrabi	Mangold	
		Petersilienwurzel	Paprika	
		Rotkohl	Schwarzwurzel	
		Steckrübe	Sellerieknolle	
		Topinambur	Stangensellerie	
		Weißkohl	Spargel	
		Wirsingkohl	Spinat	
			Zucchini	
	Getränke	**Getränke**	**Getränke**	
	Fencheltee	Malzbier	Apfelsaft	
	Honigwein	Süßholztee	Birnensaft	
	Likör	Traubensaft	Maishaartee	
	Portwein		Orangenblütentee	

heiß	warm	neutral	erfrischend	kalt
	Getreide	**Getreide**	**Getreide**	
	Süßreis	Hirse	Gerste	
		Maiskolben		
		Polenta		
	Kräuter/ Gewürze	**Kräuter/ Gewürze**	**Kräuter/ Gewürze**	
	Anissamen	Safran	Estragon (frisch)	
	Fenchelsamen	Vanille		
		Milchprodukte	**Milchprodukte**	
		Butter	Sahne (süß)	
		Käse		
		Kuhmilch		
	Nüsse/Samen	Nüsse/Samen	Nüsse/Samen	
	Erdnuss	Haselnuss	Cashewnuss	
	Kokosflocken	Kürbiskerne		
	Leinsamen	Mandel		
	Pinienkerne	Sesam		
	Walnuss	Sonnen-blumenkerne		
	Obst	**Obst**	**Obst**	**Obst**
	Aprikose	Dattel (getrocknet)	Apfel (süß)	Honigmelone
	Pfirsich	Feige (frisch, getrocknet)	Banane	Kaki
	Korinthe	Pflaume (frisch, getrocknet)	Birne	Mango
	Rosine		Weintraube	Papaya
	Sultanine			Wassermelone
	Süßkirsche			

heiß	warm	neutral	erfrischend	kalt
		Pilze		
		Austernpilze		
		Shiitakepilze		
		Waldpilze		
			Sojaprodukte	
			Tofu	
			Sojamilch	
	Speiseöle		**Speiseöle**	
	Kürbiskernöl		Leinöl	
	Rapsöl		Olivenöl	
	Sojaöl		Sesamöl	
			Sonnen-blumenöl	
			Weizenkeimöl	
		Süßmittel	**Süßmittel**	**Süßmittel**
		Honig	Ahornsirup	Fabrikzucker
		Malz	Agavendick-saft	Sirup
		Melasse		
		Vollrohrzucker		
	Sonstiges	**Sonstiges**		**Sonstiges**
	Kokosmilch	Ei		Avocado
	Marone (Esskastanie)			

Metall – Lunge, Dickdarm – Haut, Nase. Nahrungsmittel mit Metall-Charakter schmecken scharf oder sind weiß oder trocken, konzentriert.
Scharf – dynamisiert – macht bekömmlich – löst Stagnation – leitet nach oben.

heiß	warm	neutral	erfrischend	kalt
Fleisch	**Fleisch**	**Fleisch**	**Fleisch**	
Hirsch	Fasan	Gans	Stallkaninchen	
	Rebhuhn	Pute		
	Reh	Wachtel		
	Wildhase	Wildkaninchen		
	Wildschwein			
	Gemüse	**Gemüse**	**Gemüse**	
	Frühlings-zwiebel	Brunnenkresse	Kresse	
	Lauch	Schwarzer Rettich	Radieschen	
	Meerrettich		Radieschen-sprossen	
	Zwiebel (roh)		Weißer Rettich	
Getränke	**Getränke**		**Getränke**	
Alkohol (hoch-prozentig)	Reiswein		Pfefferminztee	
Yogitee				
	Getreide	**Getreide**		
	Hafer	Reis		
Kräuter/ Gewürze	**Kräuter/ Gewürze**		**Kräuter/ Gewürze**	
Cayennepfeffer	Bärlauch		Koriandergrün	
Chilipulver	Cumin		Minze	
Chilischote	Dill (frisch)		Salbei (getrocknet)	
Curry	Ingwer (frisch)			

heiß	warm	neutral	erfrischend	kalt
Ingwer (getrocknet)	Kardamom			
Knoblauch	Koriander			
Pfeffer	Liebstöckel			
Piment	Lorbeer			
Tabasco	Majoran			
	Marsala			
	Muskat			
	Nelke			
	Schnittlauch			
	Senfsamen			
	Senf			
	Sternanis			
	Zimtpulver			
Milchprodukte	**Milchprodukte**			
Schimmelkäse	Harzer Käse			
	Münsterkäse			

Wasser – Niere, Blase – Knochen, Ohren. Nahrungsmittel mit Wasser-Charakter schmecken salzig oder sind blau-schwarz oder sind reich an Mineralien. Salzig – leitet nach innen und unten – weicht auf (in kleinen Mengen) – verhärtet (in großen Mengen).

heiß	warm	neutral	erfrischend	kalt
				Algen
				Hiijiki
				Kombu
				Nori
				Wakame
	Fisch	**Fisch**	**Fisch**	**Fisch**
	Aal	Barsch	Auster	Kaviar
	Garnele	Forelle	Tintenfisch	Krabbe
	Hummer	Heilbutt		Krebs
	Kabeljau	Karpfen		Miesmuschel
	Languste	Lachs		
	Sardelle			
	Scholle			
	Shrimps			
	Thunfisch			
	Fisch (geräuchert)			
	Fleisch	**Fleisch**		
	Salami	Schwein		
	Schinken (roh, geräuchert)			
	Fleisch (gepökelt, geräuchert, gesalzen, luftgetrocknet)			

heiß	warm	neutral	erfrischend	kalt
			Getränke	
			Mineralwasser	
			Wasser (kalt)	
		Hülsenfrüchte	**Hülsenfrüchte**	
		Adukibohne	Kichererbse	
		Erbse	Mungobohne	
		Linse		
		Saubohne		
		Sojabohne		
				Kräuter/ Gewürze
				Salz
				Sojasoße (Tamari/Shoju)
		Sonstiges	**Sonstiges**	**Sonstiges**
		Miso	Mu-Erh-Pilze	Agar-Agar
			Olive	
			Umeboshi-Pflaume	

Anhang

Lieferanten, Herstellernachweis, Bezugsquellen

Weinessiggut Doktorenhof
Essige z. B.: Vier-Räuber-Balsam
Raiffeisenstraße 5
67482 Venningen
Tel.: +49 (0) 6323 5505
www.doktorenhof.de

Makrobiotik Versand Wiebke Hohrenk
Meersalz, Meeresalgen, Sojasoße, Miso, Umeboshi, Hülsenfrüchte
Beseler Straße 41
22607 Hamburg
Tel.: +49 (0) 40 89963743
www.makrobiotik.com

WMF
Zestenreißer, Sparschäler, Gewürzmühlen
www.wmf.de (Händlerliste und Online-Shop)

MANUFACTUM
Küchengeräte (Fett-Mager-Kanne, Messer, Ingwerreibe), Gewürze (Paprika, Bergbohnenkraut, Thymian, Oregano), Olivenöle, Mohnöl, Kürbiskernöl
Kataloganforderung:
Tel.: +49 (0) 2309 939050
www.manufactum.de

Börner GmbH
Gemüsereibe
www.boerner-germany.de
(Online-Shop)

Literatur

Grundlagen der TCM

Daiker, Ilona, Kirschbaum, Barbara: **Die Heilkunst der Chinesen.** Rowohlt, Reinbek bei Hamburg 1997.

Flaws, Bo: **Chinesische Heilkunde für Kinder.** Joy, Sulzberg 1998.

Westliche Ernährung

Der kleine »Souci-Fachmann-Kraut« Lebensmitteltabelle für die Praxis hrsg. von der Deutschen Forschungsanstalt für Lebensmittelchemie, Garching bei München, bearb. von Friedrich Senser und Heimo Scherz, Stuttgart, Wiss. Verl.-Ges. 1991.

Grimm, Hans-Ulrich: **Die Ernährungslüge.** Droemer, München 2003.

Pollmer, Udo, Warmuth, Susanne: **Lexikon der populären Ernährungsirrtümer.** Piper, München 2004.

Chinesische Ernährungslehre

Temelie, Barbara, Trebuth, Beatrice: **Das Fünf Elemente Kochbuch.** Joy, Sulzberg 1999.

Temelie, Barbara: **Ernährung nach den Fünf Elementen.** Joy, Sulzberg 1999.

Pitchford, Paul: **Healing with Whole Foods.** North Atlantic Books, Berkeley, California 1993.

Jacoby, Bengt: **Gesünder leben mit den Fünf Elementen.** Herder, Freiburg 2000.

Quellen

Bensky, Dan, Gamble, Andrew: **Chinese Herbal Medicine – Materia Medica.** Eastland Press, Seattle 1993.

Calvey, Steven: **Die Wirkungsweise Schleimvertreibender Kräuter** (Seminarmitschrift), Rothenburg 1999

Ramakers, François: **The Essentials of Li Dong-Yuan's »Treatise on the Spleen and Stomach«.** (Seminarunterlagen), München 2000

Ramakers, François: **The Five Phases of Life and Food** (Seminarunterlagen), Aarau 1998

Ramakers, François: **The Physiology of Digestion & the Pathology of Indigestion:** Traditional Medical Dietetics. (Seminarunterlagen), Aarau 1999

Ramakers, François: **The Treasure House of Food.** (Seminarunterlagen), Aarau 1998

Kontaktadressen

Christiane Seifert
Am Rheinhessenblick 7
55296 Harxheim
Tel.: +49 (0) 6138 7798

- **Individuelle Ernährungsberatungen** mit Befunderhebung und ausführlicher Anleitung für die gezielte Umsetzung der Ernährung nach den Fünf Elementen
- **Lehrgänge in chinesischer Ernährungslehre** zur Weiterbildung für TCM-Therapeuten (im Ausbildungszentrum Mitte für Klassische Akupunktur und Traditionelle Chinesische Medizin e. V., www.abz-mitte.de)
- Die aktuellen Termine finden Sie im Internet unter www.tcm-seifert.de

Barbara Temelie
Postanschrift Büro:
Barbara Temelie
Postfach 1307
25503 Itzehoe

Büro-Kontakt: Susanne Kleditzsch
Tel. +49 (0) 70053
Fax +49 (0) 700
E-Mail:
buero@barbaratemelie.de
Homepage:
www.barbaratemelie.de

- Seminare
- Lehrgänge in München und Frankfurt

Marlise Minder
Hintergasse 14
4938 Rohrbach
Tel.: +41 (0)62 9653649

- Ernährungsberatungen
- Basis-Seminare
- Kochkurse

Susanne Peroutka
Praxis für Ernährungsberatung nach TCM
Cerubinstraße 6
A-1220 Wien
Tel.: +43 (0) 68011073558

Verband Ernährung nach den 5 Elementen Schweiz
sekretariat@ve5e.ch
www.ernaehrung5elemente.ch

Ernährung nach den Fünf Elementen e. V. Deutschland
www.5-elemente-ev.de

Dank

Dieses Buch hätte ohne die Hilfe zahlreicher Menschen nicht entstehen können. Bei ihnen möchte ich mich von ganzem Herzen bedanken. Vor allem danke ich meinem Mann, dass er an mein Projekt, ein Buch zu schreiben, von Anfang an geglaubt hat, mich immer unterstützte, den Computer und sonstige Technik am Laufen hielt und die vielen Erprobungen von neuen Rezepten tapfer ertrug.

Außerdem danke ich allen meinen Lehrerinnen und Lehrern, die mich durch Schule, Studium, Ausbildungen und speziell auf meinem Weg in die Welt der chinesischen Medizin begleitet, gefördert und gefordert haben.

Ganz besonders erwähnen möchte ich an dieser Stelle François Ramakers, der es wie kein anderer verstand, die TCM mit den Augen der westlichen Wissenschaft zu betrachten und zu vermitteln. Mit dieser für mich sehr inspirierenden Sichtweise konnte ich an das Wissen aus meinem naturwissenschaftlichen Studium anknüpfen und so ein tiefes Verständnis für komplexe Stoffwechselzusammenhänge erlangen.

Auch Barbara Temelie hat in den letzten Jahren für meine berufliche Entwicklung eine hervorragende Rolle gespielt. Bei ihr bedanke ich mich für die befruchtende Zusammenarbeit und das Vorwort zu diesem Buch.

Meinem buddhistischen Lehrer danke ich dafür, dass er mir immer wieder vor Augen führt, wie grenzenlos und fähig auch mein Geist sein könnte.

Mein Dank geht auch an Erdmute Otto, deren Rückmeldungen zu meinen Texten mich gelehrt haben, die richtigen Worte zu finden.

Nicht zuletzt möchte ich meinen Kursteilnehmerinnen und Kursteilnehmern danken, die durch das Nachkochen meiner Rezepte und ihr positives Feedback den eigentlichen Anstoß zu diesem Buch gaben.

Stichwortverzeichnis

A
Abendbrot 133
Agar-Agar 145
Ängstlichkeit 35
Arame 59
Augen, lichtempfindlich 35

B
Ballaststoffe 122
Bekömmlichkeit 44
Bindegewebe, schwaches 18
Bitteres 41
Blähungen 20, 24
Blase 40
Bluthochdruck 34
Blutmangel 21, 35
Bockshornklee 52

C
Cellulite 18

D
Dämpfeinsatz 48
Das Kochen im Zyklus 68
Dickdarm 40
Drei-Erwärmer 15
Dünndarm 41
Dünnhäutigkeit 35

E
Einfrieren 19
Einkauf 60
Einkochen 65
Einsalzen 65
Einschlafstörungen 35
Eintopf 108
Eiweißmangel 21
Energiemangel 18
Enzyme 18, 22, 57
Enzymgehalt 22
Erkaltungsanfalligkeit 35
Essig 56

F
Fasten 16
Fertigprodukte 19
Fett-Mager-Kanne 49
Feuchtigkeit 18, 36
Fisch 167
Fleisch 21, 96, 98
Fleur de Sel 54
Frierkatze 35
Frischeboxen 62
Frühstück 76
Fünf-Elemente-Theorie 37
Fünf Geschmäcker 37
Fütterungszyklus der fünf Elemente 68

G
Gallenblase 39
Gelüste nach Süßem 35
Gemüse 90, 92
Gerstenmalz 58
Geschmack
– bitterer 41
– salziger 40
– saurer 39
– scharfer 40
– süßer 38
Geschmacksverstärker 70
Getreide 119, 139
Gewürze 50
Gewürzmühlen 51
Glutamat 70
Gomasio 59
Gu-Qi 17

H
Haut, trocken 35
Heißblüter 34
Heißhunger auf Süßes 39
Herz 41
Hijiki 59
Hitzköpfe 34
Hobel 47
Honig 58
Hülsenfrüchte 21, 61, 100

I
Ingwer 53, 62, 74

K
Kaltfüßler 35
Kardamom 52
Käse 21
Kochen mit Feuer 21
Kochen mit Wasser 21
Kochsalz 54
Kokosmilch 111
Konstitution des Menschen 33
Konzentrationsschwäche 35
Kraftsuppe 21
Kräutersalz 65
Kuchen backen 103
Küchenhelfer 46
Kürbiskernöl 56

L
Leber 39, 42
Leinöl 56
Lunge 40

M
Magen 38
Magenprobleme 108
Meeresalgen 59
Meersalz 53
Messer 46
Mikrowelle 19
Milchprodukte 18, 21
Milz 38
Milz-Qi 37
Milz-Qi-Mangel 17
Milz-Qi-Schwäche 19
Mineralien 26
Miso 58
Mitte 29
Mörser 52
Müdigkeit 17, 35
Muscovado 58
Muskat 53

N
nachgeburtliche Energie 15
Nahrungsmittelpyramide 24
Nahrungsmitteltabelle 42
Nahrungsmitteltabellen 172
Nervosität 36
Niere 40, 42
Nudeln 61
Nüsse 61

O
Obst 20
Obstdicksäfte 58
Öle 55
Olivenöl 55
Omega-3-Fettsäuren 167
Organuhr 33

P
Pasteurisieren 22
Pastinaken 153
Pfannen 48
Pfeffer
– Rosa Pfeffer 52
– Sechuanpfeffer 52
Pfeilwurzmehl 51
Pickles 23

Q
Qi 14
Qi- und Blutmangel 35

R
Rapadura 58
Reiben 47, 52
Reis 61
Reismalz 58
Rohkost 118
Rohkostsalate 19
Rösten von Gewürzen 52

S
Saft und Kraft haben 28
Saisonkalender 31
Salz 54, 74
Salziges 40, 41
Saures 39
Scharfes 40, 41
Schneidebrett 46
Siebe 48
Sojaprodukte 21
Sojasoße 58
Sparschäler 47
Speiseplan 34
Speisesalz 54
Sprossen 24
Steinsalz 54
Sucanat 58
Suppe 108
Suppenwürze 67
Süßes 38, 57

T
Tag-Nacht-Rhythmus 33
Thermische Wirkung der Nahrungsmittel 29
Tiefkühlkost 17, 19
Tofu 127
Töpfe 47
Trägheit 36

U
Übergewicht 18
Umeboshi-Pflaume 23
Umeboshi-Pflaumen 59
Unruhe 36
Ursüße 58

V
Verdauung 41, 51
Verdauungsfeuer 17
Verdauungsprobleme 18, 24
Verdauungsstörungen 35
Vergärung, milchsaure 22
Vitamine 19, 22, 135
Völlegefühl 17, 20
Vollkorn 139
Vollrohrzucker 57
vorgeburtliche Energie 15
Vorratshaltung 60

W
Wakame 59
Wocheneinkauf 63
Wok 48

X
Xu Li 43

Y
Yang-Fülle 34
Yang-Mangel 35
Yin-Fülle 36
Yin-Kräfte 33
Yin-Mangel 36
Yin und Yang 26
Yin-Yang-Gleichgewicht 30

Z
Zerbrechlichkeit 35
Zestenreißer 53
Zitrone 51
Zuckerrohrmelasse 58

Rezept verzeichnis

10-Minuten-Suppe mit Suppenwürze 67
Algensuppe mit Reis 152
Apfel
– Apfelstrudelkugeln 104
– Hirse-Apfel-Kuchen 103
– Knusperapfel 147
Asiatische Hackfleisch-Pfanne 124
Bauernomelette 83
Bauernpfanne 155
Birnenkompott 146
Blumenkohl
– Blumenkohl mit Schinken 143
– Brokkoli-Blumenkohl-Salat 91
Bohnen
– Grüne Bohnen mit Pilzen und Tomaten 112
– Kartoffelsuppe mit grünen Bohnen 110
– Sommerlicher Bohneneintopf 125
– Warmer Bohnensalat mit Koriander 116
Brokkoli
– Brokkoli-Blumenkohl-Salat 91
– Brokkolicremesuppe 133
– Italienischer Brokkolisalat 138
Bunter Frühlingssalat 92
Bunter Reis 140
Champignons
– Champignons in Mandelsoße 136
– Kartoffelsuppe mit Champignons 133
Dinkel
– Dinkelnudeln mit Rucola und Tomaten 93
– Dinkelspätzle 94
Dreierlei von der Butter 171
Drei-Farben-Gemüse 113
Erbsen-Tofu-Pfanne 127
Erdbeertraum 127
Feldsalat mit Kernen 159
Fisch
– Fisch auf Gemüsebett 166
– Fisch-Gemüse-Pfanne 166
– Fisch mit Senfsoße 144
– Fischröllchen mit Basilikum 98
– Fischsteaks 126
– Fischsuppe 99
– Gedämpfter Fisch mit Ingwer-Zitronen-Soße 125
Fleisch
– Asiatische Hackfleisch-Pfanne 124
– Blumenkohl mit Schinken 143
– Fleischbällchen mit Grünkern 98
– Fleischbällchen mit Thai-Gewürzen 123
– Kürbisgulasch 163
– Putenfleisch mit buntem Gemüse 142
– Orientalische Fleischbällchen 124
– Rinderbraten mit Champignons 162
– Rinderhack mit Mangold und Radieschen 122
– Schweinefleisch in dunkler Gewürzsoße 164
– Sommerlicher Bohneneintopf 125
– Wildgeschnetzeltes in Traubensoße 143
Gebäck
– Nussbrot 170
Gebratene Hirse mit Ei 78
Gebratene Polenta 161
Gebratener Federkohl (Grünkohl) 156
Gebratener Thai-Reis 141
Gedämpfter Fisch mit Ingwer-Zitronen-Soße 125
Geflügel
– Flugentenbrust mit Orangensoße 165
– Gekochtes Putenfleisch in würziger Soße 164
– Hühnerfleisch in Kokos 95
– Hühnerleber in Apfelsoße 96
– Hühnersuppe mit Grünkernklößchen 87
– Huhn mit Mandeln und Gemüse 97
– Putenfleisch mit buntem Gemüse 142
– Teuflische Putenpfanne 141
Gefüllte Birnen 146
Gemüse
– Bauernpfanne 155
– Blumenkohl mit Schinken 143
– Champignons in Mandelsoße 136
– Drei-Farben-Gemüse 113
– Gebratener Federkohl (Grünkohl) 156
– Gemüsebulgur mit Kräutersoße 121
– Gemüsepäckchen vom Grill 115
– Grüne Bohnen mit Pilzen und Tomaten 112
– Indisches Gemüse-Curry 111
– Italienische Gemüsesuppe 109
– Karotten-Chinakohl-Gemüse 135
– Karotten-Fenchel-Gemüse 136
– Karottengemüse 89
– Karotten-Kohlrabi-Gemüse 90
– Kartoffel-Curry 154
– Kürbispüree 155
– Kurz gebratenes Sommergemüse 113
– mit Orangen-Dill-Soße 89
– Ofenkartoffeln 111
– Pasta Verde 114
– Pastinakenpüree 153
– Spinat mit Sesamsoße 88
– Weißkohl nach Sechuanart 156
– Wirsing mit Nüssen 134
Gewürzkuchen 169

Grüne Bohnen mit Pilzen und Tomaten 112
Grünkern
– Fleischbällchen mit Grünkern 98
– Grünkern-Nockerln 94
– Hühnersuppe mit Grünkernklößchen 87
– Zucchini-Grünkern-Suppe 86
Gurken-Gemüse-Salat 116
Gurkensalat mit rosa Pfeffer 117
Hackfleisch
– Asiatische Hackfleisch-Pfanne 124
– Fleischbällchen mit Grünkern 98
– Fleischbällchen mit Thai-Gewürzen 123
– Orientalische Fleischbällchen 124
– Rinderhack mit Mangold und Radieschen 122
Haferflockensuppe 80
Herbstsalat 137
Herbstsalat mit Trauben 137
Hirse
– gebratene, mit Ei 78
– Grundrezept 119
– Hirse-Apfel-Kuchen 103
– Hirsebratlinge 120
– Hirse mit Kompott 79
– Hirse mit Linsenpaste 79
– Mandelhirse 161
– mit Kompott 79
– mit Linsenpaste 79
Huhn
– Hühnerfleisch in Kokos 95
– Hühnerleber in Apfelsoße 96
– Hühnersuppe mit Grünkernklößchen 87
– Huhn mit Mandeln und Gemüse 97
Hülsenfrüchte
– Grundrezept 100
– Indische Linsensuppe 168
– Linsenpaste 101
– Reis mit Linsen 160
– Warme Linsen auf Salat 168
Indische Linsensuppe 168
Indisches Gemüse-Curry 111
Italienische Gemüsesuppe 109
Italienischer Brokkolisalat 138
Italienischer Salat 118
Karotten
– Karotten-Chinakohl-Gemüse 135
– Karotten-Fenchel-Gemüse 136
– Karottengemüse 89
– Karotten-Kohlrabi-Gemüse 90
– Karottenkuchen 102
– Karotten-Sellerie-Salat 159
– Sommerliche Karottensuppe 108
Kartoffeln
– Bauernpfanne 155
– Kartoffel-Curry 154
– Kartoffel-Kräuter-Süppchen 87
– Kartoffelsuppe mit Champignons 133
– Kartoffelsuppe mit grünen Bohnen 110
– Lauch-Kartoffel-Suppe 132
– Ofenkartoffeln 111
Kirschkuchen 129
Knusperapfel 147
Kokosbälle 104
Kraftbrühe mit Polentawürfeln 82
Kräutersalat 91
Kräutersalz 65
Kuchen
– Gewürzkuchen 169
– Hirse-Apfel-Kuchen 103
– Karottenkuchen 102
– Kirschkuchen 129
Kürbis
– Kürbisgulasch 163
– Kürbispüree 155
– Kürbiseintopf 132
Kurz gebratenes Sommergemüse 113
Lauch-Kartoffel-Suppe 132
Linsen auf Salat 168
Linsenpaste 101
Mandelhirse 161
Maroni-Tofu-Pfanne 145
Meerrettich-Kresse-Süppchen 86
Nudeln
– Dinkelnudeln mit Rucola und Tomaten 93
– Dinkelspätzle 94
Nussbrot 170
Obst-Soufflee 128
Ofenkartoffeln 111
Orangen-Mandel-Kuchen 105
Orientalische Fleischbällchen 124
Pasta Verde 114
Pastinakenpüree 153
Pastinakensuppe 150
Pickles 23
Polenta 120
– Gebratene Polenta 161
– Herzhafter Polenta-Eintopf 151
– Kraftbrühe mit Polentawürfeln 82
– Polenta mit Avocado 80
– Süße Polenta 160
– Tomatensuppe mit Polentawürfeln 109
Punschbirnen 169
Putenfleisch mit buntem Gemüse 142
Putenfleisch mit würziger Soße 164
Reis
– Algensuppe mit Reis 152
– Bunter Reis 140
– Congee 81
– Gebratener Thai-Reis 141
– Grundrezept 139
– Reis mit Linsen 160
– Reispfanne mit Schinken 140
– Schnelle Reissuppe 82
Rinderbraten mit Champignons 162
Rinderhack mit Mangold und Radieschen 122
Rote-Bete-Salat 158
Rote-Bete-Suppe 150
Rote Grütze 128
Rucola
– Dinkelnudeln mit Rucola und Tomaten 93

– Rucola-Löwenzahl-Salat 115
– Rucola-Rettich-Salat 138
Salat
– Broccoli-Blumenkohl-Salat 91
– Bunter Frühlingssalat 92
– Bunter Herbstsalat mit Trauben 137
– Feldsalat mit Kernen 159
– Gurken-Gemüse-Salat 116
– Gurkensalat mit rosa Pfeffer 117
– Herbstsalat 137
– Italienischer Broccolisalat 138
– Italienischer Salat 118
– Karotten-Sellerie-Salat 159
– Kräutersalat 91
– mit warmen Pilzen 157
– Rote-Bete-Salat 158
– Rucola-Löwenzahn-Salat 115
– Rucola-Rettich-Salat 138
– Salat mit warmen Pilzen 157
– Sommersalat mit Früchten 117
– Warme Linsen auf Salat 168
– Warmer Bohnensalat mit Koriander 116
Schnelle Reissuppe 82
Schweinefleisch in dunkler Gewürzsoße 164
Sommerliche Karottensuppe 108
Sommerlicher Bohneneintopf 125
Sommersalat mit Früchten 117
Spargel
– Kurz gebratenes Sommergemüse 113
– Spargelsalat 93
Spinat mit Sesamsoße 88
Suppe
– 10-Minunte-Suppe mit Suppenwürze 67
– Algensuppe mit Reis 152
– Brokkolicremesuppe 133
– Fischsuppe 99
– Haferflockensuppe 80
– Herzhafter Polenta-Eintopf 151
– Hühnersuppe mit Grünkernklößchen 87
– Indische Linsensuppe 168
– Italienische Gemüsesuppe 109
– Kartoffel-Kräuter-Süppchen 87
– Kartoffelsuppe mit Champignons 133
– Kartoffelsuppe mit grünen Bohnen 110
– Kraftbrühe mit Polentawürfeln 82
– Kürbsieintopf 132
– Lauch-Kartoffel-Suppe 132
– Meerrettich-Kresse-Süppchen 86
– Pastinakensuppe 150
– Rote-Bete-Suppe 150
– Sommerliche Karottensuppe 108
– Suppenwürze 67
– Tomatensuppe mit Polentawürfeln 109
– Vegetarische Kraftbrühe 151
– Zucchini-Grünkern-Suppe 86
Süße Polenta 160
Süßspeisen
– Apfelstrudelkugeln 104
– Birnenkompott 146
– Erdbeertraum 127
– Fruchtpralinen 147
– Gefüllte Birnen 146
– Knusperapfel 147
– Kokosbälle 104
– Mandelhirse 161
– Obst-Soufflee 128
– Punschbirnen 169
– Rote Grütze 128
– Trauben-Dessert 145
Teuflische Putenpfanne 141
Tofu
– Erbsen-Tofu-Pfanne 127
– Maroni-Tofu-Pfanne 145
– Tofubratlinge 144
– Tofu mit Nüssen und Chili 101
Tomaten
– Dinkelnudeln mit Rucola und Tomaten 93
– Tomatensuppe mit Polentawürfeln 109
Trauben-Dessert 145
Vegetarische Kraftbrühe 151
Weißkohl nach Sechuanart 156
Wildgeschnetzeltes in Traubensoße 143
Wirsing mit Nüssen 134
Zucchini-Grünkern-Suppe 86

Bibliografische Information der Deutschen Nationalbibliothek
Die Deutsche Nationalbibliothek verzeichnet diese Publikation in der Deutschen Nationalbibliografie; detaillierte bibliografische Daten sind im Internet über http://dnb.d-nb.de abrufbar.

Programmplanung: Uta Spieldiener
Redaktion: Ursula Brunn-Steiner
Bildredaktion: Kerstin Mendler

Umschlaggestaltung und Layout: CYCLUS Visuelle Kommunikation, Stuttgart

Bildnachweis:
Umschlagmotiv: Dominique Loenicker/ Meike Bergmann

4. Auflage 2018

© 2018 TRIAS Verlag in Georg Thieme Verlag KG, Rüdigerstraße 14, 70469 Stuttgart

© 1. Auflage 2005 Knaur Ratgeber Verlag
© 2.–3. Auflage 2009–2014 TRIAS Verlag in MVS Medizinverlage Stuttgart GmbH & Co. KG, Oswald-Hesse-Straße 50, 70469 Stuttgart

Printed in Germany

Satz und Repro: Fotosatz Buck, Kummhausen
gesetzt in Adobe Acrobat 5.0
Druck: AZ Druck und Datentechnik, Kempten

Gedruckt auf chlorfrei gebleichtem Papier

ISBN 978-3-432-10776-9 1 2 3 4 5 6

Auch erhältlich als E-Book:
eISBN (ePub) 978-3-432-10777-6

Wichtiger Hinweis: Wie jede Wissenschaft ist die Medizin ständigen Entwicklungen unterworfen. Forschung und klinische Erfahrung erweitern unsere Erkenntnisse, insbesondere was Behandlung und medikamentöse Therapie anbelangt. Soweit in diesem Werk eine Dosierung oder eine Applikation erwähnt wird oder Ratschläge und Empfehlungen gegeben werden, darf der Leser zwar darauf vertrauen, dass Autoren, Herausgeber und Verlag große Sorgfalt darauf verwandt haben, dass diese Angaben dem Wissensstand bei Fertigstellung des Werkes entsprechen, jedoch kann eine Garantie nicht übernommen werden. Eine Haftung des Autors, des Verlags oder seiner Beauftragten für Personen-, Sach- oder Vermögensschäden ist ausgeschlossen.

Geschützte Warennamen (Warenzeichen) werden nicht besonders kenntlich gemacht. Aus dem Fehlen eines solchen Hinweises kann also nicht geschlossen werden, dass es sich um einen freien Warennamen handelt.

Das Werk, einschließlich aller seiner Teile, ist urheberrechtlich geschützt. Jede Verwertung außerhalb der engen Grenzen des Urheberrechtsgesetzes ist ohne Zustimmung des Verlags unzulässig und strafbar. Das gilt insbesondere für Vervielfältigungen, Übersetzungen, Mikroverfilmungen und die Einspeicherung und Verarbeitung in elektronischen Systemen.

Besuchen Sie uns auf facebook!
www.facebook.com/trias.tut.mir.gut

Lassen Sie sich inspirieren!
www.pinterest.com/triasverlag

SERVICE

Liebe Leserin, lieber Leser,

hat Ihnen dieses Buch weitergeholfen? Für Anregungen, Kritik, aber auch für Lob sind wir offen. So können wir in Zukunft noch besser auf Ihre Wünsche eingehen. Schreiben Sie uns, denn Ihre Meinung zählt!

Ihr TRIAS Verlag
E-Mail Leserservice: kundenservice@trias-verlag.de
Lektorat TRIAS Verlag, Postfach 30 05 04, 70445 Stuttgart, Fax: 0711-8931-748

Das **Traumduo**

Kombinieren Sie Asanas mit Ernährung.
Ihr Benefit: Mehr Gelassenheit, Ausstrahlung und Energie.

Achtsam üben – achtsam essen

Wenn das Immunsystem dringend eine Auffrischung braucht, die Energiespeicher leer sind und der Stoffwechsel nach einem Detox-Kick schreit, bringt Ihnen diese einzigartige Kombi aus Asanas und Rezepten mehr Entspannung und neuen Schwung.

Iris Lange-Fricke / Nicole Reese
Yoga-Kitchen
€ 24,99 [D] / € 25,70 [A]
ISBN 978-3-8304-8128-7

Alle Titel auch als E-Book

Achtsames Bodyshaping

Yoga Body bietet yogischen Lifestyle mit einer fein abgestimmten Kombination aus Asanas und Rezepten. So sind eine schöne Körpersilhouette, festes Bindegewebe, gelöste Faszien, eine bessere Verdauung und das ein oder andere Kilo weniger tolle Zusatzeffekte.

Nicole Reese / Iris Lange-Fricke
Yoga Body
€ 24,99 [D] / € 25,70 [A]
ISBN 978-3-432-10472-0

Bequem bestellen über
www.trias-verlag.de
versandkostenfrei
innerhalb Deutschlands

TRIAS

Das **Standardwerk**

Gezielte Prävention – bewährte Therapie

Zwei der bekanntesten Ayurveda-Ärzte in Europa zeigen Ihnen, wie Sie mit dieser einzigartigen Heilmethode Ihre Gesundheit verbessern können. Denn gerade für den Stress des westlichen Alltags bietet Ayurveda den perfekten Ausgleich. Die Übungen, Rezepte und Anwendungen sorgen für langfristige Harmonie und Balance für Körper und Geist.

Ernst Schrott
Wolfgang Schachinger
Ayurveda
€ 34,99 [D] / € 36,00 [A]
ISBN 978-3-432-10258-0
Titel auch als E-Book

TRIAS

Bequem bestellen über
www.trias-verlag.de
versandkostenfrei
innerhalb Deutschlands